别埋没孩子的天才特质

郜云雁 主编

北京大学出版社
PEKING UNIVERSITY PRESS

图书在版编目(CIP)数据

别埋没孩子的天才特质/郜云雁主编.—北京:北京大学出版社,2011.9
(家庭教育丛书)
ISBN 978-7-301-18901-6

Ⅰ.①别… Ⅱ.①郜… Ⅲ.①智力开发－儿童教育:家庭教育 Ⅳ.①G78

中国版本图书馆 CIP 数据核字(2011)第 089168 号

书　　　　名:	别埋没孩子的天才特质
著作责任者:	郜云雁　主编
丛 书 主 持:	郭　莉
责 任 编 辑:	郭　莉
封 面 绘 画:	Y. nana
标 准 书 号:	ISBN 978-7-301-18901-6/G・3130
出 版 发 行:	北京大学出版社
地　　　　址:	北京市海淀区成府路 205 号　100871
网　　　　址:	http://www.jycb.org　http://www.pup.cn
电 子 信 箱:	zyl@pup.pku.edu.cn
电　　　　话:	邮购部 62752015　发行部 62750672　编辑部 62767346
	出版部 62754962
印 　刷 　者:	三河市北燕印装有限公司
经 　销 　者:	新华书店
	880 毫米×1230 毫米　A5 开本　10 印张　240 千字
	2011 年 9 月第 1 版　2014 年 9 月第10次印刷
定　　　　价:	20.00 元

未经许可,不得以任何方式复制或抄袭本书之部分或全部内容。
版权所有,侵权必究
举报电话: (010)62752024　电子信箱: fd@pup.pku.edu.cn

序 言

儿童教育是捍卫童年的教育

孙云晓

孩子究竟需要一个什么样的童年？剥夺孩子快乐的童年，真的能给他们带来幸福的未来吗？面对一群群天真烂漫的孩子，我们不得不说出藏在内心的深深忧虑——十多年来，由于过高的期望和沉重的负担，中国半数以上的中小学生长期学习超时、睡眠不足，相当多的孩子被剥夺了快乐的童年。

毫无疑问，教育问题的根源与教育体制密切相关。但是，把一切问题都归结于体制，也是一种不负责任的态度。在同样的体制下，教育的水平千差万别，孩子的发展各不相同，这说明家庭教育和学校教育是特别重要的。《谁教出来的"问题孩子"？》一书的书名可谓耐人寻味。

从成长的需要来看，儿童需要生活的教育。但是，今天的许多教育是反生活的。比如，无数的父母告诫孩子："只要你把学习搞好了，别的什么都不用你管。"这不是反生活教育的纲领吗？可见，"问题父母"比"问题孩子"多。

教育孩子的前提是了解孩子，了解孩子的前提是尊重孩子。叛逆期的来临本是一件好事，却往往让中学生尤其是他们的父母倍加担心，似乎面对的是来势凶猛的滔滔洪水，随时要预防决堤的危险。在不知所措的时候，人们容易抱怨中国的叛逆期教育太落后，

别埋没孩子的天才特质

以致让孩子无知、让大人无措。这样的指责自然是证据确凿的,但正如《叛逆的孩子这样管》一书所说——叛逆期教育固然需要知识、需要方法,但首先需要的是一种态度。

已有研究显示:失败并不一定是成功之母,对失败的研究并不能帮助我们学到什么成功的经验。要想获得成功,就一定要努力挖掘并扩展自己的优势,而不是简单地弥补弱势。《别埋没孩子的天才特质》最想告诉我们的是:孩子在最强的方面最有可能取得最大的进步,也最有求知欲和创造力。

同样,引导孩子学会阅读、爱上阅读,常常被视为一门相当专业的技术,似乎只有专家才会。其实不然,只要了解了基本的原理,只要愿意行动起来,每一个有文化的大人都可以成为孩子的阅读导师。

但是环顾四周,我们不得不承认:在影视网络和电子游戏构筑的声光世界中,在师长精心布置的"成才规划"中,以及在社会日渐浮躁的大氛围中,有许多孩子正是在不知不觉中错失了阅读好书的机缘;有许多父母和老师,正在有意无意中忽略和遏止了孩子阅读的兴趣和渴望;有许多家庭、学校、社区、书店和图书馆,并没有给孩子们营造出一种健康、干净、温暖和快乐的阅读环境和阅读氛围。

很难设想,一个没有阅读、没有留下对好书的记忆的童年会是什么样子的。有一些书,一个人如果不在童年时读到它们,不曾在童年时代为它们动过真情、流过眼泪,那么这个人的本性和他日后的精神成长都可能有所欠缺,甚至将是愚昧和不文明的。适时地阅读一本好书,能够决定一个人的命运,或者成为他的指路明灯,确定他终生的理想。《孩子不爱阅读怎么办?》一书告诉我们,爱孩子就教会孩子们去渴望和热爱美好的阅读,这远比让孩子去做作

序 言

业、去培优、去上网,乃至去学会别的更为重要。

在我看来,呼吁父母"持证上岗"是个浪漫的想法,事实上最重要的是父母要自觉学习,尽快成为合格的父母。我在全国各地巡回讲演的过程中,上千万的父母听众,让我看到了太多伤心的泪水和绝望的眼神。于是,我开始久久地思考,可否将包罗万象的家教内容,简要地概括为一种方法?

有着近四十年从事儿童教育和研究的经历,尤其是在做了多年父亲之后,我发现,仅靠某一种具体方法的教育是注定要失败的,因为孩子是千差万别的,没有任何一种方法适合所有孩子的教育。再说,思想的不同决定了同一方法的效果不同,这表明,任何方法都离不开观念的指导。因此,家庭教育的成功需要一套综合的方法,即要将理念、方法、心理、生活方式和亲子关系融为一体,而又简明扼要、通俗易懂。

经过多年积累并与诸多专家学者反复探讨,我们终于总结出了五元家教法。毫无疑问,要提高孩子的素质,首先要提高父母的素质,这种前素质教育是教子成功的关键。一般来说,父母的教育素质,包括教育观念、教育方式和教育能力三大要素,具体可以归纳为五个元素,即现代的教育理念、科学的教育方法、健康的心理、良好的生活方式、平等和谐的亲子关系,将这五大元素融会贯通,即为五元家教法。

五元家教法的首要元素是现代的教育理念,这是父母教育素质的核心,对家庭教育的目标、方向以及父母的教育行为起着制约和指导作用,也是影响家庭教育质量的决定因素。五元家教法的第二个元素是科学的教育方法,这是教育理念和教育行为的综合体现,并直接关系到孩子在家庭中所受教育的效果。健康的心理是五元家教法的第三个元素,指的是父母心理健康才会给孩子以积极的影

别埋没孩子的天才特质

响。父母应在以身示范的前提之下，引导孩子力求做到认识自己、悦纳自己、控制自己，这几项正是心理健康的重要标准。良好的生活方式是五元家教法的第四个元素，这是保证孩子健康成长的基石。人是环境的产物，近朱者赤，近墨者黑，一切都是从童年开始的。在养成良好的生活方式方面，父母的榜样作用尤为重要。五元家教法的第五个元素是平等和谐的亲子关系，这是家庭教育成功的必备条件。没有平等，培养不出现代儿童；没有和谐，建设不成民主家庭。

当前家庭教育的突出问题不是教育而是关系，父母的误区往往在于过于关注教育，却忽略了良好亲子关系的培育。教育的规律告诉我们，亲其师才能信其道。学校教育是这样，家庭教育更是这样。亲子关系好，家庭教育才能成功；亲子关系糟糕，家庭教育一定失败。良好的亲子关系是相互尊重、相互理解、相互信任、相互帮助和相互学习的关系。

今天的教育工作者还面临着一个极其严峻的课题："捍卫童年"，把发现儿童、解放儿童和发展儿童作为儿童教育最神圣的天职。

捍卫童年是全社会的神圣责任。首先，我们必须将儿童当"人"看，必须承认儿童具有与成人一样的独立人格，而不是成人的附庸；其次，我们必须将儿童当"儿童"看，承认并尊重童年生活的独立价值，而不能仅仅将它看做是成人的预备；再次，在儿童成长阶段，应当为其提供与身心发展相适应的生活，儿童的个人权利、尊严应当受到社会保护。

一切关心下一代的人们，积极行动起来！

（作者系中国青少年研究中心研究员、副主任）

目录 CONTENTS

一 发现孩子的优势

- 发现孩子 / 3
- 孩子胆小如鼠又何妨 / 14
- 职业规划从童年开始 / 20
- 帮助孩子找到职业优势 / 30

二 儿童是天生的科学家

- 儿童是小小的科学家 / 47
- "做科学",而不是"记科学" / 52
- 科学探究:动手更要动脑 / 60
- 蚯蚓、影子和漩涡带来的震撼 / 66
- 站在小发明家背后的母亲 / 74

三 当心"益智教育"有害无益

- 智力开发能否造就神童 / 83
- 科学地进行智力开发才是正道 / 88
- 益智教育的7个黄金法则 / 95
- 警惕被误读的蒙氏教育 / 106

别埋没孩子的天才特质

四　我们正在让天才失败吗

- 天才为何成了被遗弃者 / 115
- 因天赋带来的特殊问题 / 120
- 莫让天才变庸才 / 129
- 谨慎辨别天才与早熟 / 140

五　谜一样的另类天才

- 一个脑瘫女孩的故事 / 151
- 普通人也有天才特质 / 153
- 另类天才带来的教育启示 / 157
- 上帝给左撇子留了巧克力 / 164

六　请让孩子自由涂鸦

- 他们在涂鸦中感受成长 / 173
- 画得不像又何妨 / 179
- 琴弦上流淌的不只是音符 / 183
- 让孩子从音乐中感受美好 / 187

七　警惕儿童个体差异被忽略

- 不分级学校的教育理想 / 197
- 重新认识多元智能 / 200
- 孩子并非一张白纸 / 205

- 理性看待孩子的学习成绩 / 211

八 好问的孩子得天酬
- 培养孩子"每事问"精神 / 221
- 爱上科学是孩子成长的历险 / 227
- 科学教育不能缺什么 / 232
- 在阅读中与科学结缘 / 239

九 为孩子插上哲学的翅膀
- 儿童的哲学世界 / 247
- 在生活的转弯处我们没有代沟 / 253
- 儿童哲学中的生死教育 / 258

十 拯救正在被边缘化的男孩
- 中国男孩学业成绩全面败退 / 269
- 男孩学习方式与教育模式不匹配 / 272
- 改变男孩还是改变教育 / 277
- 家庭如何帮助男孩度过危机 / 284
- 男孩沉默寡言背后的教育疑问 / 299

后记 / 305

一 发现孩子的优势

在《飞向成功》一书中，有一个很经典的故事。其大意是小兔子被送进了动物学校，它最喜欢跑步课，并且总是得第一；最不喜欢的则是游泳课，一上游泳课它就非常痛苦。但是兔爸爸和兔妈妈要求小兔子什么都学，不允许它有所放弃。小兔子只好每天垂头丧气地到学校上学，老师问它是不是在为游泳太差而烦恼，小兔子点点头，盼望得到老师的帮助。老师说，其实这个问题很好解决，你的跑步是强项但游泳是弱项，这样好了，你以后不用上跑步课了，可以专心练习游泳……

中国有句古话：只要功夫深，铁杵磨成针。讲的是只要坚持不懈，就一定能成功。但是看了上面这个寓言后，我们可能都会意识到，小兔子根本不是学游泳的料，即使再刻苦它也不会成为游泳能手；相反，如果训练得法，它也许会成为跑步冠军。遗憾的是，在现实生活中我们做了太多让兔子去游泳、让鸭子去跑步的傻事却浑然不知。许多孩子也因此而忍受着无数次的挫折和失败，最终变成平庸的人。

一些研究发现，人类有四百多种优势。这些优势本身的数量并不重要，最重要的是，作为父母，你应该帮助孩子知道自己的优势是什么，之后要做的则是帮助孩子将学习、生活、工作乃至事业发展都建立在他的优势之上，这样孩子才可能会成功。从成功心理学的角度来讲，判断一个人是不是成功，最主要的是看他是否最大限度地发挥了自己的优势。研究发现，尽管路径各异，但成功者都有一个共同点，就是善于"扬长避短"。传统上我们强调弥补缺点，纠正不足，并以此来定义"进步"。而事实上，当人们把精力和时间用于弥补缺点时，就无暇顾及增强和发挥优势了；更何况任何人的欠缺都比才干多得多，而且大部分的欠缺是无法弥补的。

每一个人都有天生的优势，教育的目的就在于发现每一个孩子的优势并发挥他们的优势。这样的教育，才能让每一个孩子都能成功。

一 发现孩子的优势

"优势"最简单、最有用的定义是指那些让你感到自己很强大的事。在最强的方面才会取得最大的进步,在你的优势方面,你才会最有求知欲,最具创造力,也最乐于学习新事物。

失败并不是成功之母。对失败的研究并不能帮助我们学到什么成功的经验,一个人或一个机构要想成功就要靠扩展优势而不是简单地弥补弱势。

——[美]马库斯·白金汉

发现孩子

听过小兔子的故事后,很多父母可能都会发出疑问:虽然这个故事很精彩,但在现实生活中却很难准确地把握。比如"我怎么知道自己的孩子到底是兔子还是鸭子"?对此,成功心理学创始人之一、盖洛普名誉董事长唐纳德·克利夫顿认为,你需要长期细致地观察孩子有什么样的特殊兴趣和爱好,当然,这种爱好不是父母强加的,而是孩子在不经意间流露出来的。比如,当孩子看到别人在做某件事时,他是否会表现出跃跃欲试的召唤感——"我也想做这件事";当孩子完成一件事时,他是否会有一种满足感或欣慰感;他在做某类事情时非常快,无师自通,这是一个重要信号;当他做某类事情时,他不是一步一步去做,而是行云流水般地一气呵成,这也是一个信号。

事实上,很多父母也一定会有这样的体会:你发现自己在做许多事情时需要学习,需要不断地去修正和演练。而在做另外一些事

别埋没孩子的天才特质

情时，却几乎是自发的，不用想就本能地完成了这些事情。这就是你的优势。当然，另外一种了解"你是谁"的方式就是向专业公司寻求咨询和帮助。这种方法用在孩子身上同样有效。

从成功心理学的角度来看，过去我们所推崇的"铁杵磨成针"，并不是一个最优化的过程，最优化的过程应该是把铁直接做成针，或者把铁直接做成铁杵，而不是先把铁做成铁杵，然后再把它磨成针。任何一个企业都要追求效益及生产的最佳配置。在生产过程中，把铁杵磨成针显然不是一种最佳配置。我们并不排斥这个寓言所要揭示的道理，比如"持之以恒"，但是我们所讲的"持之以恒"绝不是这种表现。如果你本来没有这种优势，而你却一再地坚持和不放弃，希望将你的弱势变成优势，那我们建议你一定要转变做法，因为这是不可能实现的，代价也是巨大的。

所以，心理学家们建议，铁杵继续当好铁杵，在自己的岗位上争创一流，同时去买一根针来缝衣服。同样，让兔子去跑步，让鸭子去游泳！因为，当人们把精力用于弥补缺点时，就无暇顾及发挥优势了。

下面这篇小文章，可以让你更深刻地理解孩子之间有多么的不同，而为人父母所需要做的一项重要工作，就是帮助孩子发现自己的天生特质，并找到一种有效的途径来排除现实中的障碍。

天生棒小孩

▶ **你做家庭作业了吗**

"其实，我做作业了，我也交了，但我做的作业可能不是老师

一 发现孩子的优势

想要的。"

真想不到特雷西居然不做家庭作业。爸爸把她叫进客厅,拿出老师写的条子。

"特雷西,老师说你整整一个星期没写家庭作业了。可你每天都口口声声说你已经做完了。你是不是对爸爸撒谎了?"

这个三年级的孩子猛吃了一惊,拼命地摇着头,眼睛里噙着泪说:"爸爸,我没撒谎,我确实做作业了,我是诚实的。"

她的爸爸反而有点不知所措了,"那为什么老师告诉我少了你的作业呢?你交作业了吗?"

她开始有点不自在,"其实,我做作业了,我也交了,"她说道,"但我做的作业可能不是老师想要的。"

爸爸搂住她说道:"咱们干嘛不把老师布置的作业与你做的比较一下呢?"

特雷西虽说有点不情愿,但还是把笔记本打开,和爸爸一起把自己做的作业与老师往家里寄来的作业单一一比较起来。

"特雷西,你看,星期一社会课的作业应该是关于佐治亚州撒瓦那的自然资源。但你交的作业全都是关于怎样在中西部种玉米。是不是你理解错了?"

"没有理解错,"她辩解道,"可我认为我的主题更有趣。我想多了解一些我喜欢的蔬菜和玉米棒子上的玉米。"

爸爸忍不住笑了起来,"特雷西,你知道为什么需要做老师布置的作业吗?"

"噢,我知道!它帮助你学习更多你想知道的东西呗!"

"其实呀,特雷西,"爸爸耐心地解释,"它是帮助你理解老师想要你知道的东西。"

别埋没孩子的天才特质

"但这太枯燥了！"她提出抗议。"这样吧，"爸爸考虑了一下，"咱们琢磨一下怎样让老师的作业不那么枯燥。"

父女俩又看了看老师的作业单。他们开始玩一种游戏——找出每个作业中最有趣的部分。接下来的几周，他俩都在学习问问题。特雷西让老师帮她领会怎样能使作业变得有趣，爸爸则开始学习询问特雷西做的作业是不是老师布置的！

专家分析

特雷西的长处是有创造力，还注重实用性。这些长处帮助她完成了每天的作业，尽管她做的作业并不是老师布置的。当她与老师达成默契后，特雷西随机应变的能力也帮助老师从一个全新的角度来看待她完成的作业。

家庭作业及其经常产生的矛盾往往会成为家庭的负担。家庭作业是为了巩固课堂上所学的知识。老师成功的关键在于结合学生的特点来布置任务。特雷西和爸爸能找出每个作业中有趣的地方，这样特雷西既完成了作业，又能享受其中的乐趣。而与老师的交流，显然增强了沟通，避免了误解。

》你又做白日梦了

当卡罗琳那样的孩子在脑子里创造图像时，看上去好像注意力不集中或做白日梦似的。这些孩子其实在积极地听，他们的思想在"画画"。

"卡罗琳，请你回答这个问题。"九年级的历史老师赖安站在卡罗琳的桌子边，全班同学都转过身来看着她。

卡罗琳的脸顿时红了，眼泪直在眼眶里打转。赖安老师要在全

一 发现孩子的优势

班同学面前让她难堪吗?她也在跟自己生气。你应该好好听课的,她暗暗责怪自己。这不,现在有麻烦了吧。

赖安老师接着说:"卡罗琳,我知道你注意力不集中。你在想什么呢?"

卡罗琳停在那儿想了一下,也许这次她应该把真相告诉老师。当然,同学们肯定会笑话她的。

"是这样,"卡罗琳说,"您刚才讲到早期的殖民者和教会,还有几百名传教士如何去玉米地里干活。我刚才正奇怪到底谁会生活在玉米地里,为什么要把传教士先派到那儿?"

赖安老师实在不能理解,卡罗琳怎么会关注到玉米地!还好她忍住没有笑出声来。她的脑子飞转,怎么才能避免其他同学对卡罗琳的嘲笑呢?

"卡罗琳,"老师开口了,"我绝对欣赏你的幽默感!你的想象力真丰富。这班里没几个人能把传教士去外国和玉米地联系在一起!"

就在全班同学哄堂大笑的时候,赖安老师赶紧把话题转移到了课堂内容上,卡罗琳想着下半堂课怎样集中注意力才好。下了课,赖安老师让卡罗琳留下来。

"卡罗琳,我真的觉得你的想象力很丰富。可我认为有时这会影响你听课,影响你记住我们课上讲的内容。"

卡罗琳看着自己的脚尖,掩饰着心中的羞愧。赖安老师接着说:"卡罗琳,今天大不一样的是你把那时所想的告诉了我。一旦我知道了你的思想为什么开始漫游,我就能消除误解,你也可以集中精力了。如果你以后也这样告诉我的话,会有益于我。我没有料到我的话居然能在你这个认真的小脑瓜里产生如此奇妙的图画。如果你指出来种种可能性,全班都会受益的,我们大家可以一起讨论,最终画出一幅精确的图画。"

卡罗琳有点给搞糊涂了,她抗议道:"我可不想让全班人笑话我。"

赖安老师摇着头说:"我想他们不会的。相反,他们会很喜欢,甚至参与进来。我们偶尔来点幽默,会让历史课更加生动活泼呢。"

专家分析

卡罗琳在学习新东西时能在脑子里创造出活灵活现的画面,这能帮助她事后进行回忆。不管你的孩子是为应付正式考试需要记住一些事实,还是只为了有个栩栩如生的概念,他或她如果倾向于发挥自己的视觉想象力,作为父母应当鼓励孩子尽可能发挥这种优势。

为培养这种空间想象力,可以鼓励孩子在课堂笔记旁边配上图解,这会帮助他们把注意力集中在老师身上,也给了他们将记忆信息形象化的自由。

▶ 别再动了

汤米是个运动知觉型(多动症)的孩子,喜欢边动边学习。为了学好一件事情,他必须要一边动才行。其实也只有这样,汤米才能学得最好!

"又是那声音!"帕克先生刚坐下来,正要和家人吃顿难得的饭。他的妻子点头附和,把纸递过去。

"亲爱的,尽量别去想它,"她说,"准是汤米。自从我们

一 发现孩子的优势

不愿给他买鼓,他就琢磨着怎样把所有的东西都变成有节奏的乐器!"

汤米上气不接下气地走进房间,在饭桌旁坐了下来。他用手指弹着桌子,母亲给他一个警告的眼神,他赶紧对爸爸道歉。

"对不起,我来晚了。"他说,"我在做作业。"帕克只得叹气。一个9岁的孩子怎么会有那么多的精力?他儿子浑身简直充满了节奏和动作。他问:"你肯定你一直能一动不动地坐着写作业?"他不能想象,汤米写字时也动来动去,那他的作业该成什么样了?

汤米耸耸肩,两只脚在桌底下打着拍子。帕克先生朝汤米侧了侧身子,"儿子,我们快被这些声音和动静气疯了。当我们想在一起享受一会儿安宁时,你总在不断地敲敲打打,发出这样那样的声音。"

"爸,"汤米反驳道,"我是在思考!我没想打扰你们!"

帕克先生想了想,"汤米,咱们想个办法攒点钱买个你要的鼓,行吗?"

汤米的眼睛一亮,"哇,太好了!"

"我正想和你做个交易,我先给你买一套鼓槌,你可以用它敲屋里的任何东西,但不能发出声音让别人听见,也不能把东西敲坏了——比如你可以敲你的床垫。如果你能坚持一个星期,不让我们抱怨有声音或被打搅了,我就每星期拿出5美元,攒着给你买鼓。如果你没有落下学校的功课,也不破坏家里的安宁,我就会继续给你攒钱买鼓,直到完全凑够为止。"

汤米的眼睛发着光,他整条腿在桌子底下兴奋地抖动,"哇,没问题!我一定能!"他喊叫了起来。帕克太太拿来一个针线团和

别埋没孩子的天才特质

一支铅笔,"汤米,你可以试试这个。"

他们还在吃饭的时候,汤米就已快活地、静静地一边用右手吃饭,一边用左手拿着笔敲那线团。当帕克先生帮妻子收拾桌子时,他拉长了耳朵听楼上汤米房间里有没有动静——没有声音传到楼下来。他摇了摇头,对妻子感慨道:"嗨,我都有点儿不适应这种安静了。"

专家分析

像汤米这样的多动型孩子,能量级别比较高,需要家长、老师运用创造性的、他能接受的方式来引导。最重要的一步是,帮助孩子认识和理解,声音和动作容易引起别人反感和转移他人的注意力。一旦你已唤起孩子的意识,考虑一些适宜和可接受的方法允许他动,但不能打扰别人。对于这些非常活跃的孩子,可以让他们把精力用在一系列有节奏性的体育活动上,或者如上述案例,用在音乐上——也能帮助他们尝试新的能量消耗型的活动,一定要相信,他们能胜过别人。

▶ 你还没做完

"安狄,报告写完了吗?"斯通太太六年级的儿子正低着脑袋沉思,好像没听见她说话似的。"安狄,你该上床了。作业做完了吗?"

安狄摇摇头,"妈妈,我不明白麦道克斯先生希望我们怎么比较波加洪塔斯的老版本和迪斯尼的动画版本。老版本不止一种,我不知道总共有多少个版本。"

安狄的妈妈有点灰心,"安狄,报告明天就要交。你已经做了

一 发现孩子的优势

两个多星期。为什么不选一种你已经找到的老版本做个比较呢？"

安狄皱着眉，"我怎么知道我选的版本对不对呢？"

"安狄，这又有什么关系呢？麦道克斯老师要求你有多少版本就找多少了吗？"

安狄摇摇头，"但也许他也不知道有这么多版本。"

"安狄，必须上床睡觉了。你只好让麦道克斯先生给你延长期限，顺便也问问他所说的老版本指的是哪一种。"

她看着安狄愁云密布的脸直叹气。他一直都是这样，他就是不能随便拿个什么往下做。他必须分析，从各个想得到的角度看事情。他写报告和作业都很用功，但就在他不断挖掘信息的时候，也就错过了很多期限。她只希望麦道克斯先生能理解这一点。她在疲惫不堪的儿子身边坐下来，打开面前的笔记本电脑。

"安狄，我们快给麦道克斯老师写个便条。告诉他你已经做了多少，为什么你还不能按时完成报告。你口述我来打字。这样麦道克斯老师至少能知道为了把这个作业做好，你有多么认真。"安狄笑了。

专家分析

善始善终和兢兢业业是难能可贵的品质。这种迹象表明安狄这样的孩子将是出色的研究工作者，诸如分析和发现普通感冒的治愈方法，治愈某种大病的新疗法，或市民问题的解决方法。

虽然安狄做事彻底、勤奋，但他经常是越分析越不知道怎么做下去。像安狄这样的孩子经常会错过最后期限，他们的成绩单反映不出他们真实的知识和能力。如果你的孩子或学生也像安狄的话，那在他开始做作业前，试着和他先单独温习一下，确定孩

别埋没孩子的天才特质

子已明白所要做的,强调做这个作业没必要超出某项要求。中途还可以检查一下,看看孩子是否分析得太细,所做的是否超过了完成作业的要求。这样不经意地跟踪进度,能让孩子把注意力集中在做作业的本来意图上来。

▶ 聊,聊,聊

丹尼斯拨了个电话,"嗨,杰夫,是我。"

"嗨,丹尼斯。有什么事儿吗?"杰夫问。

"我只是对有些东西不太明白。今天社会课上,霍奇斯老师讲美洲地区和太平洋沿岸地区的文化差异,他讲呀,讲呀,但我还是没搞懂。究竟什么是文化呀?"丹尼斯问道,打了个小小的哈欠。

"我想霍奇斯老师在给'文化'下定义时,你在和梅勒妮说话吧。总之,它与把你定义在哪个人群里有关。"杰夫总结了课上的内容。

"噢,比如皮肤颜色和我们的服饰?"丹尼斯探问道。

"是的,这是其中的一部分。我把这两种文化的差异做了个比较表,一看就很容易明白。明天上课时我给你看吧。以后再聊。"

没等他反应过来,对方的电话挂了。丹尼斯挂断了电话,一等到拨号音响起,他就给梅勒妮拨了个电话,继续询问关于文化差异的问题。

"丹尼斯,你在电话上聊了很长时间吧,"妈妈说,"你能休息一会儿吗?你要是总占着线,别人想给我们打电话也打不进来呀。"

"行,妈妈,"丹尼斯抓起电视遥控器,很快换了几个频道,然后走进厨房喝了杯饮料。他突然又想起什么来了,于是很

一 发现孩子的优势

快给罗杰拨了个电话。

"嘿，罗杰，我刚有个主意，是关于我们下星期信息课媒体项目的。"

约翰逊太太一会儿回到客厅时，发现丹尼斯又在电话上聊了。当他挂上最后一个电话时，约翰逊太太无奈地拍了拍儿子的肩膀。自从他生下来那天起，他实际上就一直在聊呀聊，她沉思道，"我怀疑他到了17岁也改不了。"

专家分析

丹尼斯可能是个靠听觉学习的人，就是说，为了想东西，他需要说。无论口头还是笔下，他的表达能力都很强。他可以选择诸如教书、市场销售等特别需要能说会道的工作。

像丹尼斯这样的孩子，常常是在课堂上应该听讲时却说话了，毫无疑问他们是要为此付出代价的，或者成绩差或者当众让自己难堪。然而，即便如此，也不能改变他们的行为。这些孩子需要老师在课上安排些交谈的时间。如果你有个能说会道的孩子，他很有可能是那种需要借助谈话来处理信息的人。只有当他说话时，信息才能沉淀、凝固下来。和他谈谈学校里一天的事，对每门功课问些特别的问题，像"这星期有没有上科学课？"或"英语课上学习什么故事了？"这类问题能帮助你的孩子巩固他所学到的东西。

（本文摘编自《天生棒小孩》一书，[美]辛西亚·汤白斯等著，九州出版社出版）

别埋没孩子的天才特质

孩子胆小如鼠又何妨

每个孩子都有一种与生俱来的性格倾向，成人必须接受。父母对此既不能任其自然发展，也不能一味指责孩子的过错。但父母可以针对孩子的问题设置一个适宜的环境，帮助孩子征服成长之路上遇到的一个又一个挑战。

坦然面对孩子的天生个性

孩子很小的时候，我们就可以看出他们身上存在的巨大差异。

有的孩子胆子很大，即使没有父母在身边，他们也能够大胆地去探索周围的环境，摸摸这儿，碰碰那儿，家里来了陌生人，他们会主动地去接近人家，进行交流，在大家面前可以毫不拘谨地当众表演，对于那些带有一定危险性的游戏活动也不犯怵。

而另外一些孩子的表现则截然相反，当面临具有一定压力的情境时，如突然出现一个陌生人或进入到一个陌生的环境，他们会非常谨慎小心，并表现出焦虑、苦恼等消极情绪，他们会终止自己正在进行的活动，寻求母亲的支持，家里来了陌生人，有可能自己躲到屋里再也不会出来，他们害怕进行当众表演，对爬高、从高处往下跳等有一定危险的活动敬而远之，看到同伴在玩有趣的游戏，想加入进去又不敢，等等。

心理学上，将前者称为行为非抑制儿童，后者称为行为抑制儿童，属于气质范畴。在个体的终身发展中都可以看到它的影响。国外研究发现，在生命的头三年中极端抑制的儿童在3～6岁期间更容

一 发现孩子的优势

易被同伴支配,从社会交往中退出来;在6~10岁间,他们会逃避一些危险活动,不经常表现出攻击行为,顺从父母,且社会行为胆小。尤其是在生命的头三年中极端抑制的男孩,在青年期会逃避运动或其他传统的"男性化"活动,成年时更不愿意选择传统的男性职业。在个体生命的第二、三年内所测得的儿童对不熟悉事件的行为抑制,可以很好地预测其在儿童期与同伴相互作用时所表现出的被动、退缩行为,而这种行为可能是抑制型儿童所面临的特定的人际问题。

有的父母可能会问,面对这样的孩子,我们可以做些什么呢?心理学研究同样指出了努力的方向。研究者曾指出,一定的父母抚养行为可以增强或减弱儿童在与同伴交往过程中的谨慎小心或害怕(如父母过度保护和强制控制儿童行为)的程度。在儿童早期,那些具有害怕、谨慎倾向儿童的父母可能出于良好的意愿,认为他们能够且必须保护孩子逃脱那些唤醒情绪的潜在情境。他们不鼓励儿童独立地去探索陌生的情境,并指导或限制儿童的活动,告诉他们该做什么,有时甚至去干扰儿童正在进行的活动。当他们陪伴儿童去一个陌生的游戏场所时,他们会把孩子看成是情感脆弱的,并充满爱心地去帮助他们避免情绪上的紧张不安。而这种抚养方式的结果,恰恰会阻碍儿童掌握必要的、自发的应对技巧和行为。这时,父母最需要做的就是适当地要求孩子去面对新的经历,引导孩子而不是包办代替,同时要善于使用鼓励、温和的言辞,避免嘲笑和讽刺自己的孩子,这样将有助于孩子战胜恐惧。

其次,不要随意给孩子贴标签。孩子们在一起玩的时候,有的父母可能会当着孩子的面说自己的孩子胆小、害怕,不敢做这不敢做那,他们可能想不到,孩子会将这些话铭记在心,并且会认定自

别埋没孩子的天才特质

己没有这方面的能力。因为在孩子小的时候，自我概念还没有完全发展起来，成人的评价对他们来说意义重大。因此，在孩子还没有尝试之前，千万别说他不行。

孩子成长有"花期"

有一篇短文叫《给每一棵草开花的时间》，其中蕴含的育人理念发人深省，尤其是下面这段话说得好极了："是的，我们谁没有错过自己人生中的几株腊兰呢？我们总是盲目地拔掉那些还没有来得及开花的野草，没有给予它们开花结果证明自己价值的时间，使许多原本珍奇的'腊兰'同我们失之交臂了。给每一棵草以开花的时间，给每一个人以证明自己价值的机会，不要盲目地去拔掉一棵草，不要草率地去否定一个人，那么，我们将会得到多少人生的'腊兰'啊！"

是的，教育孩子也要耐心地等待"花期"！我们身边的很多家庭，不少家长可能没有想过孩子各项能力的发展也会有"花期"，他们常常盲目地拔掉那些还没有开花的"野草"。事实上，儿童和那些"破土而出的草芽"一样，在心理、生理上都是富于变化的、最不稳定的。父母的看法、态度，对于孩子的健康成长是极为重要的。耐心的保护、尊重孩子的人格和自尊，静静地看他们证明、展示自我——这样的父爱母爱，可以帮助孩子发现自我的价值，充分调动他们主动成长的内动力，这才是家教成功的秘诀。如果对孩子暂时的缺点与不足缺乏耐心，不分场合地当众揭短，挖苦讽刺，乃至打骂体罚，这些和"盲目地拔掉那些野草"一样，都会让孩子的身心受到极大伤害，甚至导致其自尊心和自信心的完全毁灭。

遗憾的是，现实生活中，这样的事例实在是太多了。不少思维

一 发现孩子的优势

敏捷的孩子,常常流于肤浅、粗心,而要使孩子学会细致、深刻地思考问题,则需要等待。等待是成人对儿童的尊重和理解,是父母对孩子成长的尊重和理解,也是教育的耐心与宽容,同时也是对育人规律的遵循。

孩子的成长需要有一个过程,教育不能急躁,而是要寻找最恰当的教育方法,只有找到了最恰当的教育方法,教育才能取得成功。最近越来越多的专家提出"慢速培养"孩子的观点,他们强调——"希望把自己的孩子培养成才的父母们必须要具备的一个条件就是:凡事不能操之过急,要有懂得等待的智慧。"对父母而言,这是一个很好的忠告。

当然,"慢速培养"绝不意味着对孩子的成长漠不关心。相反,它更需要父母对孩子的细致关注和耐心等待。也就是说,在教育孩子方面,父母应少一些急躁的功利之心,多一些理智的等待。孩子的成长和庄稼、花草的生长一样,有自己的生长周期、成才规律,不能揠苗助长,不能跟风攀比,更不能不顾实际情况强迫孩子按家长的意愿办事。"不能让孩子输在起跑线上"其实是一个很片面、急功近利的口号,背后潜藏着商家的巨大经济利益。

当今社会,孩子已为"尽快"成长付出了惨重的代价,现代父母务必要吸取教训,教育和培养孩子也需要耐心和等待!

帮帮我,哈里

杰夫的儿子(现在已经8岁了)已经度过了好几周令人痛苦的日子了,因为他无法接受从家到日托中心的转变:每天早上离开的时候都哭闹不休;无论是父亲还是母亲送他去日托中心,他都抓着

别埋没孩子的天才特质

不肯放手；每天回家后的头一个小时，他都显得畏缩不前，行动充满着怨恨。去中心参观了几次，并且和工作人员会谈过之后，杰夫确定儿子的问题就是分离焦虑。

为了确保女儿克里斯特尔不会碰到类似的事情，杰夫决定要提前一个月，就让她在生活中适应即将发生的变化。渐渐地，克里斯特尔和日托中心的保姆待在一起的时间越来越长。两个星期后，杰夫开始采用一个新的方式：每当克里斯特尔和日托中心的保姆在一起前，他都给女儿讲一个故事。他讲了第一个故事：

小女孩走到院子里，发现了一个美丽的洋娃娃。她一会儿让洋娃娃微笑，一会儿让洋娃娃大笑。玩了一段时间后，她突然发现洋娃娃正在哭泣。这个洋娃娃承认她是属于另外一个女孩子的，可是那个女孩把她弄丢了，她不知道如何回家。小女孩说了，她的妈妈（就像克里斯特尔的妈妈一样）告诉她遇到挫折时，可以说"帮帮我，哈里"。立刻会有一个神秘人物出现，告诉小女孩洋娃娃是谁的，如何与这个小女孩联系。

此后，每天的这个特殊时间，杰夫告诉女儿的故事总是有关哈里是如何帮助小女孩的。这些讲故事的程序不仅使杰夫和克里斯特尔可以分享短暂的分离之前的快乐，而且故事的主题都是在潜意识里给予克里斯特尔以信心："无论她碰到什么事情，她都可以乞求属于自己的'特殊力量'的保护。"当克里斯特尔开始上日托的时候，她已经习惯和父亲的分离了，再加上她实际上是想离开家（因为每天到了这个时候，父亲就会讲"帮帮我，哈里"的故事）。

在孩子的成长过程中，会有各种各样的问题，发生各种各样的意外。面对这些意外，您是否能如杰夫那般未雨绸缪，并且采用机智的方式解决问题，同时给予孩子有关勇气和信心的教育？这是为

一 发现孩子的优势

人父母的智慧。

普天之下的父母都希望自己的孩子生活得健康、快乐，但是这并不意味着一味地付出和给予，孩子就会幸福，因为孩子需要的不仅仅是来自父母物质上的满足与关心，更需要父母对自己期待的满足和情感上的关注。这对于孩子情感的健康发展是非常重要的。而情感的健康，例如使孩子具备友爱、合作、竞争、自信、坚韧、勇敢等良好的品质，是我们今天更为强调的。

专家指出，满足孩子的情感需求需要一定的技巧，它不能自然获得，需要专门学习。

别埋没孩子的天才特质

职业规划从童年开始

童年,当很多孩子还沉迷在童话的天地里时,却有一个女孩子在为不久以后的"成功"人生开始奋斗了。她就是高倩,在父亲高燕定的人生设计下,她从5岁开始,立志"我要上哈佛,我要做律师",并且一步步迈向了成功。她在哈佛大学毕业,同年进入哥伦比亚大学法学院攻读法学博士,不到25岁就获得法学博士学位,并进入美国顶尖的律师事务所工作。

在《人生设计在童年——哈佛爸爸有话说》一书中,高燕定宣称高倩不是天才,她的成功依靠的是父亲的人生设计和她自己在人生设计基础上的努力。他借鉴美国从幼儿阶段起就进行职业启蒙的成熟经验,通过女儿的成长过程中一个个生动真实的案例,对中国现阶段儿童素质教育的一些误区进行深入剖析,提出"人生是可以设计的,而且应该在童年"。

以下是高燕定从女儿身上获得的经验总结。

人生设计在童年

高燕定

在中国,由于高考的压力,大部分父母和学生只希望能拼过高考,然后凭着分数在几天内临时选择专业,糊里糊涂地把孩子送进大学,糊里糊涂地锁定了他们的人生,这样的人生怎么能谈得上人生设计呢?

有人认为,家长把自己的愿望寄托在孩子的身上,是不人性化

一 发现孩子的优势

的;孩子在成长过程中,最重要的是保持良好的心态。但是他们也许没有想到,让孩子们对自己的人生不思考、不作为,在竞争日益激烈的现实中屡屡落败,是更不人性化的。

5岁定下职业方向

那年女儿5岁,我设想,她将来要进入哈佛大学,要进入顶尖的法学院,未来的职业生涯是从事律师工作。我把想法对女儿说了,她二话没说就认定了。因为这个年龄段的孩子没有逆反心理,容易接受大人灌输的思想。

女儿在我日积月累的"当律师"的宣传鼓动下,从五六岁开始就逐渐形成了这个牢固的志向,并接受了我对她各项相关能力的培养。比如,注意语言能力的培养,她现在能够说英、法、西、汉4种语言;在高中阶段,加入了商业与法律交叉的专业设计——一个好律师必须是懂经济和商业的;从小开始阅读大量的书籍,涉猎面几乎无所不包——一个好律师的知识面必须是广博的。同时,她应聘成为市少年法庭的律师、检察官,定期出庭,参与审判少年罪犯;在高中,参加模拟法庭审判比赛、演讲比赛;进入哈佛大学后,她不仅埋头读书,还到哈佛招生办工作,做义务法律咨询,任哈佛校园小商店的副经理等,而且她还是《哈佛深红色》报社的商务主管。

正是因为长期努力学习,刻意培养相应的技能和素质,她如愿以偿地在哈佛大学毕业的同一年,进入哥伦比亚大学法学院攻读法学博士。如果没有从小进行周密的人生设计,没有她自己幼时就锁定专业方向和职业目标的做法,是不可能一路顺畅,一步到位实现一个个目标的。

别埋没孩子的天才特质

加强版的综合素质教育

美国《国家职业发展指导方针》规定,职业指导从小学就要开始。从6岁开始,就要培养职业意识。接受职业发展指导,学会并开始职业规划,让学生进行与就业有关的12种能力、六七十项"指标"的训练。这几十项似曾相识的能力和"指标",不仅包括而且远远超出了中国教育界广泛讨论的"素质教育"的范畴,堪称加强版的综合素质教育。

在美国,很多学校从小学一年级开始,每个学期定期邀请各种从业人员,到学校里义务进行职业启蒙教育。他们给孩子传播与职业有关的知识,包括工作要求、内容、性质、条件、求职方法、薪水报酬等。

我到女儿读书的小学图书馆里,发现这个只有两三万册图书的小型图书馆就有大约100本非常"专业"的有关职业的书籍。有每页1行字,配上图画,显然是给刚认字的孩子看的《他们如何工作的?》;有图文并茂,包括600多种职业的《职业词典》;还有几十本一套的丛书,如《体育教练》、《牙科清洁技术员》、《刑事侦察技术员》等。这些介绍各种职业的图书,都是以小学生为读者对象的。

10岁自学两门大学外语

美国的小学普遍在"放羊",没有"学"很多东西,孩子很轻松。我决定好好利用这一段时间,让女儿试着自学法语和西班牙语,而且是同时开始!

暑期开始,我每天带着女儿去A&M大学,把她送到图书馆里,我再去上班。女儿带着那装满法语和西班牙语课本、配套习题集和练习"同步翻译"笔记本的书包,每天在大学庞大的图书馆里,从

一 发现孩子的优势

早上学到傍晚。她告诉我,有时累了,就伏在桌上睡一会儿。

3个月以后,暑期结束了。她在完全自学的情况下,将这两本书各自学了约1/4,各掌握了约1000个单词。学校开学以后,她仍然利用空余时间持续学习。一直到第二年的暑假开始,她又如法炮制,每天和我一起到图书馆,同时学习这两门语言。

后来,我研究了神经生理学和行为心理学的有关文献,才知道这种语言"天赋",即多语言的能力并不是少数人独有的,而是许多人"天生"就有的,是人们与生俱来的能力,只是还没有被广泛认识。既然外语在人生发展中非常重要,我们又知道了每个孩子本来都具有多语种"天赋",就应当帮助他们及早开发,不要把这一宝贵资源浪费了。

高燕定的这种观点,赞成者大有人在,最热烈的拥护者莫过于新东方教育集团的徐小平。这位为无数留学人员做过人生规划,写过网上广泛流传的《图穷对话录》,人称"留学规划大师"的新东方留学咨询的领头人,曾就儿子升学问题求教于高燕定,他对高燕定的观点非常认同。此后,他多次邀请高燕定到新东方做讲座,阐释高氏人生规划理念。北京、上海、深圳的一些家长,因为对高燕定的理念非常认同,把自己的孩子送到远在美国德州的高家,交给高燕定,任他一手包办设计。

让我们来看看为什么徐小平如此支持高燕定。

一个培养孩子的范本

徐小平

我是2003年5月底在美国休斯敦见到高燕定先生的。我去休斯

别埋没孩子的天才特质

敦看望一个多年不见的老友。朋友说有一个高燕定先生,在教育方面很有见地,希望我们能够见面认识。

见到高燕定先生,真使我有相见恨晚之感。高先生在20世纪80年代离开中国,来美国定居已近20年。多年来,在得克萨斯A&M大学工作的他,一直潜心观察、研究、思考美国教育,特别是中小学教育,并把这个心得融会贯通在他对自己宝贝女儿高倩的家教里。女儿生在中国,5岁来到美国,在高燕定先生的精心培养和女儿的执著努力下,她一步步迈向了美国最著名的两大学府——从哈佛大学一毕业,马上被哥伦比亚大学法学院录取。

一个未来的社会精英律师,可以说已经诞生!一个美籍华人家庭教育成功的故事,可以说已经成为华人社区的美谈与骄傲!而高燕定先生则以自己独特的理论与实践,完成了一次令人称道和仰慕的成功的教育实验。这个实验长达20年。这个成果对于中国正在深入进行的教育改革的探索,具有强烈的实用性的参考意义。

使我至今依然回味无穷的是,文雅敦厚的高燕定先生在和我寒暄几句之后,就直入主题,和我展开了关于教育问题的讨论:"徐先生,我知道你在新东方从事留学咨询时提出了'人生设计'这个概念,但是我认为,人生设计应该始于童年,而不是成年之后。因为,成年之后再来设计人生,一切就都晚了。"

我佯作微笑着听他阐述,但当时并不知道,"人生设计在童年"不仅是他的观点,还是他串连女儿20年来成长发展的成功经验之红线。在高倩的成长过程中,我们能看到许多令中国教育者惭愧汗颜、令中国家长惊讶反思的细节和故事。

● 10岁生日的这天,高倩对着摄像机说:"我长大了要上哈佛,我要做律师。"10年之后,在生日晚会上许的愿望全部实现

一 发现孩子的优势

了,并且有录像带为证!

● 在美国一所中学里,选修课高达350门之多,其中,仅宗教课程就有40多种!文学艺术课里,甚至包含当代中国文学史。美国高中生可选课程之丰富,令人吃惊。

● "美国高中生学习辛苦得没有觉睡!"这是使我这个自封为教育家的人也感到新奇的一个现象。这个发现对于我意义重大。其实只要想一想:在美国这个高度竞争的社会里,成功首先意味着教育的竞争,而竞争就意味着激烈的拼抢。

● 高倩丰富多彩的教育背景:参与各种考试比赛,充当少年法庭律师,担任中学交响乐团主席,筹款18万美元的中国之旅,每周课余工作20小时,两年写作314篇共四五十万字的作文、书信、杂文,选美,演讲,出书,会四种语言……

高先生讲述的美国教育故事是迷人的,高倩的成长与成功是令人惊美的。这对父女用他们的教育和成长故事告诉我们:人生是可以设计的;哈佛是可以算计的;而天才呢,是可以父女俩一起合计的。从接受教育的角度,高倩已经获得了真正意义上的成功;从教育子女的角度,高燕定已经登上了父亲荣耀的顶峰。

人生设计在童年,高倩蓝图在5岁(5岁来美,父亲就为她指明了当律师的方向)。我承认,高燕定先生有资格批评我的人生咨询理论不完整;我同意,人生设计应该从童年开始,而不是成年之后再强扛人生苦瓜,重新整合奋斗目标。

事实上,无数来新东方向我求助的学生,他们今日的失败,大部分都是在童年和少年时期,已经被他们的父母和学校教育挖掘了今后的陷阱。他们向我投石问路,只是因为庞大传统教育的不完善。我多么希望,这些在人生的中途——我的咨询对象在年龄上,

别埋没孩子的天才特质

可以用18~40岁来涵盖,而不是5~10岁——失去方向的朋友,像高倩一样幸运,拥有一个像高燕定这样的家长,拥有从小就描绘好的符合教育规律的人生设计蓝图!因为,这样就不会有那么多人,只是因为教育的陈旧、他人的落后,而导致自己在社会上和生活中的失败。

早期职业规划不可或缺

哈佛大学曾对一群智力、学历、环境等客观条件都差不多的年轻人,进行过一项长达25年的跟踪调查。调查内容为规划对人生的影响,结果发现:25年后,3%有清晰且长远人生规划的人,几乎都成为社会各界顶尖的成功人士;10%有清晰短期人生规划者,大都生活在社会的中上层;而另外87%人生规划模糊者,几乎都生活在社会的中下层面,虽能安稳地工作与生活,但都没有什么特别的成绩。调查者得出结论:目标对人生有巨大的导向性作用。成功,在一开始仅仅是一种选择,你选择什么样的人生规划,就会有什么样的人生。

我们经常会听说这样或者类似的事情:我想当一名教师,但是父母却想让我从事IT行业,虽然我不喜欢,但是我不能伤他们的心,而且IT行业也是一种轻松风光的职业,收入也不错,那我就先去做着吧。就这样,很随意地进行了职业的选择。这就像是赌博,你多半会输。更悲哀的是,类似的事情在我们身边屡见不鲜,几乎每天都在上演。

中国父母对孩子教育所付出的努力,即使不是世界之最,也是世界领先。遗憾的是,与父母巨大的教育付出形成显著反差的是,很多父母在孩子十几年的基础教育过程中,几乎从来没有认真地以

一 发现孩子的优势

科学的思维和孩子讨论过人生理想、专业选择与职业目标——这一教育的终极目标。其原因之一是,大多数中国父母的人生是没有职业意识、没有自我选择的人生。很多人从小到大接受的教育理念是"服从",甚至工作调动都是服从组织安排而非个人意愿。但是,今天的孩子要面临不断的选择,无论愿意不愿意,这都是时代的要求。

高燕定曾给一位在校大学生写了一封信《赢在第二起跑线上》,信的主旨是"建立职业准备":

(1) 职业准备最好在小学,至少中学,最迟上大学就一定要开始了!

(2) 职业准备更是一次必须认真对待的赛跑,可惜很多人都输在了这第二次起跑上——就业准备的起跑也是应该尽早开始的!

(3) 很多的应试"知识","试"过以后就再也"应"用不上了。真正有用的是今后社会或雇主所需要的东西——创造财富、产生利润的职业技能。今后走到社会上,靠什么来博得职业市场的追逐才是最重要的。这是现在,或者说早就应该开始思考的。

为人生设计出多种可能性

很多父母都在给孩子设计人生,但是孩子却没有按照设计的方向和路线发展;很多人都在给自己设计人生,但是人生并没有结出理想的"果实"。人生真的可以设计吗?高燕定父女的成功真的可以效仿吗?

著名职业规划专家白玲认为,其实人生设计不是"可以不可以"的问题,而是"会不会"的问题。她认为高燕定为女儿的人生

别埋没孩子的天才特质

设计之所以成功,是因为他暗含了人生设计的理念和方法。人生设计最精妙的地方就是:看上去是设计了一种人生,其实是设计出了更多的可能性,因为人的"功力"是可以转化的,"内功"强的人,无论在哪个领域里,都会有很强的发展机会。只是人都会寻找一个最能充分表现自己的领域,好比一个武林大师,十八般武艺样样精通,可以成为刀客,也可以成为剑客,或者拳师,可他最愿意成为一个武馆的教练。

职业规划专家在指导人们进行职业转换的时候,都会测评他的"内功"。如果"内功"扎实,转换的余地就大,否则就会很小。所以为了一个方向,练就"内功"和"外功"的人生设计,并不会限制一个人的选择机会。我们会发现,高燕定的孩子之所以成功了,最重要的是为目标积累了足够的实力。她选择当律师,同时她也完全有实力选择其他很多工作,当律师是她"功力"的最佳表现。

从理论上说,人生设计从童年开始,是非常有价值的。对于孩子来讲,越早设计越容易增长"功力"。孩子本来就是精力充沛、好奇心极强,有了方向之后,更是"撒了欢儿地"争取。高燕定给孩子从小训练出好的学习方法和积极的进取态度,相较于同龄人,孩子经常体验到成就感,为她未来的自我发展奠定了扎实的基础。

值得提醒的是,人生设计的目的有两个:取得成果,提高效率。在现阶段,父母是否有必要为孩子设计人生取决于两个方面:第一,人才竞争是否激烈,是否需要孩子尽早地取得成果;第二,父母是否具备为孩子设计人生的基本能力。如果现实环境竞争不激烈,父母也缺乏给孩子做设计的能力,那么最好先放一放,等着学校或者其他组织来帮助孩子发展。

一 发现孩子的优势

人生设计需要量力而行,你可以设计5步,也可以设计10步,要看你对孩子、对这个世界的掌握程度。你可以不断地根据自己的"情报",调整设计的方向和道路。高燕定能够给孩子准确设计,取决于他对孩子个性的把握和对信息的充分获取和准确理解。在美国,律师这个职业发展路径相对清晰,可以获取的资讯很多。但是,很多职业前期是很难设计的,发展过程中的影响因素太多,比如,外交官、明星、企业家,如果父母、孩子有这样的职业梦想,设计难度就比较大了。在国内,设计的难度更加明显,因为我们的"情报"太少,而且不够准确。所以,父母在设计的时候,首先要广泛学习。

高燕定在培养孩子的过程中不断地反思,不断地调整着方式方法:孩子把爸爸当成权威的时候,他就直接要求;孩子逆反的时候,他就以静制动。恰当的方式方法使得人生设计结出了成果,并快速完成了从"家长设计"向孩子"自我设计"的转换。

别埋没孩子的天才特质

帮助孩子找到职业优势

现实中,父母在帮助孩子进行职业规划或者专业选择时,往往考虑较多的是哪个专业比较热门,哪个专业毕业后找工作比较容易、赚钱多,哪一所大学更有名等客观因素。当然,孩子的学习成绩、兴趣爱好和父母的意愿等主观因素也往往被纳入考虑之中。在众多的因素中,到底哪些因素需要优先考虑?答案似乎有很多种,然而,最需要考虑的核心因素之一应该是:符合孩子的兴趣、能发挥孩子自身优势的职业或者专业。

兴趣中蕴含着优势

要根据兴趣选择自己的工作吗?美国的一些心理学家曾经对哈佛大学的MBA毕业班学生做过一次调查。他们的问题是:你们在即将进入职场的时候会根据什么来选择你的工作?结果,有七成的人回答说,将根据他们所学的专业来选择职业。另外,有三成的人说,他们会根据自己的兴趣来选择职业。5年后,这些心理学家对他们进行跟踪调查时发现,其中最成功、最出色的人都是当初说要根据自己兴趣去选择工作的人。

一个学计算机的大三学生,非常苦恼地找到专家,说他对学计算机一点兴趣也没有,现在非常想退学,不知怎么办才好。通过交谈,专家发现他的思维缜密,具有很强的思辨能力,对一些社会问题的看法颇有见地,也非常喜欢谈论相关话题。他在文理分科前最喜欢历史,现在读起历史书来仍觉得津津有味,可是,父母认为学

一 发现孩子的优势

习历史不好找工作,还是学一些扎实的技术类课程比较实用。因此,在父母的强烈建议下,他选择了理科,在大学选择了计算机专业。

我们不能说父母帮孩子做的选择是错误的,因为青少年都有比较强的可塑性,他们极有可能在上大学后才真正发现自己的兴趣,或者虽然没有兴趣,也有可能在大学4年的学习中培养出兴趣。但如果孩子根本不喜欢所学专业,那是父母为孩子做主所必须承担的风险。我们承认,父母的本意是希望孩子大学里念个好专业,毕业后能找一份体面而稳定的工作,但我们也必须知道,如果为了得到一个所谓的好工作,人不得不每天面对自己不喜欢的事情,压抑着自己的快乐,那将付出多大的代价?又能取得多大的职业成功?一位哲人说过:"最好的老师是兴趣。"没有兴趣,何来成就?即使不考虑孩子未来可能取得的成就,只为了他们的健康快乐,我们也无法置孩子的兴趣于不顾。

有一位快要退休的老教师,她的个性孤僻,不太喜欢与人打交道,最喜欢在安静的环境(如图书馆、档案馆)里工作。但是很遗憾,在过去那个年代里,她没有机会选择,不得不成为一个每天要面对孩子的授课教师,挣扎着与自己和自己的职业作"斗争"。她最终适应了,不过也到了退休的年纪。生活中,有很多人就像这位老教师一样,花了数年甚至数十年的时间去适应一份工作,在不甘心中让生命痛苦地流逝。所以,选择职业不必与他人攀比,也不必去跟风、赶时髦,而是要冷静地分析自己喜欢什么专业,适合什么工作,做出属于自己的正确选择。

要根据能力和性格选择自己的工作吗?据说,在二战时期,美国情报机构曾经有两个高官,一个严谨、不苟言笑、做事按部就

别埋没孩子的天才特质

班、喜欢循规蹈矩的生活，另一个却是一天到晚鬼主意一大堆的人，他不按常理出牌，可以一个小时想出10个办法，可能9个都不成，但是总有一个是可行的。他们谁更适合做情报工作？答案是都适合，但是一个适合做管理者，一个适合做出谋划策的专家，或者去开创一个新的工作领域。事实也是如此，那个鬼点子一大堆的人领导美国在二战期间开创了新的情报机构，并在情报领域声名鹊起，取得了不错的工作业绩。

有些人性格外向开朗，喜欢与人交往，很讨人喜欢，但可能有坐不住的毛病。有些人性格沉稳，喜欢钻研，但也有可能让人望而生畏。性格的差异给了我们挥洒个性、开创自己事业的不同机会。一位友人在大学里做行政工作，主要处理一些事务性的案头工作。她说自己每天上午一定要找一个理由出去跑一趟，在剩余的时间里才能安安静静地伏案工作，否则心里就跟长了小虫子一样，痒痒的。设想一下，如果她有机会去做与人打交道的工作，是否会更快乐？

有些人思维清晰、善于捕捉外界的蛛丝马迹并能很快通过这些线索的联想发现问题，具有这样的能力，就拥有成为一个成功的新闻记者的通行证。有些人擅长逻辑分析，能够在分析大量事实的基础上，进行严密的推论，这是做科学工作的基础。清醒地认识自己并评价自己的能力，是专业选择的重要步骤。

财富、地位、名气是对成功的传统定义，但在多元化的现代社会中，成功应该有更多的定义。做自己喜欢并擅长的工作，而且这份工作能让自己不断成长，令自己和家人获得幸福，给社会创造财富，尽管自己可能默默无闻，可能创造的财富不是太多，但如果我们已经找到了自我并最大程度地实现了自己的价值，这便是最大的成功。

一 发现孩子的优势

因为优势而成功

2000年的复活节,一个女孩在慕尼黑郊区的别墅阁楼上百无聊赖。因为她寄宿的这家德国人去意大利度假,所以偌大的三层别墅中除了她以外,空无一人。因为每天她需要负责照顾鸡、鸭、鹅、猫、狗和草坪,所以她必须待在家里。她在阁楼上把房间弄乱、整理、再弄乱、再整理,她完成了教授要求的论文,她翻出从国内带来的所有磁带,跟着磁带唱歌……可就算是这样,她还有大把的时间需要填满。

终于,她拿出了两张纸,准备回忆她出生24年以来的人生。她用红笔在纸上写出记忆中最开心的事情,用黑笔在另外一张纸上写出她最沮丧、最难过的经历。她用了一天的时间完成了回忆,然后用一天的时间进行总结。后一天的夜晚,她打开阁楼上的天窗,看着苍穹中闪烁的星星,笑了,因为她知道了自己的方向。

这个当年因为孤独而被迫进行反思的女孩,就是上濒教育机构创办人兰海——这个当年24岁的中国女孩,在国内读书时从不会把百分之百的时间和精力用在学习和考试上,然而,当她找到了自身的优势和职业方向时,就像一辆加满油的汽车,开始驶入了一段疯狂学习的状态。接下来的头3个月,她每天只睡3个小时。第一学期,一般人选3门课,她竟然选了10门课,每门课每周的阅读量在70~100页。就这样,她用了两年半的时间,一口气拿下德国慕尼黑大学心理学、教育学、社会学3个硕士学位,并于26岁毕业回国,创办了上濒教育。

兰海说,那次的孤独对她非常重要。正是因为那次的被迫思考,让她终于知道了自己内心的真正需要。庄子说,追求自己内心

别埋没孩子的天才特质

想要的人，才是真正的英雄。兰海说，要做这样的英雄最难的并不是执著的追求，而是能否找寻到自己内心的真正需要。

每个人都不是一出生就知道自己想要什么，而是在成长中不断地选择、判断自己的最爱。兰海认为，在中国文化教育背景下长大的孩子，对自己的了解更加困惑，对于世界的认识更加局限。因为，在成长中，孩子对自己的判断往往是来自父辈或者老师们的评价，而数来数去，这样的评价无非是"乖、听话、聪明、成绩好"等等。孩子通常迷失在别人的评价里，忘掉了寻找自己。同时，学业上的压力让他们没有更多地机会了解这个世界。孩子的世界里往往只有一个目标，就是考试，而其他的内容似乎都是考试的搭配物，是边角废料，孩子的所有能力似乎都和学校、学习成绩有关。于是，孩子对生活缺乏热情，对未来没有期盼，甚至孩子的选择恰恰和他们的天赋背道而驰，孩子远离了幸福。而通向幸福的道路需要以下3个条件：首先，要知道自己的内心需求；其次，要知道自己的天赋；再次，需要在内心需求和天赋之间搭一座桥，而你就在这座桥上奔跑，坚持不懈。

兰海在德国的被迫思考让她发现，能使自己开心和兴奋的事情都有这样的特点：发现了一种新事物，对别人产生了影响，有创造力。能满足上面3个条件的工作很多，例如科学家，他能通过发明各种新鲜用品对别人产生影响并发挥自己的作用；例如演员，他能通过塑造各种角色来影响别人的情绪；例如教育者，他能通过自己的影响力来帮助别人成长……而兰海该如何选择呢？她对人的敏感、思考上的逻辑性和行为上的感性因素等特点，让她相信选择"教育者"是满足其内心需要的最佳途径，因为喜好必须与天赋联系在一起。

一 发现孩子的优势

一个人喜欢的事物有很多,其中一些发展成了爱好,另外一些发展成为了职业。而让这些事物成为爱好或职业的关键,除了机遇之外,还有一个非常重要的条件,那就是你是否擅长,或者说你是否知道自己擅长。

在慕尼黑大学学习心理学、教育学和社会学这3个专业,是兰海误打误撞的选择,当时选择这些专业的时候,她并不知道自己是否会喜欢这些专业,也不知道自己是否能做好。兰海记得在毕业之前,虽然学了3个专业(心理学、教育学、社会学),但对未来要干什么仍是一片迷茫。而这个时候,她有机会接触了一套职业规划的测试系统。测试结果上写着两个词:研究型、企业型。

今天,当兰海作为上濒教育的创始人,并准备迎接它7周岁生日的时候,她忽然领悟到,当年的测试正预示着她的职业道路。兰海觉得自己是幸运的,因为她所做的事情正好是她擅长的。兰海说,每个人都有自己的天赋,关键是我们能否发现它,并更好地发展它。如果能在兴趣和天赋中找到一个交接点,那必然是一个完美的结合。如果你明白自己想要什么,那么你是个善于思考的人;如果你发现了自己的天赋,那么你是个长于总结的人;如果你能结合自己的天赋和内心需要延展出你的职业方向,那么你是个充满智慧的人;如果你能把这个想法坚持下去,那么你会是个幸福的人。

兰海的幸福是"撞"上的,希望更多的孩子不用借助幸运,就能让幸福顺理成章地到来。

择学校还是择专业

2006年高考前,发表在新浪网高三家长博客圈里的一篇文章,短短几天内点击率达两万次,并由此引发了"择学校还是择专业"

别埋没孩子的天才特质

的大讨论,新浪网为此开辟了专题。

以下是这篇博文:

我的孩子今年考大学,即将面临择校、择专业,我们曾就这个问题交流过,但是一直没有明确的选择。确实如高燕定老师所言,这说明孩子没有确立过职业目标,学校和家庭也从未给予过引导。

不过,对于专业的选择孩子是有倾向的,他提出"想学英语",可他目前就读的是高中理科实验班,加之他从小对除英语外所有的文科科目都"找不到感觉",所以选择文科类的英语专业对于他又是不可能的,他只能考理工科类学校。

对于其他专业,孩子表示没有好恶,认为学什么都行,所以最后与孩子交流的结果是,我们首先考虑选择学校。要选就选排名相对靠前的学校,因为可能会带来更多的出国机会和就业机会,这也是基于实际的考虑。不知如此考虑是否周全,很想得到大家的指点!

蓝水怡2006年2月24日晨留言

一篇短文竟能引起这样大规模的讨论,它所反映出的不仅仅是高考中一个"择学校还是择专业"的问题,更反映了当前教育存在的一些问题,值得深思。在西方,特别是美国、德国等职业系统非常规范和发达的国家,通过职业模拟、实际尝试操作等方式使孩子从小就确立了发展的目标。"职业规划早做一些,对个人的发展定位能够准确一些。实际上,很多成功人士理想的确立都是在中学阶段。"然而,国内的咨询者往往在人生面临关键选择的时候才做规划,这的确是一种"临时抱佛脚"的短期行为,很难预期将来发展的效果。

教育部教育发展研究中心最近进行的一项针对初三和高三学生

一 发现孩子的优势

的调研显示，高三学生对高考志愿中专业的了解程度为"一小部分"和"全不了解"的比例为75.2%；初三学生只有11.4%的城市学生和7.1%的县镇学生认为自己可以从容就业。

一个中学毕业生，十年寒窗之后，却对自己未来职业发展目标及其职业准备的要求茫然不知，如果他有幸就业或升学，其今后的生涯发展势必面临诸多困难。一些教育部门和学校校长，总是片面强调升学率。在这种环境下，学生忙于应付各种考试，职业生涯教育也就被冷落到了一边。

不要因为自己的喜好而埋没和泯灭了孩子的职业优势，发现并塑造孩子的优势，是父母肩负的基本职责。但是要做到这一点，并不是一件容易的事情。以决定终身的高考为例，别以为孩子上了大学，父母紧绷的神经终于可以松弛下来，其实并非如此。面对严峻的就业形势，孩子毕业后应该去干什么，又能够干什么；最喜欢干什么，又最适合干什么，这些问题实际上比高考更复杂，也更令人茫然。

经过无数次的大小考试后，大多数父母对孩子的考试优势可能已了如指掌，但对孩子未来的职业优势却可能一无所知。或许在绝大多数父母的心目中，孩子选择了什么专业，就该理所当然地从事什么职业。然而，事情并非如此简单。无论是孩子还是父母，在埋头备考时，根本就来不及抬头眺望未来，进而思考职业生涯的"优势轨道"到底应该伸向何方。

在某高校工作的郭教授，就曾经历了这样一次儿子职业选择与专业矛盾的波折。郭教授的儿子小曲从小就喜欢音乐，他有一把吉他，高兴或伤心时都要拿出来弹一弹。高二时，小曲曾与父亲谈过报考音乐专业的想法，但被父亲"果断"地否决了。郭教授的理由

别埋没孩子的天才特质

听起来很充分：一个没有经过音乐专业训练的人，怎么可能仅凭自己的兴趣爱好考上一流的音乐学院呢？再说，一个完全有可能考上清华大学的优秀理科生，又怎么能够为了满足一时的兴趣而屈就于一般的音乐院系呢？于是，小曲不得不放弃自己的想法，一心一意为高考做准备。后来，小曲因为高考时发生了一些意外，没能如愿考上第一志愿清华大学，不过很顺利地被第二志愿武汉大学录取，这也足以让郭教授相信，自己当初的决定是正确的，更何况所学专业是学科排名和就业率都在全国名列前茅的测绘工程。拿到录取通知书的那一刻，郭教授长舒了一口气，他相信儿子的未来不再需要操太多的心了。

然而，事情的发展完全出乎全家人的意料。小曲进入大学之后，开始参加歌手比赛、组建乐队并演出、在音乐工作室拜师学艺和尝试音乐创作，真是忙得不亦乐乎。在随后的多次交流中，小曲给了父亲许多暗示：我这辈子绝不会放弃音乐！直到这个时候，作为父亲的郭教授才第一次静下心来思考：像儿子这样一个活泼开朗、帅气十足的阳光男孩，若扛着笨重的测绘仪器奔走于建筑工地，将是一个怎样的情景？这份职业真的适合他吗？这份职业是他所需要和期待的吗？

在深入而坦诚的沟通之后，郭教授和儿子彼此退让一步并达成了这样的妥协：坚持到本科毕业，然后申请国外一个有音乐学院的综合性大学攻读硕士研究生。然而，这个看似双赢的临时性妥协并未持续多长时间。在大三第一学期，小曲带着自己作词、作曲和演唱的两个作品，回家正式通知父母他做出的最终决定：终止学业，直接申请出国攻读音乐专业的本科学位。直到此刻，郭教授才突然意识到，其实父母有时根本就不了解孩子，父母代替孩子做的决定

一 发现孩子的优势

未必是正确的决定,最了解孩子的还是他自己,孩子的未来必须由他自己去主宰。此时,郭教授也已清楚地认识到:孩子现在的兴趣或许就是他未来的职业优势,孩子有某个方面的兴趣,是他的幸运和财富,是他人生幸福的基石,也是父母对孩子未来的信心源泉。此时,必须尊重孩子的兴趣和选择。

郭教授是一位明智而豁达的父亲,也是一位善于反思的父亲,他最终接受并支持了儿子的决定,尽管这个决定在我们成年人看来是多么的幼稚和冒险。这位深爱儿子的父亲,知道此时该放手让儿子自由飞翔了。他深知儿子未来职业道路的艰辛和坎坷,但他也知道自己无法庇护孩子一辈子,唯有走自己选择的道路,孩子才会更有勇气面对生活的挫折和困难。

其实,在欧美国家,选择专业、换专业甚至转院系与学校,大都由孩子自己做主,父母很少干预。1972年,李开复进入美国哥伦比亚大学学习时最初的专业是"政治科学",这是很多华人父母希望孩子就读的专业,因为毕业后可以进入收入颇高的律师行业。然而,一年多的学习让李开复发现自己的兴趣并不在政治方面,枯燥的学习经常令他在课堂上昏昏欲睡,学习成绩也不尽如人意。与此同时,他发现自己在选修的计算机课程方面有着惊人的天赋,往往是别人还在苦思冥想如何写出程序时,他早就把程序写完了。后来,他发疯似地爱上了这门学科,因此,在大学二年级时,他做出了一个惊人的决定——转系。这意味着他将从一个全美排名第三的专业转到一个毫无名气可言的专业,但是,李开复还是听从了内心的召唤,毅然选择了计算机专业,而正是这个决定,改写了他人生的轨迹。

毋庸讳言,我国高考的专业选择带有相当的盲目性,学生甚至

别埋没孩子的天才特质

根本就没有机会去细细品味自己的兴趣所在，了解自己的优势潜能，父母就已凭考试成绩为其做主了。然而，好的考试成绩并不等同于未来的职业优势，也并不意味着就是孩子的兴趣所在，它可以作为孩子选择专业的参考条件之一，但不能作为唯一依据。只有在上了大学之后，孩子才真正有了选择的空间和思考的时间，而此时，不管孩子对已选择的专业多么的没兴趣甚至讨厌，他们都必须无条件地坚持和忍受，假若稍有动摇，甚至产生专业上的非分之想，就觉得辜负了老师、家人，尤其是父母的殷切期望，负罪感油然而生。正是这样一种社会文化背景和道德观念，使不少孩子在上了大学之后反而迷失了前进的方向，没有了奋斗的目标，于是便浑浑噩噩地混到毕业，然后再身不由己地"被就业"。

作为父母，我们习惯于以爱的名义，替孩子选择和设计他未来的人生之路，让孩子无条件地服从于我们的意志，我们以为一切都是在替孩子着想，其实不然，我们只是习惯于从自身经验出发，将自己的价值观强加给孩子，而忘记了倾听孩子内心的声音，忽略了他们真实的兴趣与需求。我们习惯于关注职业而忽视人，看到的更多是职业的前景，却很少关注它是否适合孩子。我们还习惯于盲从，不敢做特立独行的父母。在父母们都忙着为孩子铺就未来之路、为孩子掌舵和主张的现在，我们又怎能把父母这份应尽的责任推卸掉？上面所述的4个"习惯于"，恐怕是我们大多数家长的通病和教育孩子的误区，或许，正是这些传统的习惯，在一点点地埋没和泯灭着孩子未来的职业优势。

一 发现孩子的优势

你是在用优势做事吗

》海蒂怎么了

海蒂是汉普顿宾馆的高级品牌总监,如果你在海蒂刚就任这个职位时碰到她的话,你会觉得她是一个精力旺盛,对未来充满激情的年轻女性。但最近,她的工作开始逐渐有了"工作"的味道,海蒂对工作时间的控制逐渐减少:她要做的事一点都没做完,其他一堆事情已让她焦头烂额。尽管海蒂积极、不甘于现状、经验丰富、雄心勃勃,但也开始感到心力交瘁。

这份工作本身并没有阻挡海蒂做她喜欢做的事,她所热爱的工作就在那儿,只是隐藏在她所痛恨的那些事中。当她仔细想想工作的整个过程,很明显,工作的天平已严重倾斜,倒向了误区。想要打破这个瓶颈,海蒂需要走出误区,发现、阐明、确认自己的优势,重回"优势轨道",竭其能、尽其才地工作。

》是什么阻挡了你的精英之路

阻碍你进步的有可能就是你坚信不疑的事。这么多年来,我们大多数人逐渐走入3个误区:(1)在成长的过程中,人的个性会不断改变。(2)在最弱的方面才会取得最大的进步。(3)一个优秀的团队成员为了团队的利益愿意做任何事。这些误区已先入为主、根深蒂固,就像一双无形的手在左右着我们,成为我们的核心假设,并且我们还会非常开心地把它们传达给我们的孩子、学生、员工。

但真相却是:(1)在成长过程中,人的个性不会改变,你的价值观、技能、自我意识以及你的一些行为会改变,但你个性中最为核心的部分却永远不会变。(2)在最强的方面才会取得最大的进步,在你的优势方面,你才会最有求知欲,最具创造力,也最乐于接受新事物。(3)大多数时候,一个优秀的队员会主动要求发挥自己的优势,而不是做一个"多面手",但整个团队成为"多面手",这恰恰是因为每个人只精于某一个方面。

走出误区,是正视并珍视自身优势的第一步,接下来要做的就是像海蒂一样,寻找那些与优势挂钩的标志,发现、阐明、确认自己的优势。

▶ 你的优势是什么

优势由三大基本要素构成:才能、技能和知识。

才能是与生俱来的,技能和知识是后天习得的。定义这3种要素非常有用:首先,它让你知道,在你的优势中,哪些方面是可以习得的,哪些不能。其次,它让你知道,在你的优势中,哪些是可以通用的(即你的才能),哪些方面是要根据情境而定的(即你的技能和知识)。然而,要找出是哪些事体现出了你的优势,就不能仅仅停留在普通的才能标签上,而应该密切留意哪些事让你有特别的感觉。如果你做的是发挥自身优势的事,你会有这样的感觉:在做之前,你对它充满了期待;在做的过程中,你的求知欲很强,非常专注,你会感到很充实,很高效;做完之后,你会有成就感和真

一 发现孩子的优势

实感。这些感觉其实就是优势的四大标志：成功、直觉、成长和需求带给我们的最直接的反应。将这4个标志合为一体，"优势"最简单、最有用的定义也就出现了：你的优势是指那些让你感到自己很强大的事。

在了解了这些之后，让我们看看海蒂是如何发现、阐明、确认自己的优势的。

首先，我对自己这一周所做的事留心观察，并随时将自己喜欢做的事情记录在便签本上。一周下来，我的便签本上出现了这样一条记录："我采访了罗莎，一位很有趣的女士。"罗莎是汉普顿宾馆的客房管理总监。很显然，这件事是我喜欢做的，也是我的强势所在，但这件事又太过独特，我并不需要每周都采访罗莎。这条记录为"优势陈述"提供了原材料，但优势的描述应该要非常全面才行，要能概括这条记录的精髓，同时又不失其独特性。最后，我得出了一个精心打造的"优势陈述"：

"我感到自己很强大，当我在采访一个工作表现卓越的人，并探究他卓越背后的原因时。"这条陈述马上得到了我情感上的共鸣与肯定，同时也能给我很实用的指导，它既揭示了我的优势和实力所在，也让我知道在每周的工作中，要想效率最高需要做哪些事。

现在，海蒂坐在桌前，盯着这条"优势陈述"，并思索着如何能使之成为自己工作的核心。

（本文摘自《现在，发现你的职业优势》，[美]马库斯·白金汉著，中国青年出版社出版）

二 儿童是天生的科学家

我们总是说现在的孩子缺乏创造力,其实,与科学家联系在一起的许多特质——实验能力、好奇心、创造性、理论建构与合作等同样也是儿童所具备的特点。当我们观察儿童并试图理解他们是如何思考和学习时,会发现他们与科学家之间存在令人惊讶的相似之处。

著名的动物行为专家尼可·丁伯根曾说:"科学家们由于他们急切的好奇心,在他人眼中,常常显得很孩子气。"换句话说,科学家们都常葆童心,有着孩子般强烈的好奇心。儿童身上所表现出的那种好奇、不知疲倦地探索周围世界的鲜明特征,曾给他们的父母留下过无数惊喜和美好记忆。

天空为什么会是蓝的?为什么会下雨?为什么月亮会住在天上?以往我们知道小孩子爱提问,却很少思考和分析这些问题,更没有把他们提出的问题与科学研究的问题联系起来。如果关注和思考他们在幼年时经常提出的问题,我们会发现这些问题恰恰是最基本的科学问题。只是科学家们在以专业的方式从事小孩子自然而然在做着的事,寻找着幼儿最关心的问题的答案。

儿童还是一个勇于行动的大胆实践者、一个通过直接经验来认识事物的人。例如,面对一摊烂泥时,孩子可能会想知道:如果我一脚踩下去,会发生什么事?泥巴踩起来会怎么样?会不会从我的脚趾缝挤上来?紧接着,他们一脚踩上去,以证实他们的所有想法。不仅如此,儿童还勇于尝试,不怕失败,多次尝试,不断排除无关因素,逐渐接近答案。

尽管我们常常说儿童是小小的科学家,但他们毕竟不是真正的科学家。在探究的结构与性质上,儿童和科学家都在一定结构限制内自由探索,但结构的性质和自由的程度不同。他们都面对未知,科学家面对的是人类的未知,儿童面对的则是人类已知而他们自己未知的世界;他们都运用已有经验提出假设,科学家是在前人研究和自身观察的基础上进行推论和假设,文献资料具有重要的意义,而儿童只是在自身经验和观察基础上进行假设;他们都对自己的假设进行验证,科学家经历漫长的科学发现历程,甚至需要几代人的努力,而儿童只是简约式地重演科学发现的过程。

尽管有这些不同,儿童仍然是当之无愧的"天生的小科学家"。

二 儿童是天生的科学家

儿童是小小的科学家

案例

一

温暖的春天来了。一天,幼儿园的一个孩子带来了4只小蜗牛,可爱的蜗牛引起了同伴们的兴趣,他们提出了一系列的问题:蜗牛喜欢吃什么?蜗牛的嘴巴是什么样的?蜗牛有没有耳朵,能听见声音吗?……

孩子们开始把自己的问题用图画记录下来,在老师的带领下进行分组讨论。经过和孩子们协商讨论,老师挑选出以下4个问题进行深入地探究:蜗牛能听见声音吗?蜗牛喜欢住在什么地方?蜗牛喜欢吃什么?白色的粒粒是什么?孩子们自己选择喜欢的问题,自由组成探究小组。在以后的几天中,孩子们经常会主动地把自己的发现与同组同伴分享……在照料蜗牛的过程中发生了一次意外,一只蜗牛的壳缺了一块,孩子们难过地掉下了眼泪。随后,师生进行了一次有关蜗牛壳再生性的研究。后来,蜗牛吃掉草莓后排出了红色粪便,又引发了孩子们对"蜗牛吃什么颜色的食物就拉什么颜色的粪便吗?"这一问题的有趣实验。

二

一年级的学生劳拉给放在窗台上的植物浇水时突然欢叫起来:"今天大植物上来了新客人!"几个在旁边的孩子走过来看,麦

别埋没孩子的天才特质

克大声地喊道:"嗨,是一只大大的、胖胖的蜘蛛!它正在织网呢!"有些孩子非常感兴趣,而有些孩子则有一点紧张地往后退。这时老师注意到了孩子的反应,走了过来。

劳拉和麦克都担心有人会碰到植物,损毁蜘蛛网,孩子们决定制作一个标志物。有的孩子说蜘蛛网很结实,不会被损坏,如果被损坏了,蜘蛛也会再织一个。然后,小组开始猜测究竟会发生什么情况,讨论蜘蛛如何织网。在倾听了孩子们的想法之后,老师给全组孩子朗读了书里有关蜘蛛的那节内容。

孩子们急切地想到户外去寻找蜘蛛,老师拿出一些放大镜给孩子们用。孩子们在草丛里发现了一些蜘蛛,还有一些旧的、废弃的蜘蛛网。老师用黑纸粘住蜘蛛网,带进教室,请孩子们帮她在蜘蛛网上洒上白面粉,形成了一张张蜘蛛网的图形。她又用数码相机给草丛里的蜘蛛拍了一些照片,把这些照片用胶水贴在一张大海报上。孩子们在教室的四周放置了一些蜘蛛网。一些孩子向教师讲述了他们关于蜘蛛的想法,老师也把这些想法都记录在海报上。第二天,孩子们注意到房间里的蜘蛛捕获了一只虫子,老师建了一张图表,孩子们把蜘蛛捕捉的虫子数量用曲线标注出来……又一天,詹姆斯发现有只蜘蛛不见了,他告诉老师担心有人会被蜘蛛咬伤,老师给孩子们演示了怎样用一只杯子小心而安全地抓住蜘蛛。

最后一天,如老师所料,上百只小蜘蛛出现在窗台的植物上,这是孩子们没有想到的。全组的孩子们一起想出了怎样处理小蜘蛛以及怎样把它们带到户外的办法。随后,研究繁殖及生命幼小形态的活动开始了……

以上两则生动的案例使我们认识到:科学并不是科学家的专利,每一个孩子身上都充满着与生俱来的好奇心和探索精神。成人

二 儿童是天生的科学家

在传授给孩子们科学知识的同时,应该重视培养他们的科学态度,引领他们发挥想象力,到科学领域去开启一扇又一扇充满奥秘的大门。对孩子兴趣的敏感察觉,对生物关键概念的了解,成人自身的知识基础和教育技能,以及在此基础上对活动的良好设计与引导技巧,都是让孩子像科学家那样探究的重要保证。

鼓励孩子提问

当孩子提出各种各样的问题时,成人应给予积极的回应,表示由衷的赞赏和鼓励,并敬佩他们敢于提出科学家们正在研究的难题和勇于实践的精神;当孩子提出在成人看来比较幼稚的问题时,不应该嘲笑他们;当孩子提出成人不知道答案的问题时,不应该回避或岔开,更不应该斥责孩子以保持自己的尊严、掩盖成人的不足;当孩子为了探索而弄脏衣服或弄坏东西时,成人尤其要理解、支持并加以引导,训斥孩子或让他呆着别动会使他与生俱来的探究精神逐渐消退,甚至泯灭。

指导孩子简约地重演科学家探究的过程

儿童的探究活动,从主题的确定、问题的提出、环境的创设与材料的提供、对问题的预测与假设,到实验的设计与展开、数据的收集、记录与解释的形成,乃至最后的交流与讨论等探究过程中的每一个环节,都需要成人尤其是教师的精心设计。

成人首先要选择适合于孩子发现的知识经验,这些知识经验必须能反映某一领域的关键概念,具有方法论意义,同时又符合孩子的年龄特点和经验水平,能引起孩子的探究兴趣。

别埋没孩子的天才特质

在确定了要探究的问题后，成人应鼓励孩子对问题的答案进行推测，使他们运用自己的原有经验进行充分地猜想和假设，提出自己对观察和实验的想法和做法。需要特别注意的是，成人要引导孩子有依据地进行推论，而不是瞎猜乱想。

在孩子进行实验和观测时，成人注意要尽可能让孩子直接接触实际的客观世界，运用多种感官去感受客观世界；实验要在可重复和可控制的情况下进行。在指导时，成人注意不要过多干涉，但要给予必要的帮助，如提供材料上的支持和帮助，在孩子发生情感危机或遇到挫折时，给予必要的安慰与鼓励等（如孩子害怕蜘蛛时成人走过来提供支持）。

把获得的信息数据进行整理和分析，归纳出现象后面存在的规律，是科学研究中很重要的步骤。孩子们可以用图画、符号、表格、简单的文字、照片等多种适宜的方式，记录活动的主要过程和关键步骤。在实验和观测结束后，孩子要尝试着将记录的信息进行整理，用适当的、简明的形式把数据、信息转化成结论，这样更容易总结出规律。

表达和交流在探究活动中是必不可少的，成人要鼓励孩子组织自己的想法和表达自己的观点，无论他的观点正确与否。成人都要倾听、鼓励并重复孩子的关键陈述；发现并引导他们关注自身探究结果的矛盾和不一致的地方；发现并引导孩子关注同伴间的差异、矛盾，使他们懂得每个人都可以对同伴和成人提出质疑，但争论必须以观察到的事实为依据。此外，非常重要的一件事是：成人要引导孩子把最后的结论和自己最初的想法作对比，从而改进原有的想法。

二 儿童是天生的科学家

接纳孩子"非科学性"的解释和经验

幼儿和小学初级阶段的孩子,对周围事物的认识和解释以及所获得的知识经验受其原有经验和思维水平的直接影响,具有"非科学性"的特点,被称为"天真幼稚的理论"。例如,孩子的原有经验是小朋友喝开水长得好,所以他会给菊花浇开水!孩子还往往从主观意愿出发,赋予万物以灵性(即泛灵论)。当你问道:"太阳会不会掉下来?"孩子可能会回答:"太阳不会掉下来,因为如果它掉下来,我们就会死了。"孩子对事物及其关系的解释具有"人为的"和"万物有灵论"的色彩。尤其在七八岁前,他们相信每件东西都是由人所创造的;他们还相信自然界的事物像自己一样,是有生命、有意识、有意图和情感的。

总之,由于认知特点和思维水平的限制,孩子尽管亲身经历了探究过程,成人仍会发现孩子们似乎不愿意承认他们的天真理论是错的,这是许多孩子在努力放弃一套理论而接受其他理论过程中内心斗争的反映。对许多孩子来说,正视他们先前的错误概念并对其加以改变是一项艰难的智力挑战。因此,了解孩子的思想斗争,忍耐这个过程及由此产生的痛苦,对成人来说很重要。

别埋没孩子的天才特质

"做科学",而不是"记科学"

过去,成人总是绞尽脑汁把无数的科学事实、原理和概念装满孩子的头脑,误以为只有这样才能帮助孩子适应目前或未来的生活。21世纪的科学教育和以往以成人为中心的方法大不相同,它充分调动了孩子的好奇心,它认为教孩子怎样去"做科学"比教他死记硬背科学知识要好得多,即强调以探究的方式开展科学教育。

在传统的教育观念中,孩子学习科学的"真理"是很重要的,这包括学习科学事实、原理、概念、理论和定律。然而,随着人类社会的飞速发展和知识爆炸性的增长,人们发现让孩子学会探究比积累大量的科学知识重要得多。让他们学会如何探究、如何发现问题的答案、如何对科学问题开展调查,越来越有必要。美国《国家科学教育标准》也指出,为了能指导孩子探究,教师自己应该先学会探究。

在美国,许多教师常常发现自己是在勉为其难地教科学,因为他们觉得自己没有足够的科学知识,教不好科学。后来,他们尝试着改变教学方式,与孩子们一起学习、实验和探究。结果,当他们用"合作探究"的方式取代讲解知识的方式时,取得了更大的成功。他们写道:"以这种方式开展科学教学,我们既丰富了自己的知识,也激励了学生学习科学的热情。"

科学教育的最新趋势是:强调少教知识内容,培养调查过程中的能力;强调以探究的方式开展科学教学;强调学科之间的融合;主张面向所有学生;重视激发孩子对科学的兴趣,特别强调培养具有科学素养的公民。具有科学素养的人知道如何提出问题、什么时

二 儿童是天生的科学家

候提出问题、如何批判性地思考以及理性地做出决定。正如美国《国家科学教育标准》所指出："学习科学是学生们要亲自动手做而不是要别人做给他们看的事情",同传统科学教育偏重学生记住科学概念和结论相比,现代科学教育更强调"做科学",即强调学生在"做"中学习,强调"科学探究"。

"做科学"意味着孩子亲身经历科学发现与研究的过程,意味着学习科学是一个积极参与的动手动脑的过程,意味着科学教育过程是一个多方面的活动:需要观察;需要提出问题;需要查阅书刊及其他信息资源以便弄清楚什么情况已为人所知;需要设计调研方案;需要根据实验结果来检验已经为人所知的东西;需要把研究结果告知于人。探究需要明确假设,需要运用判断思维和逻辑思维,需要考虑其他的可能性解释。在这个过程中,孩子们可以能动地获得对科学的理解。

教孩子们怎样去"做科学"比教他们学习科学知识要好得多。他们必须学会如何观察、创造、提出新观点、探究、开展调查以及分析与评价。教师无需在孩子们的头脑中努力填满无数的科学事实、原理及概念,而是要教孩子们学会如何"做科学"。孩子们在学会如何"做科学"的同时也学会了科学知识,获得了对科学的理解。

在美国《国家科学教育标准》中,有一个《仓鼠威利》的活动案例,这是一个教师鼓励学生参加一项科学研究的案例,源于学生感兴趣的现实问题。研究对象是学生熟悉的一个宠物———只名叫威利的仓鼠,共进行了3节课,以下是课堂实录:

科学课一开始,乔治就举手抱怨说水不见了,"是谁用了我的水?是不是有人把它喝了?还是有人把它洒了?"但谁也没有碰过

别埋没孩子的天才特质

水壶，于是教师问："你们认为水跑哪里去了？"

玛丽认为，如果没有人动它，那一定是仓鼠威利夜里从笼子里跑出来把水喝光了。于是大家决定检验玛丽的推测：他们将水壶盖上，这样仓鼠就喝不到水了。孩子们执行了他们的研究计划，结果发现第二天水位没有下降，于是认为这个解释是有道理的。接着，教师让孩子们进一步思考："是不是还有其他原因也能导致这样的结果？你们能肯定威利从笼子里跑出来了吗？你们凭什么肯定？"

孩子们想出了一个办法：他们把笼子放在沙盘中间，将沙子抹平。过了几天，他们发现沙子上没有脚印，水位也没有变化，于是大家认为：威利夜里没有出来。

有个孩子提出了不同想法："威利看见水壶被盖上了，所以它怎么会从笼子里跑出来呢？"于是全班同学决定把笼子放在沙盘中间，并把水壶的盖子拿掉。几天后，水位又下降了，但是沙子上却没留下脚印，这回孩子们认为最初的假设是错误的。

此时，教师建议：把一个广口容器放在窗台上，同学们每天用纸条测量和记录水位，然后他们把这些纸条标上日期，贴在一张大纸上形成一个直方图。几天后，孩子们觉察到：水位一直在降低，但是每天降低的高度却不一样。经过一番讨论，有个孩子想到：他妈妈在家弄干衣服时，就把它们放到烘干机里，因为衣服在烘干机里被加热了，所以干得就快。于是他认为：温度较高时，水就消失得快一些。

以孩子们用纸条测定水位变化和寻找变化模式的经验为基础，学生和教师进行了另一项研究：是否温度高时，水消失得更快。

此外，两项新的研究进一步丰富了学生们关于水消失的经验：一项是关于容器覆盖部分的大小如何影响水消失的速率；另一项是

二 儿童是天生的科学家

用扇子在水容器上扇动是否会使水消失得更快。

在这个案例中,孩子们通过探究"水消失了"的现象,不仅经历了科学发现和探究的基本过程:建立假设、制定研究方案、检验假设、得出结论,而且还体验了观察、交流、测量、控制变量、形成与检验假设、解释数据等具体"做科学"的过程;在此基础上,孩子们自然获得了对科学的认识和理解:科学允许争论但需要证据,科学发现要经历一定过程,科学观察受到个体先前经验的影响,科学知识建立在观察和推论的基础上。

一般而言,一项完整的科学研究往往包括:提出问题、收集数据资料、分析数据资料、得出结论等步骤,是一个不断循环的过程,但这并不意味着每一节课或者每项活动都一定包括如上步骤。对于一节课或一项活动而言,一个探究性活动所能完成的可能只是全部过程的一小部分,其具体目标也可能有所侧重,不一定是一个完整的科学活动过程。

"做科学"的核心在于孩子学习的过程必须是一个能动的过程,能动与否关键在于孩子是否积极参与到学习的过程中。"做科学"并不等同于动手学习或者简单地动手做,光是动手活动还不够,还必须有动脑的活动。因此,尤其要强调成人和孩子一起提出可以引发探究的问题;在"做科学"的过程中,孩子们主动地进行了知识经验的建构,收集了实验的证据并对证据进行解释,孩子们之间有充分的合作与交流等。这就要求成人在组织科学教育活动过程中,尤其要重视孩子在观察中的思考、对探究结果的猜测、对后续活动的计划、对获得的资料进行分析、在与同伴的讨论中相互质疑等。成人应时刻牢记:不要让孩子为了动手而动手,而应当考虑如何通过动手以促使其动脑,通过动脑来指导动手。

别埋没孩子的天才特质

如今，国内越来越多的教育机构开始探索以探究的方式开展科学教育。以下是北京师范大学附属幼儿园教师刘燕带领孩子们做的"冰的探索"，相信能给我们一些有益的启发。

（1）"冰有时化得快，有时化得慢"。冬天里的一个早晨，小朋友们刚刚来园就发现幼儿园的草坪上结了厚厚的一层冰，连松树上也挂满了冰柱。小朋友们把各种各样的冰块带到班上玩，这时他们发现：有人手里的冰化得快，有人手里的冰化得慢，小朋友们还玩起了比赛的游戏，看看谁能让冰化得快。老师问："谁能想出办法让冰化得快呢？"小朋友们纷纷提出了自己的想法，有的说把冰放在暖气上；有的说把冰砸碎放在黑色的胶卷盒里，再盖上盖子；还有的说把冰放在班上的微波炉里。他们还把自己的想法用图画的形式记录了下来。"我们怎样才能知道这些方法是不是能让冰化得快？"老师问道，"我们试一试吧！"

通过实验，孩子们发现，放在微波炉里的冰最先化成水。经过讨论，他们了解到，是因为微波炉里最热，温度最高。但是，有几个小朋友不同意非要亲手试试，老师就鼓励他们先回家自己冻冰再来实验……

（2）"我冻的冰长个了"。有一个小朋友在家中做实验时发现，冻好的冰鼓出瓶口许多，他把瓶子带到班上给小朋友们看："我冻的冰长个了。"小朋友们好奇地看着，也都想试试。这时老师问小朋友："你们觉得你们自己用水冻冰也能长个吗？"听到老师的提问孩子们有了不同的意见："能！""不能！""我们赶紧冻冰吧，冻了就知道了。""那你怎么知道你的水变成冰后是不是长个了呢？"老师又问道。孩子们提出了自己的想法："在瓶子上画上水的线，如果冰长了个就会比水高。""我的瓶上有格子，我

二 儿童是天生的科学家

先数一数水在第几个格记下来，冻完冰后再数一数，就知道它长没长个了。"

接着，孩子们按照自己的想法记下了水的高度。实验结果出来后，小朋友们看到，水变成冰后都长个了，而且还长高了许多。孩子们兴奋地相互转告，相互欣赏着各自的实验成果，每张笑脸上都洋溢着收获的喜悦。

（3）"冰的力量可真大！再硬的盖子也压不住它。"为了让孩子们理解水"变冰后体积会变大"的道理，老师又提出了新的问题："在盛满水的瓶子上压上盖子冰还会长个儿吗？"根据以往的经验，小朋友知道盖子的作用；而从前两天的实验中又知道水变成冰后会长个儿，老师的问题使孩子们陷入了认知冲突中，一时不知该怎样回答。"盖子压住了该不会长个儿了吧？""水变成冰后会长个儿，但盖子压着冰会向下长个吧？"几个孩子议论着……"你们可以再试一试呀！"老师的提醒一下子点燃了孩子们实验的热情。

小朋友们从家中找来了各种各样带盖子的器皿，有纸杯子、塑料瓶子、玻璃瓶子……孩子们接上水，每个都盖好盖子，放进了冰箱里。当水变成冰后我们拿出来看，小朋友们惊奇地发现每一个瓶子都有了变化：冰长高了，把纸杯子的盖顶歪了；冰长大了，把玻璃瓶子撑裂了，把塑料瓶子撑得变了形。看到这些变化，小朋友们都说：冰的力量可真大，再硬的瓶子盖子也压不住它！

通过一系列对冰的探索活动，小朋友们不但了解了冰的特性，还在活动中培养了科学的态度，那就是用事实说话。

北京师范大学附属实验小学张昊辰同学则用科学周记的形式，记录了他对一些科学现象的观察和思考：

别埋没孩子的天才特质

（4）能托住水的明信片。在周六的数学课外班上，老师和我们一起做了一个小实验。老师拿出一个玻璃杯和一张明信片，先往玻璃杯里灌满水，用明信片一盖，把玻璃杯口盖得死死的，再用手握住玻璃杯倒过来，真厉害，一丁点儿水都没流出来。

同学们都围到了老师身边想看清楚这是怎么回事。老师问："水为什么没流出来呢？"我们几个抢着说："您的手抓着玻璃杯呢。"

老师说："不对，是有东西在托着它呢。"老师又说："水本身的重量会使水流出来，但是水并没有流出来，是因为有东西在托着它，科学家们把这种东西叫'大气压力'。"

（5）大气压力会托住水。有一天，我和爸爸一起做了一个小实验，想试试大气压力能不能托住水。

我们先找了塑料瓶子和钉子，然后用钉子把塑料瓶底钉了几个小孔，再往瓶里灌了一些水，水就从小孔里流出来了。但是当我拧紧盖儿的时候，就和刚才不一样了，好像没钉小孔一样——水不流了。

我们又反复试了几遍，结果都一样。做完实验后，我和爸爸看了一些资料，发现原来这是因为打开瓶盖儿的时候大气压力从瓶口进去和水一起往下压，所以水当然会从小孔里流出来。拧紧瓶盖的时候，大气压力把瓶底的孔给堵住了，所以水就不会流出来了。我终于明白大气压力为什么会托住水了。

（6）橡皮泥为什么能浮在水面上。有一天，老师说课间要带我们做一个小实验。终于到了课间，我看见老师和另一位老师在说话，他们手里拿着一块橡皮泥，我觉得这可能与小实验有关吧。

在课间的前3分钟，老师给我们做了关于上压力和下压力的实

二　儿童是天生的科学家

验，这个实验是这样做的：先准备好橡皮泥和一个盆子，往盆子里灌一半的水，然后把一些橡皮泥放在水里，橡皮泥就会沉下去。怎样才能让它浮起来呢？把橡皮泥捏成船的形状就可以了。因为有一个下压力和一个上压力相撞了，所以就可以浮在水面了。而当一块橡皮泥的重量加上一个下压力的重量比上压力的重量大时，橡皮泥就会沉下去了。

（7）液体会不会被冻住。一天，我看见爸爸车上有一个塑料瓶子，瓶子里的水全都被冻成冰了。我很想把冰从塑料瓶里拿出来，然后用刀子把最顶上的冰削尖当一把冰刀玩。可没法把冰拿出来，所以就放弃了。但是，我想到了一个问题，那就是辣椒油、醋和水混合起来会不会被冻住呢？想来想去，却怎么也想不出来，最后我决定做一次实验。

我先找了一个空的药瓶子，然后去厨房把醋先放进瓶子里，再把辣椒油和水放进去，又挤了点洗手液进去，把瓶盖拧紧，用力摇一摇，让液体融合在一起。打开盖子，我发现辣椒油浮在最上边了。

接着，我把瓶子放入冰箱的冷冻室里，过了几个小时，我发现瓶子底下的液体全部被冻住了，可上边的辣椒油还是液体，我又把瓶子放进冰箱。第二天晚上，我把瓶子拿出来，发现所有的液体都被冻住了，用手指戳一下最上面，发现辣椒油还是一层薄薄的液体。

我去问妈妈这是为什么，妈妈说："辣椒油密度低，所以浮在水面，而且辣椒油比其他液体冻得要慢。"

别埋没孩子的天才特质

科学探究：动手更要动脑

如果是第一次看到青少年科技创新大赛的学科分类，很多人都会瞠目结舌：计算机科学、医药与健康学、微生物学、地球与空间科学……但是一旦仔细研究了这些创新项目竞赛就会发现，无论是工程发明还是科学研究，所有的课题都是源自学生的生活实际中"看得见、摸得着、做得到"的一些问题。这些在科技比赛中大展拳脚的孩子们所取得的成绩，也绝对离不开他们在平时的学习和生活中的点滴积累。

比如，一个小学生在课堂上提出了一个问题：为什么吃螃蟹时要放葱、姜、蒜？这些调料除了调味以外，还有别的作用吗？教师意识到，这是一个科学研究活动的开始，需要让学生去思考这些常见调味料更多的用处。正巧当时全社会都在反思太湖蓝藻暴发的现象，在教师的鼓励下，这名学生就将调味料是否可以治理藻类的过度繁殖作为研究的第一步。接下来她用显微镜深入研究了藻类繁殖的过程，经过筛选，选定了花椒这种调味料，分析其化学成分，研究了花椒对于藻类繁殖的抑制作用。在长达半年多的研究后，她整理试验结果后所撰写的论文《藻类无公害性抑制的探索》在2008年的北京市青少年科技创新大赛上获得了科学研究论文一等奖。可见，孩子们从发现生活中一个小问题开始，展开探究活动和深入的研究，是完全有可能绽放出绚丽光彩的。

高深的科学领域并不是科学家的专利，父母和教师不但可以帮助孩子像科学家一样亲历科学探究的完整过程，还应该引导他们像科学家一样将对自然万物的好奇心转化为探索自然的行为。尤其是

二 儿童是天生的科学家

教师,常常需要具备比学生更大的好奇心和勇气,才可能超越教材。例如教科版六年级下册的教材中有一个单元讲宇宙,在学科划分中这部分属于地球与空间科学。在现实中,学生的兴趣往往会超越教科书上的内容,学习了月球、太阳系等课本知识后,学生经常能提出一系列更吸引他们注意力的问题:什么是黑洞?为什么我们能看到几万年前的星系现象?我们怎样才能到银河系去旅行?

一位科学老师曾回忆,当他教授这部分内容时,他能时刻感受到"孩子们的兴趣已经膨胀到科学界的前沿话题了,这些高深的科学知识,此时是如此地接近孩子们"。在他带领孩子们理解了"有了光线才能看到物体,而光线的传播需要时间"后,孩子们自然产生了"现在看到的光线都是过去传播来的"这一原始想法,并在课堂上展开了激烈的争论和探讨。之后,孩子们在突破了"看到的不一定是现在的"这个概念后,提出了很多大胆的假设:如果100光年以外的太空深处有一面大镜子,地球上事物的影像光线经过100年的时间传播,会被这个镜子反射回地球,在200年后被未来的人类所观测到;如果一些物体能够吸收光线,那么我们就没办法用眼睛看到它,地球上可能也存在这样的物质,它们以"隐形"的状态存在着,就在我们身边,却不能为我们所看到……这些超出课本要求的拓展知识,却被孩子们思考得很深入,涉及天文学、物理科学等前沿问题,让我们不得不惊叹于孩子们的科学思维能力,并相信在科学探究的路上他们一定能走得更远,一定能开启一扇又一扇充满奥秘的科学大门。

如今,孩子们在科学课上动手的机会比以往大大增加了,但是真正遇到未知的问题时,孩子们仍然显得束手无策。这又是为什么呢?是否我们对科学探究的理解和方法上仍存在问题?

别埋没孩子的天才特质

下面是一堂小学科学课的典型案例（三年级《观察水》的教学片段）。结合这个案例，我们可以找出这堂科学课的不足，从而加深对科学教育目标的理解。

教师：同学们已经注意到了，老师面前有3杯水，请大家看一看，它们是一样的吗？

学生：（齐声）是。

教师：对了。那么，（指着一个墨水瓶）你们再看看这个瓶子里是什么？

学生1：是墨水。

学生2：好像是红墨水。

教师：对了，是红墨水。（指着一小包食盐）我接下来请一位同学上来看看这包白色的粉末是什么？（教师看了看举手的同学，从中点了一名）

学生3：（走上台，看了后）白糖。

教师：不对，你再仔细看看。

学生3：老师，是不是家里做饭用的盐？

教师：对了，你真聪明。好的，（指着另一小包面粉）我们再请一位同学上来看看另外这包粉末是什么？（教师看着举手的同学，从中点了一名）

学生4：（上台仔细看）我觉得是干粉。

教师：你说得不对，再仔细想想。

学生4：是不是奶粉？

教师：也不对，有哪位同学愿意帮他？

学生5：老师，我来。（教师允许，学生走上讲台，经过观察后）是面粉。

二 儿童是天生的科学家

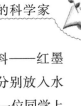

教师：对了。这就是老师今天带来的3种实验材料——红墨水、面粉和盐。今天我要给大家做的实验就是把它们分别放入水中，然后看看每个烧杯中的水有什么变化。现在，我请一位同学上来帮我将这些材料放入水中。（一名学生举手，经老师同意后，小心地将3种材料分别投入3个烧杯中。）

教师：好的，我们来看看烧杯中的水有没有变化。

学生6：有，那杯水变红了。

学生7：那杯水变浑了。

学生8：有一杯水没变色。

教师：同学们说对了。这就是我们今天要讲的内容：有些物质可以溶解在水里，比如食盐；有些物质不能在水中溶解，比如面粉。下面，我们就请每个小组的同学利用桌上的实验材料，按照老师刚才的步骤进行实验。

这堂科学课似乎也经历了科学探究的过程，研究"不同物质在水中溶解情况不同"的问题。采用3种不同的实验材料，通过实验操作，验证了这个结论。而且，学生在这个过程中也动了手，亲自经历了操作的过程。但是，如果根据对科学教育目标实质的理解，这个教学案例至少存在以下问题：

（1）科学探究过程依然被直接灌输给学生，教师依然扮演着知识传授者的角色。提出问题、设计实验、得出结论，这些科学研究中的重要过程都由教师取而代之了，学生仅仅掌握了观察和操作的技术，仍缺乏对研究过程的思考。孩子们仍然不明白研究问题是如何提出的，也不懂得怎样通过实验来验证猜想，更不懂得科学结论是如何得出的。

（2）在这个案例中，教师做实验的目的是为了验证"今天所

别埋没孩子的天才特质

学的内容",实验的过程就被简单化了,容易让学生认为这个实验只能得到这个结果,一些可能是很重要的信息或结果被遗漏了。其实,在科学研究中常常会出现一些偶然性的事件,比如青霉素的发现就是偶然事件的结果。

(3)教师的权威性在有意无意中被加强了。当学生在回答"实验材料是什么"的问题时,教师只是简单地用"对"、"不对"来回答学生,使学生认为"老师说的才是对的"、"对错的标准是老师定的"。

科学探究对于科学教师而言,是一个较高层次的要求,需要教师突破传统"知识传授"的做法,提高学生提出问题、观察现象、设计实验、形成理论、交流观点的能力,并在探究中培养他们的科学精神、情感和价值观。很明显,教师教给学生的应该是"渔",而不是"鱼",即像科学家那样发现某个科学结论的探索过程,使学生掌握科学研究的思维,即使在遇到未知的问题时,学生依然能够根据头脑中已有的经验,探索未知事物的规律。

如果教师认为只要让学生亲自动手就是探究,那这种探究就只能流于形式,仅仅为动手而动手,而脱离让学生动脑的初衷。在这种课堂上,科学探究的方法和过程往往被当作纯粹的知识教给学生。一般在组织学生进行探究活动前,教师就已经详细地告诉学生实验的理论依据、基本要求、整套的实验方法、所使用的各种实验仪器乃至最终的实验结果。然后,学生只要按照事先被告知的实验步骤做实验、记录观测结果、验证书本知识。这种探究学习无疑使学生仅仅充当"操作工人"的角色,没有或很少有思考的过程。同时,研究的实验方法被灌入学生头脑中的"知识库",学生仅能够处理熟悉问题,一旦遇到陌生的问题,就无从着手。这种形式上

二　儿童是天生的科学家

的探究，只动手不动脑，无异于传统教学只注重知识内容，不注重方法和过程的做法。其实，动手是为了使学生在这个过程中学会动脑。如果只强调动手而不鼓励动脑，势必导致学生仅获得具体的实验知识内容，而不具备探索新问题的探究性思维。

另外，在这种"探究"课堂中，研究的问题已被教师告知，实验问题和过程也都是教师预设的，学生只要按照这个过程操作，就能得出结论。学生提出问题、思考实验过程的机会被教师剥夺了，这在一定程度上形成了学生对教师的盲从和依赖性思维，势必直接泯灭孩子怀疑的天性，抑制学生提出问题、思考问题的欲望，降低对问题的敏感度，不利于独立思维、创造性思维方式的形成。

还需注意的是，有时教师虽然注重培养学生的探究能力，但是忽略了科学探究的精神和价值观的培养。如果学生按照教师预设的实验情景和实验方法，就能获得与书本相同的结论，从而验证书本知识的准确性，长此以往，学生必将越来越迷信书本知识。这样，科学的价值观就被严重歪曲了，就会产生一种错误的导向，使学生认为书上的东西都是正确的，这是极其危险的。因为从科学的本质来说，它不是一成不变的定论，而是处于不断发展、调整、变化的过程之中，科学的进步也正是建立在对前人批判的基础之上。

我们应该让孩子们明白，"成人的答案只是相对正确的一个答案"。因此，在回答孩子们提出的问题时，成人应注意语言的使用，可以说"这个答案很不错"，或者"这个答案似乎还有不足，请你再想想"。这样，从一定程度上可以降低孩子对成人的迷信。

别埋没孩子的天才特质

蚯蚓、影子和漩涡带来的震撼

设想这样一个场景：一群孩子簇拥在操场周围，每个人都用一根探究棒轻轻地举着一条蚯蚓。他们已经发现了栖息在操场上不同地方的蚯蚓。孩子们手持放大镜对蚯蚓进行仔细的观察，并讨论着蚯蚓的相似性和不同点。

设想他们身边的成人也和他们簇拥着，记录着他们的观察结果。成人常常会提出一个简单的问题，一个能引发和鼓励孩子们更加深入思考而不是使其思考流于随意的问题，比如"你在哪儿发现的"或"你看见了什么"。

几个星期后，在孩子们挖到了更多的蚯蚓、发现蚯蚓栖息的规律并用文字和图画记录他们的发现之后，孩子们打算把蚯蚓带到室内，以便继续进行探究。孩子们将继续发现并满足蚯蚓的生存需求，为它们建造住所，系统地分析它们的行为，最终让它们回归自然。

这些孩子把自己看做生物学家——探究生物的专门的科学家们。为了了解世界，他们从事真实的科学研究过程。成人不局限于决定孩子们应该发现什么和提供什么样的概念解释，还引导着孩子们厘清并清楚地表达他们的问题和亲身观察到的现象。

近年来，在科学教育领域，人们已经达成这样的基本共识：科学探究是科学研究工作的基本方法，也应成为儿童学习科学的主要方式。让儿童用科学家那样的工作方式学习科学，是儿童科学教育领域的一个重要趋势。人们试图让儿童在科学家那样的工作方式

二 儿童是天生的科学家

中，体会科学的本质，领悟科学的真谛，了解科学家的精神与品质。

儿童以科学家的身份投入探究活动

像科学家那样工作，学习他们的工作方式，是我们积极倡导和努力实践的儿童科学学习方式。如何做到这些呢？让儿童明确自己作为"科学家"的身份和角色，并让儿童了解不同领域的科学家应该如何工作，就显得特别重要。

《蚯蚓，影子和漩涡》一书通过8个科学探究案例，反映了美国一线教师是如何进行科学教育的。美国的科学教师在探究活动之前往往向儿童直接宣告："你们现在是生物学家了"、"你们现在是化学家了"，让孩子们明确自己将要进行的科学探究中作为生物学家、化学家的角色和身份，再去思考和学习这些不同领域的科学家应该如何工作。

我（霍华德老师）把孩子们召集在一起说："现在我们要当生物学家了！我们要到户外去仔细观察动植物。我们要带上我们的工具——手持放大镜和探究棒。你们想想，我们会找到什么动物和植物呢？"

在探究开始前，霍华德老师通过谈话让孩子们了解作为一名生物学家意味着什么，作为一名生物学家和到户外跑步玩耍有什么不同。她向孩子们解释：生物学家是一个专门领域的科学家，他们在户外寻找不同的植物和动物，而且做什么事情都十分小心，比如不损坏动物的家、不打扰它们在家里的生活，等等。她和孩子们谈到生物学家是如何使用工具发现生物和进行近距离观察的，并让孩子

别埋没孩子的天才特质

们接触和了解这些工具，实际演练这些工具的使用方法，以保证在被探究生物的安全的前提下，获得有价值的信息。

在"有趣的水和水滴"的活动中，蒂高老师在活动的初始阶段就告诉孩子们："你们将成为科学家。"并根据孩子们的困惑解释了科学家就是一个通过做实验来发现某些东西的人。他向孩子们解释：我们将用水来做实验，并且讨论我们在这个实验中的发现。在"建筑师的故事"中，当孩子们进行搭建活动时，真正的建筑师来到了他们中间，孩子们和建筑师一起经历了从构思到绘制图纸，再到按设计搭建的"真正的建筑过程"。

在我国的儿童科学教育中，我们很少甚至从没有这么做过。然而在幼儿期，由于游戏是儿童的基本活动，在科学学习中儿童各种科学家角色的扮演和担当是十分有意义的，这样做能够让儿童更好地用科学家那样的工作方式学习科学。

令人深受触动的是，在《蚯蚓，影子和漩涡》一书中有3个关于生命的探究活动——"蚯蚓的故事"、"黑脉金斑蝶的故事"、"我们的大树"，这3个故事处处体现出师生们对生命的高度尊重。

我（霍华德老师）也试图让孩子们建立这样的观念：我们要寻找生物，所以我们必须小心仔细，保证不伤害我们发现的生物……在出门前，我们花了大量的时间来熟悉另一种工具——探究棒，让孩子们练习安全地拿起昆虫而不会把它弄成两半。

保证动植物的生命安全是探究活动的基本要求。在探究活动中，教师和孩子们还十分强调和重视要尽可能在自然环境中、在生物的原生态环境中观察和研究生物，当生物离开它生长的自然环境时，尤其是要把它们从室外带到室内时，一定要为它们创造一个与

二 儿童是天生的科学家

它们生活的自然环境尽可能相似的家,保证它们的生命安全,满足它们的基本需要。

在"蚯蚓的故事"中,让蚯蚓进入教室之前,教师和孩子们对蚯蚓的家进行了讨论并做了充分的准备,并用故事《火蜥蜴的家》来引起幼儿对动物生存需求的关注、关心和尊重。教师带领和引导着孩子们研究并为蚯蚓建造了一个和它们在大自然中的生活环境极相似的家(这个家由好的泥土、树枝和叶子,还有小块的石头构成),让它们获得生命的安全和需求的基本满足。

在随后的"黑脉金斑蝶的故事"(生命周期)的活动中,教师们也努力使孩子们意识到要为动物建造一个和它们在大自然中的生活环境一样的家。

"我们怎样才能确定毛毛虫(黑脉金斑蝶的幼虫)喜欢的户外的家呢?"……我和孩子们一起读了相关的书。我们确定需要提供新鲜的乳草属植物来喂养幼虫,一个大的容器能使成年蝴蝶展开翅膀并四处飞行,并且要给蝴蝶喝糖水……第二天,我们用薄纱和纸板做了两顶像帐篷状的建筑——蝴蝶花园。

人类要与动物、与自然和谐相处,就应该从小在孩子的内心深处种下尊重生命的种子。因此,在教师带领孩子们进行的日常探究活动中,要从一点一滴做起,以尊重和爱护的态度与行为对待接触到的每一种动植物。就像《孩子的一百种语言》中所描述的那样:

孩子们上下学时都经过大树的身边,也常常在大树下游戏,他们真的看见这些树了吗?他们感觉到树的重要性了吗?他们知道关于树的事情吗?他们与树的关系又如何?我们的愿望是孩子在与树相遇的过程中,产生钦佩之情、好奇之心和尊重之态,使孩子与树建立起亲密的关系。我们希望把树当作一个生命体看待,承认它身

别埋没孩子的天才特质

上作为生命体所拥有的一切。人与树,以及其他生命体,都是同一个星球——地球上的居民。

在"蚯蚓的故事"中,为了做好充分的准备,霍华德老师自己花了很多时间亲自到操场上进行观察,了解那里有什么样的植物和动物。在后来"探究植物园"的活动中,斯克特老师在幼儿参观探究前,亲自参观了植物园,并对孩子们将要观察的植物和树木做了笔记,记下了其相似性和不同点,以便能够更好地帮助孩子们进行比较。斯克特老师还发现,植物园中的水生植物和沼泽地的植物有很大的差异,因此她决定在幼儿探究时把大部分时间花在这里,以便让幼儿注意到这些不同。这些充分而细致的事先准备和观察重点的确定,保证了儿童探究活动的深入和有效性。

在"有趣的水和水滴"活动中,蒂高老师也做了精心细致地准备。具体体现在以下几个方面:精心选择适宜的材料,创设适宜的场地与装置,保证每个儿童都有机会进行探究活动,活动方便,并能借助这些材料研究和发现水的特性;亲自探究和体验探究活动,预想儿童在探究过程中可能遇到的问题;给孩子们心理上的准备,让他们明白科学家的角色。可见,真正好的探究活动需要成人的精心设计和指导,而精心的设计和有效的指导是以充分的前期准备、先行研究为前提和基础的。

真实的科学经历最具魅力

观察和实验是科学研究的基本方法。儿童的科学探究需要与自然接触,与真实对话,向事实发问。成人应引导儿童研究真实的事物,使用观察、实验、测量等实证的方法,运用收集到的事实证据得出结论、形成解释。《蚯蚓,影子和漩涡》一书中的8个探究活

二 儿童是天生的科学家

动故事，都采用了观察、实验、实地考察等实证研究的方式。

在"蚯蚓的故事"中，孩子们通过自己的探究发现并证实了蚯蚓的生活环境和行为方式；在"黑脉金斑蝶的故事"中，孩子们通过长时间的观察，目睹了黑脉金斑蝶经过不同阶段的变形所展现的奇妙的生命周期；植物园和社区的考察让孩子们观察并发现了多种水生和陆生的植物，识别了不同种类的树木，认识并了解了树木的生长规律和生命过程。

美国教师在探究中所使用的观察和实验这两种基本研究方法，我国的教师们也都熟悉并尝试过。活动中的主要探究对象——蚯蚓、树木、水、积木、光和影子也是我们大部分教师都做过的主题内容。但经过仔细研读和深入思考，便会发现我们对实证方法的重视程度还远远不够，将观察、实验、实地考察等实证方法作为幼儿探究活动的基本方法使用的普遍性也远远不够。可以说，在观念和行为上确立实证方法的重要地位，是把我国幼儿园的科学探究活动引向深入的重要前提和基本条件。

关键经验与关键问题将科学探究引向深入

蚯蚓如何拥抱？蚯蚓有脚吗？蚯蚓怎么跑？蚯蚓怎样打架……如果成人不设法使孩子们保持对蚯蚓的关注，即使蚯蚓成为班级宠物，孩子们也只会和它玩耍、喂养它，而不会进行观察和研究。

在科学探究中，成人对儿童的支持和引导更多地体现在"提出关键问题"这一策略上。而哪些问题是"关键问题"呢？成人往往难以识别和判断。这主要是因为我们对幼儿在某一个主题活动中应该和能够学习哪些关键经验缺乏基本的了解。

就生物本身来说，儿童应该以及能够学习的内容主要包括以下几方面。

生物的身体特征：包括颜色、形状和结构，以及不同的组成部分。不同的部分在满足其自身需要的过程中发挥着不同的作用。

生物的基本需要：所有的生物都有基本的需要，以满足自身生长、生存和发展的需要。光、空气和水是绝大部分植物的基本需要；而食物和住所则是动物的基本需要。

简单的行为：动物以特定的行为方式来满足自身的需要，而行为方式与他们的住所和身体的形状相关联。

生命周期：所有的生物都随着时间的推移而发生变化。动物和植物经历了出生、生长和发育、繁殖、死亡的基本生命过程。

变化和多样性：生物有很多种类，即使是在一个很小的区域，都有着各种各样的动物和植物。

生物与环境的相互关系：生物依赖周围环境中的其他生物和非生物来满足自身的一些需求。

在"有趣的水和水滴"活动中，围绕着水的流动性，孩子们展开了一系列自主、生动且富有成效的探究活动。随后，在水滴的吸引下，孩子们探究水与不同质地和不同表面光滑程度的材料之间的相互作用，教师提出了一系列问题：水是怎样流动的？怎样用不同的方式让水向不同的方向流动？怎样控制水的流动？水滴是怎样形成的？水在不同质地和不同表面光滑程度的材料上分别是怎样运动的？正是在这些关键问题的引导下，教师不断扩展、丰富和深化着孩子们关于水的认识。

可以看出，关键经验和关键问题引导着儿童科学探究的方向。凭借这些关键经验、关键问题，教师关注、评价和判断着儿童在探究的每一步中获得的发展，不断给予儿童积极的回应，实现着师生

二 儿童是天生的科学家

之间有效的互动,保证着儿童科学探究的深度。

儿童的探究式科学活动,实质上是成人引导儿童经历科学探究、体验和领悟科学真谛的过程。从目前来看,要想让儿童的科学探究活动真正处于科学的世界观与价值观、科学的认识论与方法论的引领之下,我们还有很长的路要走。

《蚯蚓,影子和漩涡》展示了孩子们不需要等到进小学或者中学,才开始喜欢并真正地进行科学学习。孩子们沉浸在科学活动之中,显示出他们的自我价值和学习能力。在活动中,孩子们怀着好奇心和探究热情,深入科学世界,进行科学探究。

好奇心和探究能力是非常重要的。在学前阶段,它是许多令人吃惊的发现的推动力,并且它已经成为各年龄阶段的人们贯穿整个历史的许多惊人发现的推动力。正是好奇心和探究能力,把人类带到细胞内部、大西洋深处、珠穆朗玛峰峰顶、月球之上;正是好奇心和探究能力,把人类带到更深、更高、更复杂的知识领域。这些知识的界限将继续被突破、扩大,因为今天的孩子们将进一步扩展它们。

别埋没孩子的天才特质

站在小发明家背后的母亲

一个从小醉心发明屡获大奖的孩子,高考时因成绩不理想险些落榜。被一所大学以低于录取线的成绩破格录取之后,曾引起一场全国性的大讨论,他的人生轨迹由此峰回路转……

"中国的小爱迪生"

1982年,胡铃心生于福州,从小就对发明创造充满兴趣,中小学时代的发明成果已达几十件,曾数十次获得各种大奖,被誉为"中国的小爱迪生"。他17岁时撰写的《21世纪航天飞机展望》获得了相关专家的高度评价。然而,他在高中的时候,成绩并不冒尖。他醉心于发明创造,在高中阶段就有三项小发明成果获得国家发明专利,多项发明获得创造奖。2003年,胡铃心参加高考,成绩并不理想,最终被南京航空航天大学以低于高考录取线8分的成绩破格录取,并引发了"胡铃心现象"的全国大讨论。

南京航空航天大学校领导慧眼识珠,给了胡铃心一个更大的舞台。胡铃心自己也非常努力,不仅各门功课优秀,接连获得各类奖学金,而且获得本、硕、博连读的资格。他的本科论文获得江苏省优秀毕业论文一等奖。同时,他所参与、领头的科技团队频频登上领奖台,在国内外各种航空航天类科技创新竞赛中7次获得令人羡慕的大奖。2004年8月,胡铃心获得中国青少年科技创新最高奖——首届"中国青少年科技创新奖"。2005年10月,他受到温家宝总理的接见,并与温总理讨论了有关太空垃圾处理的问题。2006

二 儿童是天生的科学家

年,胡铃心当选为江苏省第十一次党代会代表,成为本次大会唯一的学生代表也是最年轻的代表。2007年5月,胡铃心荣获"中国青年五四奖章",成为中国第一位获此殊荣的在校大学生。2008年6月当选为团十六届中央候补委员……很多人为他喝彩,然而鲜有人知道这一连串荣耀背后他坎坷的成长历史和他母亲付出的艰辛。

母亲是第一引路人

胡铃心的妈妈林燕玉女士曾为儿子写了很多成长日记。林女士在日记中说,胡铃心在7个半月时开始喜欢玩开关;8个月开始试着用手摸各种开关,对汽车车轮、电灯很感兴趣。书中还这样记录:"12个月时胡铃心对每件物品都感兴趣,懂得菜、饭、鱼放在锅里,灶里生火;妈妈跟他讲开关打开,电从电线跑到电灯,电灯会亮。""胡铃心1周岁生日时'抓周',不假思索地抓住他兴趣的玩具——坦克。""1岁2个月……爸爸、妈妈努力培养他的观察能力,如汽车、狮子、嘴巴、脚等,并教他将不同事物联系起来,天空中有太阳、月亮,鸟在天上飞等。""1岁3个月,胡铃心用手拨调频开关和音响开关,指示灯闪闪发亮。"

胡铃心小时候对汽车、电、自然现象等充满兴趣,这是可以理解的,一是因为他是男孩子,对这些东西感兴趣是天性;二是因为林女士是学电气自动化专业的,他多少受到母亲影响。在胡铃心5岁1个月的时候,他觉得开水太烫,就提出将"开水放冰箱冷冻"的设想。他妈妈觉得这设想很一般,小孩知道烫,知道冰箱能冷冻,两者联系起来很正常。但在接下来的几个月时间里,胡铃心有了"推雨器设想""空气调节器设想""抽水消毒器设想""超音速飞机设想"等。这些设想有相当多的内容应该还只是停留在设

别埋没孩子的天才特质

想阶段，或许有的可能还比较稚嫩。但这些设想，在林燕玉女士看来，是非常难能可贵的，她对胡铃心大加鼓励，这也促使胡铃心更加自信地提出自己的设想，以至12岁时就能完成"卫星定位测量山峰设计"。

从兴趣到设想，再到设计，这一过程并不是必然的——有相当多的孩子，小时候都对一些事物萌发了好奇之心，然而这些好奇大多停留在兴趣阶段，有的还因学业负担的增加而淡化。胡铃心从兴趣走向创造发明，第一动力是妈妈的鼓励。从书中的各种点滴小事，都可以看出母亲的耐心与艰辛，由此看来，他的成功就一点儿也不奇怪了。可以说，林燕玉是胡铃心的第一引路人，如果没有这样一位妈妈，就不可能有胡铃心后来的成就。

母亲助孩子飞得更高

林燕玉在儿子成长的最重要阶段，付出了努力，成就了儿子，这源于她对胡铃心有的放矢的家庭教育。林女士知道儿子喜欢电器后，因势利导，重点培养他这方面的兴趣，让他修理玩具汽车，跟他讲"天空为什么有云"，讲大自然的动态平衡，讲雷击森林着火、火山喷发，讲分子、质子、电子等，还带他到工厂参观机器、汽车，到科技馆参观飞机等，这些都为胡铃心后来的成长奠定了基础。书中有一个生动的例子，在胡铃心5岁7个月的一个晚上，林燕玉和胡铃心坐在小区的石凳上，交谈了一个多小时。胡铃心说要设计超音速飞机、超光速飞机、世界上最快的飞机。林燕玉故意示弱，说超光速飞机非常快，摩擦力大，用什么材料才能解决这个问题呢？胡铃心说用铝钛复合材料。一个5岁的孩子，有超光速飞机的梦想，已经很了不起了，但妈妈还引入了摩擦力、材料等概念，这

二 儿童是天生的科学家

就超出了一般孩子的认识水准。这个年龄段的孩子通常还在幼儿园中，幼儿园老师是绝对不会这样引导孩子的。老师讲授的，多是普遍性的知识，只有家长，最了解自己孩子的兴趣、潜能。父母一旦对其予以挖掘、引导，就有可能让孩子走得更远。

 教育的方法

儿童是如何思考和学习的？父母和教师如何去发现？如何去引导？如何为孩子创设科学教育的环境，才能不泯灭孩子的天性？

当我们观察儿童并试图理解他们是如何思考和学习时，可以发现儿童与科学家之间存在令人惊讶的相似之处，主要有以下4个特点。了解这些特点，对于教育者来说至关重要。

▶ 儿童是理论建构者

儿童通过动态的、互动的过程来建构知识，为了理解知识建构的过程，我们需要将学习过程界定为一种儿童不断建构理论的过程。

为了从物理世界获得一个例证，一个年龄很小的孩子会推动一个圆形的物体让它滚动，"所有物体都滚动"就是他所建构的理论。这个孩子再去推动一个方形的物体，物体滑动了，但不是滚动。这种情况与幼儿自身的理论和先前的推论相矛盾，现在，他以前的理论必须得到修正，变成"圆形物体滚动，方形物体滑动"。这种复杂理论的发展是以使用各种物体、把它们放在许多不同表面

别埋没孩子的天才特质

上,以及变化倾斜度的斜面的经验为基础的,这些经验推动了新理论的形成与建立。但这个过程也取决于儿童的信心与变通性,因为儿童要想做到像科学家一样,必须对认识事物的新方式持开放的态度。他们需要放弃那些陈旧的方式与方法,"方形物体不能滚动,而是滑动"这个新信息也意味着儿童先前的预测是"错误的"。

理论建构的过程是充满错误、冲突和矛盾的过程,它也必须是这样的过程。因此,在理论建构的过程中,除相应的环境外——即具有多种材料、提供了多种可采用不同斜面与物体的实验方式,除儿童自身的信心与变通性外,我们还必须承认理论冲突的作用,承认矛盾和"错误"是理论建构过程的必要组成部分。

》关注物理知识

皮亚杰提出了考察儿童获取知识的三种类型:即物理知识、逻辑-数理知识和社会知识。这三种类型的知识是相互联系在一起的,因此,当你在某个特定时刻观察儿童的行为时,你很难明确地指出其行为所包含的知识类型。例如,一个4岁的女孩子用晃动的绳摆所做的实验:这条绳摆上垂直系着4把涂满了油漆的刷子,当绳摆静止时,4把刷子正好触到位于地板上、置于绳摆下方纸板的大部分面积。

这个实验包含了三种类型知识的多种成分:观察纸板高度及绳摆晃动结果时,她在建构相关的物理知识;对不同长度的刷子痕迹进行比较,她是在建构逻辑-数理知识;当她用某种方式进行观察时,她把这种刷子痕迹标示为"小点",她在获得相关社会知识。但是,你可以发现,绳摆的涂画活动强调的是儿童自己建构的知识——物理知识和逻辑-数理知识。因此,对于幼儿的教育性经验

二 儿童是天生的科学家

应该强调知识的建构,而不是知识的传递。

❱❱ 日益增强的自主性

在儿童的成长过程中,他们会逐渐由依靠成人的他律发展为更加独立和自主,简单地说,他律意味着受外部法规或者控制而支配,而自主则是自我管理的。我们与儿童互动中的许多方式实际上都形成了儿童对成人的依赖,其结果就是孩子将成人看做是知识的来源。由于人们期望孩子对专制规则盲目遵从,将权威作为真理的来源,认为知识是从成人向儿童的传递,因此我们的教育环境容易产生"非自主性"。相反,如果我们转变互动方式,给孩子解决问题的机会,让他们在自我主导的情境中尝试,就能够促进他们自主性的发展。当我们设计课程、确定成人应该如何与幼儿互动时,必须考虑孩子智力发展和心理自主的双重需要,因为我们的一个重要目标就是促进孩子自主性的发展。

❱❱ 儿童是社会化的个体

儿童是社会化的个体,在他们了解周围世界的过程中会形成对社会的理解并与其他人互动。与其他人的互动所产生的冲突能够促进其智力发展,儿童还可以通过模仿来学习,这是与同伴共享同一环境所产生的重要影响结果。积极体验的儿童总是寻找"好主意",也就会从其他人的行为中收集这些"好主意"。这样的活动不局限于对同伴的模仿,如果成人成为探询问题的解决者,也能够成为儿童的好榜样,激励儿童以新的方式解决问题。

我们的目标是既鼓励孩子在一种社会情境中互动并建构知识,又使他们建构起对世界的理解,为达到这样的目标,可以通过以下

别埋没孩子的天才特质

方式来实现：提供自然情境使孩子能够与其他人进行互动并在建构知识的过程中进行合作；对孩子的协商、问题解决和协作行为给予鼓励并提供支持；不再把成人置于中心地位。

（本文摘编自《儿童像科学家一样》，[美]克里斯汀·夏洛劳拉·布里坦著，北京师范大学出版社出版）

三 当心"益智教育"有害无益

早期智力开发对很多人来说并不是新鲜的话题，从孩子胎动的那一刻开始，父母就恨不得像种花、种草一样，为孩子"浇灌"出一个聪明的大脑。很多父母认为，不管怎样，开发总比不开发强，反正没有什么坏处。然而也有些人发出了反对的声音：让孩子在四五岁之前开始识字，就等于让孩子执行一些他们的大脑还不具备的功能，孩子不过是对声音和图像的死记硬背而已，制造的是一种阅读的假象，而且日后还会给孩子留下各种后遗症。

在此起彼伏的有关早期智力开发的话题中，我们很难获得某种一致认同的声音，但是如何科学地进行早期智力开发，找准大脑开发的关键期是大家普遍关注的事情。对父母来说，最实际的问题莫过于绕开那些错误的观念和方法，避免被错误的观念引得越来越远。

蒙蒙的妈妈听说棋类的学习会锻炼孩子的思维能力、空间能力、记忆能力等，就带着还不到5岁的蒙蒙去学国际象棋。蒙蒙是班内最小的学员，和比自己大一两岁的孩子共同学习，蒙蒙的劣势可想而知。一段时间以后，国际象棋班的小朋友都说，蒙蒙老输，他学得最不好。在这种情况下，不喜欢学习国际象棋的同时，蒙蒙也逐渐没了自信。开始蒙蒙的妈妈还没有意识到，直到有一次她去看孩子的比赛，比赛刚到一半，蒙蒙就说："我不行，我输了。"他的妈妈看着下了一半的棋盘，看着放弃比赛的蒙蒙和懵懵懂懂的对手，才后悔自己让太小的蒙蒙学棋。现在蒙蒙已经8岁了，他依然不喜欢国际象棋，在做很多事情的时候，蒙蒙也表现得很不自信，经常做到一半或者还没有开始就选择了放弃。

每个孩子都是独立的个体，世界上没有一种方法对所有的孩子都适用。作为父母，最主要的是找到适合自己孩子的方法。其实，只要根据孩子的实际情况进行有针对性的教育，我们每个人都能成为孩子最好的成长伙伴。

三 当心"益智教育"有害无益

智力开发能否造就神童

现在关于家庭教育以及孩子早期智力开发的书籍很畅销。我们经常可以看到这样的场景,年轻的父母们边翻看边交流:"你看人家的孩子教育得多好,那么小就能认识这么多的字,我回家得赶紧教儿子认字。""是啊,3岁看大7岁看老。""人家怎么那么会教育孩子啊,才7岁的孩子就会弹钢琴、画画、珠心算,还会说流利的英语。再看我们家的丫头,就知道玩,每天回来都一身泥,和人家的孩子没法比啊。"从这些热火朝天的讨论中,我们可以真真切切地感受到了什么是望子成龙、望女成凤。

小张很推崇孩子的早期教育,她说:"女儿小的时候,我总给她讲故事。讲着讲着,我就有了新的想法,那就是自己编故事,把女儿编到故事里去。这多自由啊,想怎么编就怎么编,随心所欲,比如:'小熊和大熊上课,狮子老师讲得可认真了,大熊哥哥不听讲。老师出了一道算术题:桌上有3个苹果,妈妈又买来3个,现在一共有几个苹果?大熊不会算,小熊会算,妞妞也会算,是吧?妞妞快点算算,看和小熊算的是不是一样啊?'每到这个时候,4岁的女儿就掰着手指头算得可认真了。"

妞妞上学后各方面发展都不错,思维活跃,爱好广泛。当大家向小张请教的时候,小张却有些困惑了,因为妞妞现在的表现到底有多少是家庭教育和早期智力开发的作用,多少是先天条件造就的,又有多少是学校教育的结果?这些问题似乎很难回答。

智力需要开发吗?我们大都认为这是毋庸置疑的。不过,最近的一系列研究成果挑战了智力开发有益无害的观念。比如,华盛

别埋没孩子的天才特质

顿大学最近公布的研究结果显示，美国最通行的早期智力开发系列《爱因斯坦式的婴儿》的DVD，如果让8～16个月之间的孩子，每天看一个小时，孩子掌握词汇的能力就会相应降低17%。看来，要想探讨早期智力开发这个问题首先要解决如何科学地开发的问题。

小小的奶奶是个农村老太太，大字不识几个，可是，身为大学老师的妈妈对奶奶极为佩服。小小不到一岁的时候，奶奶从农村来到城市照看他，奶奶不懂玩具对孩子的重要性，也不知道那么多的育儿理论，仅凭着自己的经验，把家里很多没用的东西都开发成了孩子的玩具，小小玩得不亦乐乎。奶奶把矿泉水瓶盖洗干净后，在小小面前转着它们逗他玩，还把几个瓶盖叠在一起搭成高楼，或者平铺成大桥。至于那些空的矿泉水瓶，奶奶则把它们拴在一根绳子上吊起来，让小小用手去抓挠，用脚去踢打。奶奶不知道什么叫锻炼小肌肉，不知道观察活动的东西是在培养孩子的注意力，也不知道一种东西的不同玩法是在给孩子建构事物的多种形态，但是奶奶的做法无疑是一种非常好的智力开发。

实际上，父母花费太多的心思去关注早期智力开发，还不如从身边的小事做起，比如重视孩子良好生活习惯的培养，好的习惯培养加上兴趣的引领，肯定会给孩子带来收获。让孩子用舌头品尝各种味道，用眼睛观察各种事物，带孩子走近大自然，接触丰富多彩的景色，充实精神生活，这些才是父母送给孩子一生最宝贵的礼物。

以下这篇文章，能从另一个角度帮助我们理性看待早期智力开发。

三 当心"益智教育"有害无益

理性看待智力开发

莫扎特3岁弹琴、4岁作曲,居里夫人4岁开始阅读,马友友5岁参加大提琴的演奏会,8岁则和著名大师伯恩斯坦在音乐会上合作。许多天才都是这样的神童,但是,爱因斯坦小时候的智力发育似乎还不如一般的儿童,在诺贝尔奖获得者中,也很少有像居里夫人那样早慧的,天才似乎更是大器晚成。

这些天才的故事让成千上万的父母着迷,当然,对于更多的父母而言,他们面临的问题更为实际:守着已经降生、未必是天才的孩子,早期的智力开发是否能够提高孩子的智商?对此,西方几十年来已经有过许多研究。大致说来,对于儿童智力开发始终有两大派,一派为后天干预说,即认为儿童的智力需要开发,天才需要特别的培养;另一派则是自然成长说,认为天才的成长最好顺其自然,特意去开发则毫无用处,甚至可能揠苗助长,妨碍儿童的智力发育。大人应该做的是给孩子的心智发展提供良好的社会条件,使其能够充分发挥潜力。

无论这两派观点哪个更占上风,我们都得解决一个基本问题:到底有没有智商这回事?人们凭常识就知道有早慧的孩子,但是,人们对这种孩子却充满了偏见。在20世纪50年代,著名的神童William Sidis 11岁就进了哈佛,成为轰动一时的事件。但是,他很快就心力交瘁,后来以在世界各地的街道上收集车票度过了郁郁寡欢的一生。他的故事强化了传统社会对神童的看法:早熟早烂,神

别埋没孩子的天才特质

童不是一件好事。另一方面，学者则把智商看作个人生活的积极因素加以研究。1916年，斯坦福大学心理学家 Lewis Terman 对前人的智商测试法进行了修正和完善，创造了所谓 Stanford-Binet IQ，这也是流行至今的现代智商测试的基础。1921年，他开始在加利福尼亚全州的范围内挑选、招募神童参与他的"天才基因研究"，试图说明早熟早烂的成见没有根据，天才还是比平常人要成功。

不过，人们又渐渐地对 Terman 的测试提出疑议，认为其对智商的定义太狭隘，太过集中于常规的认知能力上，对天赋的另外一些关键层面，如发散式思维、创造力、意志力等都有所忽视。在一些需要非常具体而又固定的技能的领域，比如音乐和数学，天才比较容易在早期被发现，但是超出了这些领域，天才之路就很难预测。另外，一般的认知能力和创造力未必有紧密的相关性，接受知识和创造知识毕竟是两回事。在智商之外的一些重要素质，如锲而不舍的精神、信心等往往是获得成功更为关键的因素。由此，智商渐渐从一个单纯的智力构造演化为社会构造。

普通的孩子经过人为干预后是否可以大幅度提高智商呢？在过去的半个多世纪里，美国在这方面的研究和实验进行得如火如荼，其中一个非常有影响力的专家就是 Glenn Doman。他的观点是，儿童大脑发育的速度到6岁时急剧下降。在此之前的智力开发，将对孩子未来的智力发育有关键性的影响。换句话说，并非你的孩子不是天才，而是你没有给他或她成为天才的机会。这一结果给很多父母的启示是，6岁是一个不可错过的智能发展线，如果在此之前无所作为，孩子就搭不上通往高智商的特快列车。

但是，早期智力开发的反对者们对上述看法提出了严厉的批评。20世纪30年代，教育学家 Carleton Washburne 通过研究发现，

三 当心"益智教育"有害无益

6岁是开始阅读训练的最好时间。到了中学时,6岁开始阅读训练的孩子和比他们更早开始阅读训练的孩子的阅读能力没有区别,并且,开始阅读训练较晚的孩子比起较早开始阅读训练的孩子,其读书兴趣要更强烈。另有研究显示,那些5岁开始接受阅读训练的孩子比7岁开始接受阅读训练的孩子在阅读上碰到的困难要更多。

塔夫脱大学教授 Maryanne Wolf 对这一现象的解释颇为精彩:真正的阅读需要把大脑不同部位的复杂功能综合起来,包括视觉、听觉、语言、概念生成等。这些功能的整合,要依靠所谓的"髓鞘形成",而"髓鞘形成"的速度因人而异,关键部位的"髓鞘形成"一般要在5至7岁完成,男孩在这方面则偏晚一些。

Maryanne Wolf 的理论基本解释了为什么在世界范围内读书识字是从5至7岁开始。如果把这个过程强行推前,比如在四五岁之前开始,就等于让孩子执行一些他们的大脑还不具备的功能。在这种情况下,孩子可以凭借视觉或者听觉机械地阅读,其实不过是对声音和图像的死记硬背而已,制造的是一种阅读的假象。这种先人一步的优势,日后很快就会消失,但是,给孩子留下的心理创伤却未必会消失。孩子搞不懂自己在干什么,达不到大人的期待,这样,大人就把孩子放置在这种还没有开始就失败的境地。Maryanne Wolf 还意味深长地强调,在奥地利,孩子7岁以前不识字读书,日本则是极端强调早期智力开发的国度,但是,看看人均诺贝尔奖的指数,奥地利竟比日本高出数倍。

(摘自《一岁就上常青藤》,薛涌著,中国青年出版社出版)

科学地进行智力开发才是正道

就发展而言，在人的一生当中，幼儿期的智能发展最快，其效果是事半功倍的，而错过敏感期则是事倍功半，甚至会造成永远无法弥补的过错。幼儿智力发展每个阶段的出现都是有次序且不可逾越的，每个儿童都会以同样的顺序，由低向高地跨越智力发展的各个敏感阶段。

——[意大利]蒙台梭利

人类大脑之所以具有如此巨大的潜力，是由于神经网络具有极大的可塑性，并且人脑在学前期已经为我们编织了成为各种人才的可能性。你最终能够成就什么，则在小学阶段开始逐步定型，这就是早期智力开发的机会成本。

有效的教育方法之所以培养出我们希望的人才，正是顺应了儿童大脑的发展，反之就会造成教育的失败。怎样才能更好地了解孩子的大脑，找到符合大脑发展的科学教育方法呢？什么时期开始什么样的刺激对儿童大脑的成长是有益的？智力开发是否会像变魔术一样有令人称奇的变化？

在揭开这些问题的答案之前，首先我们先要回答这样一个问题：我们的大脑需要开发吗？对于这一点，许多从事脑科学研究的专家深信不疑。一位脑科学专家曾举过一个案例，他在多年的工作中收集了30多例大脑半球切除的病人，康复效果最好的一位，大学都已经毕业了。由此可见，人脑的潜力十分巨大。对于大脑的这种可塑性，一旦我们刻意地在大脑发育的早期阶段做一些努力，往往

三 当心"益智教育"有害无益

会有明显的效果。因此，在早期智力开发的问题上，我们既不能揠苗助长，也不要因噎废食。怎样才能做得恰到好处呢？一个行之有效的方法就是要尊重科学，依照大脑和心理发展的客观规律进行早期智力开发。

抓住早期智力发展的关键时期

早期智力开发要与人脑的发展相吻合，而人脑的发展历程，并不是一条平稳的直线，有时快有时慢，在不同的时间段，还会出现不同的生理过程，人的智能也相应地表现出与此关联的发展模式。我们的大脑在发展的特定时期会对某些刺激特别敏感，如果在此时给出这些刺激，大脑就会得到迅速地发展，错过了这个时期，以后再提供这些刺激，效果就很不明显了。这就是早期智力开发的关键时期，抓住这些关键期，就可以起到事半功倍的效果。另外，在应用关键期的概念指导我们的早期智力开发时，还应该因人而异，不能千篇一律，对于人们常说的"不要输在起跑线上"，是不能完全按年龄划分的，而是要具体情况具体分析。而且，如果将孩子的人生看作是一次长跑，那么所谓"起跑线"的概念就不那么重要了。

从关键期来看，早期智力开发其实也很容易操作，抓住最重要的事情做就可以了。科学家进行过这样的追踪考察，结果发现父母只要在幼儿3岁左右的时候尽量与他多交谈，就会起到促进智力发展的效果。不错过关键期的另外一个实际的方法，就是尽可能地丰富幼儿的生长和玩乐的环境，多一些感官刺激，多一些人文的色彩。幼儿什么时候对某事物感兴趣了，正好反映出他对这种事物的关键期来了。

别埋没孩子的天才特质

左右脑各自具有不同功能

我们的大脑有两个半球,左右脑各自具有不同的功能,这是人类大脑的功能特化。在早期智力开发中,人们常说的强化右脑教育,依据的也是学校教育中右脑往往被忽略的事实。不过,右脑训练也存在时间的问题,孩子上学后才有了右脑被忽略的情况,学前期并不存在这方面的问题。在这方面有一个重要的脑科学的事实没有被人们提及:大脑两半球的特化不是一开始就形成的,一般来说在10岁左右才完成,这就形成了脑功能发育上的一个分水岭,10岁以后左右半球功能上的偏侧已经不容易改变了。临床上的观察发现,如果在这个时期以前因故切除了一半大脑,被切除半球的高级功能基本上可以恢复,而在这个时期之后再进行半球切除的话,被切掉的一半的功能则基本上不能代偿了。分水岭前后的脑功能开发有本质上的不同,就像我们不可能在25岁以后再考虑如何通过训练来促进身高的增长一样。

对于左右脑的问题,我们还要注意,只有顺应脑的演化趋向才有好的结果,不要违背大脑演化的趋势逆流而上。具体来说,我们不应让左脑来取代右脑,反过来也不行,而应本着相辅相成、相得益彰的原则,通过促进两脑各自的专长,以强化两脑的协同来进行脑的开发。与此密切相关的具体操作性的问题是:左利手要不要改过来?我国过去的经验是一上学这个习惯就被老师矫正过来了,但是随后发生的众多言语机能障碍的现象终于让教育者不再采用强制性的行为进行矫正了。

另一个与两半球相关的事实是两性在脑功能上的差别。女性的言语机能天生优于男性,而男性在视觉与空间知觉上又先天性地强

三 当心"益智教育"有害无益

于女性,因而女性在几何、物理等学科上会更多地遇到困难,而男性则在语言上多处于劣势。如果及早对此进行补偿,男孩小时候多进行一些言语机能的训练,女孩多玩一玩,可以在一定程度上改变上述男女生的劣势状况。此外,在教育上,对男孩采用男孩擅长的教育法,对女孩采用女孩喜欢的方式,也是依据大脑性别差异的一种举措,在教学中往往会起到很好的效果。

早期智力开发与脑的功能构筑

要想更为深入地开发我们的大脑,还需要知道大脑的功能构筑及其分区,特别是各主要分区的成熟阶段。这方面的知识可以帮助我们了解幼儿园主要开发的是哪些脑区,小学阶段的开发能够作用于哪些脑区,中学和大学可以有哪些作为。

发育神经心理学的研究提示,负责处理感觉信息的脑的部分最先发育成熟,当我们出生时,这部分已发育得差不多了,所以我们一出生就有了基本的感觉能力,但未必会有知觉。感觉和知觉的区别在脑的发育上就有了分界,负责知觉的脑的部分在上幼儿园之前就奠定了基础,在幼儿园阶段则可以进一步强化。在感知觉的发育的基础上,从幼儿园的大班开始,一直到小学教育的结束,我们的大脑则完成了另一个重要的机能——符号化进程。我们知道,人是符号化的动物,在漫长的进化历程中,人类运用符号的历史逐渐演化为大脑新皮质联合区的特化过程,而这些特定区域的发育也就成为我们在小学阶段脑功能开发的主要内容。此外,人类大脑皮质与其他高等动物最大的一个区别就是人类大脑有十分发达的额叶,这与人类的进化和自主意识密切相关,而大脑的额叶正是我们在中学和大学时期大脑开发的主要对象。

别埋没孩子的天才特质

全脑开发与右脑开发

全脑开发、全脑训练、右脑开发以及左右脑开发引发了全球各界人士的积极关注,尤其是右脑开发更是呼声不断。何谓右脑开发?脑的结构与脑的开发与儿童的潜能开发有哪些必然的联系?儿童大脑潜能开发专家尹文刚对儿童右脑开发问题进行了相关阐释。

(1)如何定义右脑开发?

尹文刚:右脑开发现在之所以这样热,原因之一是以前重视得不够。目前针对学前教育的右脑开发相对比较多,比如音乐、游戏等各种活动。但孩子上了小学之后,所学内容都是关注左脑开发的,从小学到中学和大学,所有学习内容都是关注左脑的。可以说,世界各国的传统教育都是关注左脑,而对右脑的关注不够。

(2)右脑就是天才脑吗?

尹文刚:左脑开发促进逻辑性增强;右脑开发在于创新,不受传统观念的支配。因此从某种意义上来说,右脑是天才脑有一定的道理。而左脑注重逻辑判断,逻辑本身主要是三段论,不能脱离大前提,不容易突破。同时,右脑的创新离不开左脑的科学证明。历史上的天才人物都是左右脑并用的,例如生物学家达尔文,利用右脑很早就证明进化论的存在,但他要花费相当长的时间搜集大量事实,进行证明,这就是左脑的功能。爱因斯坦对光的研究也是右脑的创新想象,但最终的论证还是需要左脑的论证的。因此任何天才人物都是左右脑并用的,右脑具有前瞻性,能够突破传统的框架,而左脑能够对突破性的想法进行科学论证。

(3)何为脑的发育与关键期?

尹文刚:脑的关键期就是脑在发育成熟的过程中,在某一特定的时期,它对某些事情特别敏感,脑开始特化,这时给予适当的刺

三 当心"益智教育"有害无益

激,脑就能够接受,如果没有特化,给予刺激也是没有用的。关注脑的关键期并遵循其规律,能够达到事半功倍的效果,否则很可能事倍功半。比如,让一岁以内的宝宝认识很多字,宝宝的视觉系统还没有完全特化,这样达不到很好的效果。如果让较小的孩子接触数字,由于没有形成抽象的概念,此时要求孩子理解数字也是不现实的。只有当孩子发展到有了数字概念的关键期,这时的开发才能够达到效果。

(4)潜能开发就是超前教育吗?

尹文刚:潜能开发不是超前教育。潜能开发强调要跟随孩子某一能力发展的关键期,不然就达不到效果。其实,"不要让孩子输在起跑线上"这句话在一定程度上是不科学的。父母现在都很关注幼儿园与小学的衔接问题,幼儿园也恨不得把小学的内容提前传授给孩子,这种做法很不符合脑科学。学前阶段对儿童的情感、认知、社会化等发展非常重要,此时却被小学课程占据了。而到了小学阶段,孩子开始接触符号语言的时候,却因为一些内容接触过而不想学了,另外幼儿园老师教得肯定不如小学老师教得系统。在观念上,很多父母希望自己的孩子能成为小天才,生活中也确实有13岁上大学的神童。但是这些超常儿童往往不能和同伴友好相处,与其他人格格不入,更有甚者自理能力很差,只专注于读书,其他方面明显较差。良好的教育应追求智商和情商的均衡发展,这样的孩子才能更好地适应社会。

(5)错过了右脑开发的关键期可以弥补吗?

尹文刚:弥补是可以的,但要花费比较长的时间,而且孩子的潜能不能充分得到发挥。例如,音乐天赋在10岁之前开发最好,如果你在30岁之后开发不是很容易。孩子的语言发展在3岁有适当的刺激比较好,如果在整个学龄期没有语言的交流,孩子的语言就难以发展得很好。

(6)右脑开发是否可以培养孩子的注意力?

尹文刚:孩子的注意力与脑的结构有很大关系,如果让小班的孩子坐半个小时,不可能做到,因为小班孩子的有意注意时间比较短。同样让小学生集中坐两个小时也是不能达到的。根据孩子注意发展的阶段性,先是无意注意,然后是有意注意,同时有意注意也存在发展的阶段性。由于太小的孩子不具备这方面的能力,因此不能过于强求。

孩子学龄前这段时间非常宝贵,如果只关注一种刺激,其他的能力可能会被忽视。在这个阶段,最好的方式是让孩子的各种能力得到相应的刺激,这样可以促进孩子的发展。如果在有限的时间内,仅仅强调某一个方面的发展,其他方面的发展可能受到影响。例如,全身心地培养孩子音乐方面的能力,孩子的音乐能力发展会很不错,但同时其他方面的发展就会受限制。

(7)脑开发也有男女差异吗?

尹文刚:男孩和女孩确实存在很大的不同,比如女孩的语言功能比男孩强,这与脑的结构有关,因此对于女孩不用过多地强调语言教育,应该关注女孩比较欠缺的地方。而男孩的空间功能比较强,语言功能相对较差,所以男孩应该多一些语言方面的刺激,女孩多一些空间功能方面的刺激。简而言之,让女孩多玩一玩,让男孩多练练说话。

三 当心"益智教育"有害无益

益智教育的7个黄金法则

传统理念认为,人的智力是固定不变的,这种思想已经渗透到社会的每个角落。现在许多学生都相信,自己智力发展的命运是与最初的测试成绩联系在一起的,于是特殊教育、天才教育因此产生。然而研究表明,"大脑一成不变"的理论不仅是错误的,而且会带来很多坏处,它导致了很多极具潜能的人都没有发挥出应有的才能。实际上,每个人的大脑都可以得到益智充实,只是程度和范围不同而已。

今天,你可能到处都能听到益智教育,但是有谁真正了解益智教育呢?有关益智教育的研究究竟告诉我们益智可以做到哪些事情,又做不到哪些事情呢?《聪明的秘密——发掘大脑潜能的7个法则》一书的作者、美国脑科学专家 Eric Jensen 认为,在当今这个"以少胜多"的时代,开创益智教育越来越具有实际意义,是一个帮助学生成功的脚踏实地的办法。但他同时也指出,益智教育必须遵循一些基本的科学法则。

(1)身体运动。运动有助于产生源自脑部的神经营养因素,用来支持学习和记忆功能,修复和维护神经。一些研究已经找到了有力的证据,证明哺乳动物在活动中产生新的脑细胞,而且积极发挥着作用。另外,运动也会引起血液中的钙含量的增长,钙会传送到脑部,促进多巴胺合成,使大脑在认知问题和记忆方面变得更灵敏。

(2)新颖、有意义的学习。学习内容是否新颖对益智教育十分重要,这直接影响到神经键的生存与发展。我们所学的知识不仅要新颖,而且必须具备学习价值。研究表明,益智活动的环境将改变大脑对环境的反应，环境越有意义，益智效果越明显。

（3）连贯的复杂性。大脑的理想状态是介于空虚和紊乱之间，不能整天睡觉也不能整天处于癫狂状态。研究发现，复杂的环境甚至可以改变神经生长因子的主要部分，从而维持大脑的健康状态。相反，空虚、无聊的环境对大脑产生的弱化作用远远高于丰富多彩的环境增厚大脑皮层所产生的强化作用。忙碌的生活对大脑来说并不是个问题，事实上，正是这样的生活状态使大脑发育得更完善。

（4）可掌控的压力水平。过于紧张的精神状态对生活的各个方面都会产生重大影响，因为精神紧张会减少新的神经元的生成，而大脑细胞正是依靠这些神经元来维持每天的细胞繁殖活动。在这种情况下，细胞之间也无法进行任何沟通。过分的精神紧张不仅会延长伤口的愈合时间，而且也会给大脑的调节系统带来持久的伤害。

（5）社会支持。许多事实证实了社会环境对人脑的影响，社会影响给人脑带来的不只是基因表征，还包括基因组成。诺贝尔奖获得者埃里克·坎德尔认为，基因研究表明，社会环境、情绪变化以及信仰系统三者的影响力足以改变基因表征。

（6）良好的营养。研究表明，适当的营养供给能减少不良因素造成的消极影响，因此对大脑十分重要。食物的数量也是一个比较重要的问题。饥饿与营养不良有损健康，对行为举止和认知能力也会产生不良的影响。

（7）充足的时间。研究表明，若让老鼠突击一段时间学习新的东西（相当于人学习一年时间），然后让老鼠独处几周（相当于人类的好几年时间），没有任何形式的复习与巩固，老鼠新生的神经键并不会消失，而且老鼠也不会忘记新学的内容。历时80天的益智教育给老鼠大脑带来的变化比起短短30天的益智教育稳固性更

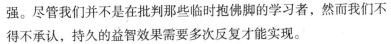

三 当心"益智教育"有害无益

强。尽管我们并不是在批判那些临时抱佛脚的学习者,然而我们不得不承认,持久的益智效果需要多次反复才能实现。

下面的这篇小文,具体介绍了益智教育的7个黄金法则所带来的教育启示。

 益智教育的7个黄金法则

▶ 身体运动

运动有助于产生源自脑部的神经营养因素,用来支持学习和记忆功能,修复和维护神经回环。一些研究已经找到了有力的证据,证明哺乳动物在活动中产生新的脑细胞,而且积极发挥其功能。

另外,运动也会引起血液中的钙含量的增长。钙会传送到脑部,促进多巴胺合成,使大脑在认知问题和记忆方面变得更灵敏。

对教育的启示:学生若对有趣又有意义的活动持观望的态度,那么他们就无法在智力方面取得太大的进展。学生必须行动起来!这些研究结果对中小学的教育者来说,真是当头一棒,尤其眼下,我们正处于过分注重课堂学习却严重忽视体育锻炼的氛围中,完全背离了这一法则。

▶ 新颖、富有挑战性及有意义的学习

新的运动项目能促进小脑部位新的神经键的生成,尤其是当所学内容富有挑战性时,更是如此。一个人越是学得多,他也越能学

别埋没孩子的天才特质

得更多。复杂环境中开展的益智活动能促使大脑产生更高质量的蛋白质，从而提高学习和记忆能力。

学习内容是否新颖对益智教育十分重要，这直接影响到神经键的生存与发展。尽管简单的身体运动有助于新细胞的产生，但只有学习新的知识才能提高细胞存活率且保持细胞的基本功能。

我们所学的知识不仅要新颖，而且必须具备学习价值。换句话说，当大脑接收到来自外界的相关信息时，细胞核基层便受到刺激，从而在大脑皮层留下烙印。没有这个激活步骤，大脑便无法产生形成记忆的乙酰胆碱，也就无法保存新学的东西。

研究表明，益智活动的环境将改变大脑对环境的反应，环境越有意义，益智效果越明显。比如，找只实验室的猴子，训练猴子将小环套在又长又细的杆上，并让猴子重复这个动作。如果猴子觉得这个运动莫名其妙愚蠢至极，它的大脑便不会发生任何变化，猴子很快就撒手不管套圈的事了。但是，如果训练的技能与它平时的行为有所联系的话，比如提供没吃过的食物、交配对象或住处，那么猴子的大脑便会产生巨大的变化。

对教育的启示：上述发现提出了两个重要问题：学习的体验真的可以激发人的好奇心和想象力吗？对学生而言，这些体验真的既相关又有意义，而且是正好为学生设计的吗？这两个问题值得教育者深思。

» 连贯的复杂性

环境的连贯复杂状态与空虚和紊乱两个极端，形成对比。大脑的理想状态是介于空虚和紊乱之间的，不能整天睡觉也不能整天处于癫狂状态。

三 当心"益智教育"有害无益

近来,我们发现,复杂的环境甚至可以改变神经生长因子的主要部分,从而维持大脑的健康状态;相反,空虚、无聊的环境对大脑产生的弱化作用远远高于丰富多彩的环境增厚大脑皮层所产生的强化作用。研究发现,学习者的学习生涯越具挑战性和复杂性,他的大脑生成的树枝状生长和连接点也越多。

忙碌的生活对大脑来说并不是个问题,事实上,正是这样的生活状态使大脑发育得更完善。大脑连续接受无意义的信息时,便不能分辨新的环境。大脑可以应付复杂的状态,但无法解决混乱的状态。空虚、无聊状态下的大脑表现会比较差劲,大脑只有受到某种层面的刺激才能茁壮成长。

对教育的启示:许多研究表明,空虚所带来的负面影响要比丰富环境带来的积极影响大得多。在校学童会不会因为无聊环境而受到不良影响呢?显然,如果孩子对校园生活不感兴趣,他们的学习动机就很弱。关键问题是,学校的益智活动一定比校外生活更加丰富、精彩吗?另外,学校提供的益智活动是否具备多样性、挑战性与不可测性呢?

可掌控的压力水平

过于紧张的精神状态(其实是一种疾病)对生活的各个方面(认知能力、健康状况、社会环境、神经生成、基因表征等)都会产生重大的影响。

细胞一般处于两种状态:危急情况下保护自身,一般情况下处于生长状态。人不能在烈火焚身的同时学习弹钢琴,因为细胞不能在饱受摧残的同时继续生长繁殖,在这种情况下,细胞之间也无法

别埋没孩子的天才特质

进行任何沟通。过分的精神紧张不仅会延长伤口的愈合时间,降低对压力感触器的抵御能力,而且也会给大脑的调节系统带来持久地伤害。

最糟糕的是,精神紧张会减少新的神经元的生成,而大脑细胞正是依靠这些神经元维持来每天的细胞繁殖活动。这些现象与年轻的学生似乎没多大关系,但这至少告诉我们,整个人体系统负担沉重,快速的成熟并不能对细胞的生长与维护有任何帮助。

研究表明,过分紧张会降低认知水平,那么,学校里的紧张与压力从何而来呢?过多的噪音是造成紧张的原因之一,微弱的光线(闪烁的荧光,过于暗淡或过于明亮的灯光)也会造成学生精神上的紧张。

对教育的启示: 所处的环境因素能激发学习者的潜能吗?它是混乱的、令人不适的、让人感到没有办法应付的吗?显而易见,压力不应过大,压力过大则不利于激发学习者的潜能。

噪声或不良光照等物理环境会给学生造成紧张的情绪吗?如果是,紧张的精神状态将给益智效果带来许多负面影响。

学生是否具备应付紧张性刺激的技能?紧张是一种控制能力,学生必须具备一种心态或技能,即相信自己有能力去影响环境。

▶ 社会支持

许多研究显示出社会环境的重要性。在许多动物实验中,孤独状态下成长的老鼠会表现出不安与恐惧,在学习能力和空间记忆等方面的表现都不尽如人意。只有恢复了老鼠的社交环境,这些症状才逐渐消失。社交越广泛、越频繁,大脑损伤后自动恢复的速度便会越快,行为测试的结果也越好。另外,社交活跃的老鼠,其记忆

三　当心"益智教育"有害无益

能力也比独处的老鼠高出很多。

许多事实证实了社会环境对人脑的影响，社会影响给人脑带来的不只是基因表征，还包括基因组成。诺贝尔奖获得者埃里克·坎德尔认为，基因研究表明，社会环境、情绪变化以及信仰系统三者的影响力足以改变基因表征。

对教育的启示：学校环境对学生的影响十分深远，而我们对这些影响常常未能给予足够的注意。教育者应该思考并寻找某些途径，帮助学生在安全且相互关联的社会团体中居于合适的位置。

» 良好的营养

人们一直关注营养的研究与分析，研究表明，适当的营养供给能减少不良因素造成的消极影响，因此对大脑十分重要。食物中应有必需的营养素，包括蛋白质、不饱和脂肪、蔬菜、复合碳水化合物以及糖分。此外，人脑还需要其他微量元素，如硼、铁、硒、钒、钾。

有实验专门研究了营养供给对认知能力的长期影响（研究对象的年龄从出生到7岁不等）。10年后，这些孩子无论是计算能力、阅读水平还是词汇测试分数都有很大的提高，到了11~26岁这个阶段，与普通组相比，他们享有更高的社会经济地位。

食物的数量也是一个比较重要的问题。饥饿与营养不良有损健康，对行为举止和认知能力也会产生不良的影响。相反，吃得太多对人体同样也会产生不良的影响。如果减少食物的总摄入量，吃得少但精致些，可以比一直进食的状态下生成更多的脑细胞。这项研究告诉我们，日常的饮食通过控制食物摄入总量，或者通过减少激发性毒素的摄入，提高了大脑的工作效率。激发性毒素能刺激自由基的生成（自由基与氧分子和不成对的电子结合），会对健康造成危害。那么学校和父母该如何对待暴饮暴食的孩子呢？这已经不仅仅与肥胖问题或者早期糖尿病发作有关，而是与以下事实有关：吃得少而精致的孩子能最大限度激发其智力的潜能。

对教育的启示：教育者无法控制孩子的部分日常饮食，但是他们能通过对孩子父母的教育与学校午餐的安排等方式影响孩子的营养观，这里有两个十分重要的问题：

学生在日常饮食中是否一直摄入那些高度加工后含有大量果糖、玉米糖浆以及诸如防腐剂或杀虫剂等添加剂的食物？如果答案是肯定的，那么我们首先必须减少这些有害物质。

学生是否能够充分获得营养价值高的食物？营养价值高的食物不仅仅指健康蛋白质、水果、复合碳水化合物以及蔬菜。学生应尽可能摄入更多的营养，从而为拥有强健的体质打下很好的基础。

▷ 充足的时间

在许多实验中，研究对象在5岁前得到良好的益智教育，16年后，待研究对象21岁的时候再来做测试。经历了这么长的时间后，益智效果已经变得稳定下来。这期间也有可能产生不稳定的状态，促进影响神经系统的化学物质分泌和神经的生成，新的结构让这些物质充分接触，发挥效用。这一切需要的是时间。换言之，通过几天的努力也许会产生明显的效果，但只有持之以恒才能保持效果。

从微观上来讲，学习意味着大脑产生了新的连接点，从而形成了新的记忆，但是从宏观上来讲，学习是一个引进多种新模式的过程，只有通过多次反复练习，新学的模式才能进入系统。在某种程度上来说，系统更倾向于吸收新的模式，经过一段时间后，新的

三 当心"益智教育"有害无益

模式才能在系统中稳定下来。

对教育的启示：研究表明，历时至少6个月且不间断的益智活动才能对学生产生持久的影响力。学校每周只花1个小时培养学生的艺术才能，这很难让神经科学家相信，仅用这么短的时间就能形成长期的益智效果。

如果学生在家里待9个小时都无所事事，只花1个小时在学校里进行学习，那么这1小时的学习效果微不足道，更无法产生深远且持久的影响。尽管时间短，但总比没有要好些，如能再增加一些时间，或许可以产生惊人的效果。相反，如果现在的学习环境很好，即使一天总共只花5个小时也足够其学习所需技能与知识。

（本文摘编自《聪明的秘密——发掘大脑潜能的7个法则》，【美】Eric Jensen著，杜争鸣、钱婷婷译，华东师范大学出版社出版）

其实，很多人所理解的益智教育，并不是由脑科学家和教育学家设定好的关于父母怎么做、孩子怎么学的条条框框，而往往是一种将教育思想寓于细枝末节的生活情境中，因而也更为丰盈自然的教育境界。下面这篇小文，是大学毕业生夏青用自己的童年经历，诠释了父母给她的益智教育。

父母给了我一个益智的童年

夏 青

大多数孩子在青少年时期会有一些反叛的精神，觉得父母的思想和教育方法迂腐至极，因而在获得成功（通过考试或者赢得奖励）的时候会夸大自己的天分或努力，而只把后勤类的支持（做饭、洗衣等日常事情）视为父母的成绩。我曾经是这样的反叛群体中的一员，在考上大学、离开家到另一个城市的时候，我欢呼雀

别埋没孩子的天才特质

跃,认为自己终于挣脱了父母传统又胆怯的观念的束缚、可以过上梦寐以求的自由独立的生活了。

若干年后再想起这些,我才惊觉那时曾经年少轻狂的自己是多么无知——在我的童年时期,益智教育等先进的教育方法也许并没有兴起,但我仍不知不觉中受惠于此。只不过那些受教的情境散布于生活的各个角落,并未引起我的注意而已。

小时候,我很享受每晚睡前和父亲一起阅读《十万个为什么》的时间,书里那些短小精悍的篇章总能开启我的好奇心,让我沉醉于大千世界里各种有趣的知识。每逢夏夜,父亲和我便会在楼顶的坝子里铺上竹席,对照着书本在群星闪烁的天空里寻找黄道和各个星座。然后父亲会给我讲故事,令我记忆最深刻的是一个关于外太空来了一个和我长得一模一样的孩子的故事。开始的时候我总是听得很入神,后来就开始不满意父亲所设置的情节,自己把故事讲述下去。

这种看星空的经历并不是童年的专属,在高中的晚自习后,我和心情低落的好友一起躺在跑道上仰望星空,觉得宇宙辽阔,个人的委屈因而显得渺小,从而有勇气重新相信梦想离我们很近。那时候的我不会知道,后来的脑科学家们会把创造类似看星空一般静谧闲适的低压力状态视作益智教育的黄金法则。我也不会知道,现代最先进的教育方法提倡父母以阅读、亲近自然等方式有意识地培养孩子的表达能力、实践能力和想象能力。我相信那时候我的父亲也不会知道这些,可他仍然给了我一个如此益智的童年。

我曾在姨父午睡的时候拆散了他的闹钟,仅仅因为想弄明白闹钟为什么会在指定时间铃声大作。当时我以为我能在拆完后把所有的零件重归原处,结果却失败了。姨父起晚了,错过了一个很重要的会议,家人都埋怨我,可是父亲说,会动手是件好事。在向姨父

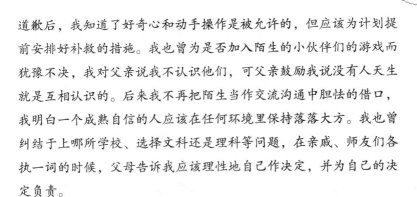

三 当心"益智教育"有害无益

道歉后,我知道了好奇心和动手操作是被允许的,但应该为计划提前安排好补救的措施。我也曾为是否加入陌生的小伙伴们的游戏而犹豫不决,我对父亲说我不认识他们,可父亲鼓励我说没有人天生就是互相认识的。后来我不再把陌生当作交流沟通中胆怯的借口,我明白一个成熟自信的人应该在任何环境里保持落落大方。我也曾纠结于上哪所学校、选择文科还是理科等问题,在亲戚、师友们各执一词的时候,父母告诉我应该理性地自己作决定,并为自己的决定负责。

后来有很多次——在我对着台下一群陌生的面孔也能自如地表达的时候,在我迷上生物学科并想起幼时读过的《十万个为什么》植物、动物分册的时候,在我毅然放弃保送的机会选择参加高考的时候……我都觉得自己是个无比幸运的孩子,因为我早已从父母的潜移默化中学会了很多道理,并开始以自己的方式从生活中汲取更多的养分。

我所理解的益智教育,并不是由脑科学家和教育学家们设定好的关于父母怎么做、孩子怎么学的条条框框,而应该是一种将教育思想寓于最细枝末节的生活情境中,因而也更为丰盈自然的教育境界。让孩子聪明的秘密在于打造一个最适合其成长的空间,父母应该鼓励孩子热爱所学的知识,并学会在记忆和运用那些知识的时候得到愉悦感和成就感;他们应该合理地发扬孩子的个性、支持孩子的兴趣,即使有时候他们无法理解那些个性和兴趣;他们应该给予孩子诚恳的支持和建议,以帮助孩子充分发掘其内心的宝藏……只要父母把孩子看做是独立的个体,引导孩子而不是约束孩子,尊重孩子而不是命令孩子,孩子就会渐渐成长为一个愈发友善而灵魂丰富的人,对父母来说,这才是收获了比高分更大的成就。

105

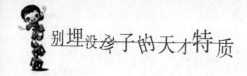
别埋没孩子的天才特质

警惕被误读的蒙氏教育

20世纪初,一位意大利女医生通过对儿童的长期观察,提出了一种新的教育方法。这种教育方法不仅改变了当时人们对儿童教育的看法与做法,也深深影响了后代。此后,她将一生贡献于儿童教育,直到1952年辞世。她就是意大利第一位医学女博士玛利亚·蒙台梭利,而以其名命名的蒙台梭利教育法在100年后的今天仍享有声誉。

在学术界,蒙氏教育法至今未有明确的定义。蒙台梭利本人曾这样回答:我所做的只是观察儿童,而儿童正在展现自己的力量。事实上,蒙台梭利是以儿童的需要为主要依据,先观察,再经探试,然后研究孩子的反应,并予以启发或诱导,最后让孩子自己去发现、学习和成长。

蒙氏教育热度不减

蒙氏教育法真正进入中国内地并在幼儿园开展实践活动,只有短短的十几年。1995年,台湾启蒙基金会与北京师范大学合作,开始在大陆进行蒙台梭利幼儿教师的培训工作,随后越来越多的幼儿园尝试将蒙氏教育法引入教育活动之中,而其显著的认知方面的教学成果更是深受广大父母的瞩目,一时间蒙氏幼儿园、蒙氏课程、蒙氏活动室风靡许多地区。许多父母为了进入当地的蒙氏幼儿园更是费尽心思,情愿承担昂贵的学习费用。

以上海为例,凡是开设蒙氏课程的幼儿园,收费几乎都高于当地同等级的幼儿园,更有一家蒙氏幼儿园开出了一学期4万多元学

三 当心"益智教育"有害无益

费的天价,尽管如此,仍吸引了大量学生。然而,随着越来越多的蒙氏幼儿园及蒙氏幼儿课程的出现,各种冠以"本土化"蒙氏教育之名的现象也不断出现。

蒙氏教育正被误读

虽然蒙台梭利本人没有对其教育方法的特性进行总结与归纳,但是纵观世界各地的蒙氏教育与研究,以下三点应该是必备的条件:

合格的蒙氏教师。一般而言,国际公认的蒙氏幼儿教师认证机构包括国际蒙台梭利协会(简称AMI)、美国蒙台梭利协会(简称AMS)和蒙台梭利教师教育认证委员会(简称MACTE)。教师资格的获得均要求教师进行1~3年的集中学习。

教学过程应避免奖惩、机械记忆、大量作业等传统方式。在蒙氏教育中,诸如年级、奖惩(用红五星和小红花代表奖励)、幼儿班的团体课程、单一年龄分班分组、强调机械记忆或大量作业等传统教学方式,应该很少见到。

强调在混龄的基础上进行长时间的连续活动。蒙氏教学强调混合年龄分班,教学过程包含了长达3小时的连续活动时间,班级环境具有审美性、整洁性和刺激启发性,儿童既能独立学习,也能和他人共同学习。

严格意义上说,我国现有的蒙氏幼儿园、蒙氏幼儿班中,能够达到上述标准的几乎是凤毛麟角。我们对蒙氏教育存在着大量的误读。

▶ 误读之一:蒙氏教育就是应用"蒙氏教具"的教育

我国开展蒙氏教育的幼儿教育机构中,大部分管理者、教师和

别埋没孩子的天才特质

父母似乎都以是否使用蒙台梭利教具为标准。那么蒙台梭利本人对此是怎么看的呢？这套教具对于蒙台梭利教育又意味着什么呢？蒙台梭利教具是蒙台梭利教室中用具的总称，包括了蒙台梭利自己设计的教具和教师依据蒙台梭利的教育原理设计的自制材料。对于"教具"一词，蒙台梭利本人曾公开地表示，她不喜欢这个名词，正确的名称我们应该叫它"工作材料"。它的主要作用是供给幼儿进行成长"工作"时所用的"材料"，兼具增进智力和改善性格的目的，只要能达成该目的的一切材料都是"蒙氏教具"。所以，只要符合蒙台梭利教学的特征，即便教室里都是教师自己设计的材料，我们也可以认定该教育机构中实施的是蒙氏教育；反之，如果只有所谓的蒙氏教具，而其使用方法或者教学特征不符合蒙氏教学的特点，那么也不应该认为这就是蒙台梭利教育了。例如，有一所幼儿园的蒙氏教育教学过程是这样的：教师端坐教室前方演示蒙氏教具，幼儿2人一组坐在地毯后面观看教师的演示，然后完成每人面前的书面作业。该教学过程曾被挂在国外相关网站以展示中国蒙氏教育之现状，该网站的评论是：中国的幼儿园正用玛利亚·蒙台梭利批判的方法进行他们的"蒙氏"教学！

▶ 误读之二：儿童会操作"蒙氏教具"就是发展了能力

蒙台梭利教育法的教学过程有其固定的程式，步骤清晰，表现出高度的结构化。一般而言，教师通过观察为特定儿童选定学习材料，为该儿童演示材料的操作方法，然后让儿童自己操作该材料，并通过操作学习材料中所蕴含的概念和原理。而且在每个蒙氏教具的操作过程中的步骤都有规定，孰先孰后，非常严格。同时，各种教具的学习也是有顺序的，要学习某个特定教具之前必须先学过哪

三 当心"益智教育"有害无益

几个教具也有严格的规定。这种高结构化的教学过程,尤其是教具演示过程将教具中所蕴含的概念和原理以一种优化的方式表现出来,使教学具有更高的效率。

正是这种教学的高效性,使得儿童在认知发展上取得了令人惊叹的效果:一个接受了2~3年蒙氏教育的6岁幼儿可以轻松地借助教具,完成数额在1万以内的加、减、乘、除法;可以写出一篇短文;可以清晰地说出地球的演变历史……但是这一切认知方面成就的取得就能代表儿童的认知能力真正得到发展了吗?答案显然是否定的,儿童会操作材料(教具)并不表示认知能力获得了真正意义上的发展。教具可以通过机械地模仿、反复操练掌握正确的使用方法,从而解决特定的问题,但是此种学习的本质仅仅是一种条件作用,而不能真正提高认知水平。例如儿童在学习数学计算的时候,完全可以通过大量的练习,将数学计算转化为一种事实性记忆,而不是对数学概念的真正理解。此时儿童虽然能做对许多计算题,但是并不能明白其中真正的数学原理。

▶ 误读之三:可随意改变蒙氏教育法的关键特性

我国的蒙氏幼儿园或者蒙氏课程经常在"本土化"的旗帜下,对蒙氏教育法进行改良,应该说有些改良是必须的,但是也出现了随意改变蒙氏教育法关键特征的现象。例如"混龄班"就经常被随意改变。如果说蒙台梭利在罗马建立"儿童之家"时,简陋的办学条件迫使不同年龄的儿童聚集在同一间教室之中,客观上形成了混龄班,那么到了该教育方法成熟的时候,混龄班已经成为其重要的特质了。再如个别化的教学方法。个别化教学方法的采用保证了蒙台梭利其他教育思想的贯彻,如蒙氏班中"自由"的体现。蒙

别埋没孩子的天才特质

台梭利所说的自由是指"从妨碍儿童身心发展的障碍中解放出来的状态",让儿童获得展现潜能的自由。自由具体表现为儿童在教室中有移动的自由、选择的自由、发表意见的自由、免除横向竞争的自由、免于压力的自由、爱和被爱的自由等等。要达到这些自由的状态,个别化教学方法无疑是一条捷径。尤其是免除横向比较的自由,如果每一个儿童都有一份符合其发展水平和速度的、个性化的教学计划,那么从客观上就不具备横向比较的条件了。但是现实生活中,真正坚持个别化教育的蒙氏幼儿园在中国并不多见。

中国蒙氏教育何去何从

蒙氏教育法并非完美无瑕,其先天缺陷曾受到杜威等大教育家的尖锐批评。当父母为孩子选择蒙氏课程时,应多一点理性、少一点盲从。

怎么做才能既保持蒙氏教育法的本质又兼顾我国的国情呢?

首先,应建立具有中国特色的蒙氏教育培训体系。国际上三大认证机构并无汉语课程的提供,而且培训费用昂贵,有的培训机构(如AMS)坚持本土授证的原则,这些都使得我们不可能有一大批合格的、国际公认的蒙氏幼儿教师。与此同时,由于蒙氏课程并非我国公立幼儿园主流课程,教育管理部门和相关高校均未开设相应的培训课程,从而使得培训市场鱼龙混杂。有的教师经过短短2周培训便获得上岗证书,这使得幼教机构中的蒙氏教育缺乏合格的师资力量。对此,教育行政部门应该担负起监管的责任,开设并认定我们国家自己的蒙氏教师课程与资质标准。

其次,大众要客观认识蒙氏教育法。蒙台梭利教育法自诞生之

三 当心"益智教育"有害无益

日起就带有非常明显的缺陷,受到过诸如杜威、克伯屈这样的大教育家的严厉批评。具体说来,这是一种带有玛利亚·蒙台梭利个人烙印的教育方法,反映的是蒙台梭利的价值观。例如,她偏重于认知发展,认为"专注力"对于个体成长非常重要。美国的学术界曾经对蒙氏幼儿教育法进行过较大规模的研究,结论是蒙台梭利教育法是一种让儿童自由选择的有效模式,能对优化学习起到促进作用,蒙氏教育法尤其强调了知觉发展以及注意力方面的培养。一项准实证研究表明,接受蒙氏教学的儿童在操作能力上获得了显著的进步,但在智力测验中的言语方面则没有明显提高。当父母为孩子选择课程的时候,不能过于盲目,应该深入思考自身的价值观是否和蒙氏课程背后的价值观相吻合。

最后,蒙氏教育"中国化"需要长期扎实的理论与实践研究。作为蒙氏教育法的创始人,玛利亚·蒙台梭利的个人经历决定了蒙氏教育法不能成为一种真正意义上的教育理论。蒙台梭利为自己的教育法寻找的理论基石——形式训练理论——早在19世纪下半叶便被证明是有缺陷的,这一致命伤使得该教育法长期以来一直受到学者们的严厉诟病。但同时,蒙氏教育法独特的教学效果又使得它大受父母们欢迎。这种反差其实反映了这样一个问题:蒙台梭利本人其实并没有对其实践进行过很好的理性思考和总结,没有将其有效的教学实践上升到理论高度。只有将蒙氏教育法放在现代教育学和心理学的研究层面上进行分析,真正地分清其中的精髓和糟粕,我们才能对该教育法有更深入的理解。也唯有如此,蒙氏教育法的中国化才可能有效地进行和开展下去。否则,所有实践的开展只会事倍功半。

蒙台梭利指出,好的教育就是顺应儿童天性的教育,儿童"蕴

别埋没孩子的天才特质

含着有真正建设性能量和未被认识的智慧能量",只要教育者为儿童提供适宜的环境,满足他们内在的需要,发挥他们至今仍隐藏的奇妙力量,这些儿童都将成为理解和创造现代文明的新一代。

四 我们正在让天才失败吗

天才儿童是上天送给人类的礼物,是一种极为稀缺的资源,在人群中仅占不到1%。对于天才儿童,我们的教育是在帮助他们发挥潜能,还是在抑制甚至是破坏他们的潜能?最大限度地发挥儿童的潜能,是人类追求的教育理想,但是在现实中,我们距离这个理想似乎仍十分遥远。

美国哥伦比亚大学教育学教授勒塔·霍琳沃斯曾注意到,智商在125~155分之间的孩子具有最高的社会能力,而那些智商超过160分的孩子通常在社会中是孤立的,因为他们迥异于同龄人——他们更像是小大人,而不像孩子。

那些智商在55分或更低的孩子需要"特殊"教育是不言而喻的,但是那些智商在145分或更高的孩子有同样的"特殊"学习需要。然而,现实中我们并没有提供他们所需要的"特殊"教育。一项权威的数据显示,有天赋和无天赋的孩子的辍学率几乎一样,这两类学生中大约各有5%会很早退学。

事实上,准确地辨识出天才儿童并非易事。由于天才有多种类型,我们又往往缺少科学的鉴别方法,这使得一些天才还隐藏在普通人群中不为人知。以爱因斯坦为例,尽管他长大以后成了世界闻名的科学家,可是小时候的他在学校里却存在着严重的问题。老师对他的父亲说,爱因斯坦的存在简直就是一个令人沮丧的错误,并预言他将来的学业和职业发展都不容乐观。幸运的是,尽管爱因斯坦在传统的学校教育中屡屡碰壁,但是他的父亲依然相信自己孩子身上的特殊能力。最后,他终于找到了一所学校,这所学校认可了小爱因斯坦身上所具有的非凡天赋以及独特的学习风格。虽然这个故事的真实性令人怀疑,但它传达的信息却是非常清楚的。一些长大以后具有非凡天赋的人,不一定在小的时候就表现出他们的天赋。原因之一在于,这些孩子具有的非凡天赋,并没有体现在我们通常认为天才应该具备的指标上,比如说学业成绩、智力和学业的标准化测验。

还有一些孩子,他们因为传统意义上的高智商而被当做是天才儿童的时候,父母和老师只将注意的焦点集中在给这些孩子提供足够多的智力挑战上。与此同时,另外一些更为关键的需要却可能被忽视了。这些孩子在学校或在家里表现出来的适应困难往往是因为他们具有非凡的天赋。比如有些孩子之所以在学校不开心,是因为他们无法和同龄人融洽相处,而父母和老师则往往将精力放在处理他们的学业厌倦问题上,这显然不能真正有效地帮助这些有天赋的孩子。

四 我们正在让天才失败吗

天才为何成了被遗弃者

任何一种明智的文化都知道该怎样对待安娜莉斯·布拉塞尔。这个14岁的小姑娘不仅具有南美模特的美貌,而且是她那代人中最聪明的孩子之一。当安娜莉斯3岁时,母亲安吉·布拉塞尔就发现她能够把单词串起来,不仅能组合成短语,而且能将卡片摆出完整的、语法正确的句子。当她6岁时,母亲带她去做了一个智商测试,母亲不想公开女儿的智商,但可以肯定她的智商远远超过145分,这种智商的孩子仅占同龄人的0.1%。

安娜莉斯是美国德州朗文尤镇的明星学生。尽管要求一个孩子既聪明又招人喜爱不太容易,但安娜莉斯既有智慧又有美貌,在学校里的人际关系也很融洽。但是有一段时间,安娜莉斯的父母竟然找不到一所学校可以接收他们的女儿,除非他们的女儿愿意就读"同龄"学生班级。当地没有一所学校允许安娜莉斯跳两级,尽管以她的智力需要至少可以跳3级,她7岁时就可以做六年级的功课了。研究表明,对于有天赋的学生来说,他们通常在学业和社会交往中都表现得很好,而不让他们跳级则会导致他们孤独和学业下滑。但是,很多学区还是对跳级很谨慎,没办法,母亲只好让安娜莉斯在家就读。

但是,安吉认为女儿在家就读的话,生活中会缺少很多东西。安娜莉斯的3个兄弟姐妹都长大了,她没有像其他孩子一样有丰富的社会网络。而且,随着时间的推移,母亲发现自己开始教不了她了。家里曾考虑送她上大学,但又对此很犹豫,因为安娜莉斯尚未在社会交往能力方面成熟起来。

别埋没孩子的天才特质

"不让一个孩子落后"就够了吗

美国的教育制度使安娜莉斯失败了。那么可以设计一个教育制度来容纳安娜莉斯罕见的天赋吗?早在布什政府开始用阳光口号"不让一个孩子落后"之前,那些起草美国教育政策的人忧虑最多的就是处于底层的孩子、贫困家庭的孩子或智商低的落伍者。但令人吃惊的是,有天赋和无天赋的孩子的辍学率几乎一样,大约各有5%的学生会很早退学。这表明不恰当的教育可能在浪费一种国家资源:天才儿童。

在某种程度上,美国的教育制度陷入了自满。美国公立学校每年花80亿美元教育那些弱智学生,而花在那些有天赋的孩子身上的钱在某些州甚至连统计数据都没有。

那些智商在55分或更低的孩子需要"特殊"教育是不言而喻的,但是那些智商在145分或更高的孩子有同样的"特殊"学习需要。尽管他们的人数非常有限,在美国6200万学龄儿童中,只有大约6.2万人智商超过145分。这是一个小数目,但荒废他们的潜能总是不幸的。

"我们需要的是天才教育的新模式,那些才华横溢的天赋儿童是一种受到威胁的稀缺资源,对此我们有深深的紧迫感",这就是内华达州戴维森学院的办学理念。这个学院是由一对富裕的夫妇简莉斯·戴维森和罗伯特·戴维森出资创办的,州议会同时特许其为一所免学费的公立学校。2007年8月27日,该校进入了第二个学年。尽管全校只有45个学生,但他们却可能是全美最聪明的45个学生。这些孩子年龄为11~16岁,他们上的课至少超过同龄孩子3个年级的水平。2006年,学校录取了一个远道而来的天才孩子:安

四 我们正在让天才失败吗

娜莉斯·布拉塞尔。她家距离该学院有 1700 英里，母亲与她一起搬了过来，这样安娜莉斯就可以安心入学了。

谁给他们提供挑战性环境

美国教育工作者长期以来一直在争论：对这些极有天赋的孩子该做些什么。早在 1926 年，美国哥伦比亚大学教育学教授勒塔·霍琳沃斯就注意到，智商在125~155分之间的孩子具有较高的社会能力，而那些智商超过160分的孩子通常在社会中是孤立的，因为他们迥异于同龄人——他们更像是小大人，而不像孩子。

在霍琳沃斯时代，高能力的孩子跳级还不那么难。但是从20世纪80年代中期以来，美国学校开始强迫有天赋的学生待在同年龄段的年级里，甚至智商达到160分的孩子也要和智商普通的孩子一起，按相同进度学习，这就如同让智力正常的孩子和智障孩子一同学习一样。倡导对有天赋的孩子进行特别教育的人认为，安排高能力的学生同那些学习落后的孩子一起进行"合作学习"的模式，对于高能力的学生是有害的。一系列研究表明，有天赋的孩子需要适当的社会环境才能成长，这就如同具有天赋的运动员的肌肉一样，如果不锻炼，肌肉是长不出来的。

实际上，研究表明，如果给有天赋的孩子提供一个适合的有挑战性的环境，允许他们跳级进入比他们年龄大得多的高年级班上，教育效果会很好。在新南威尔士大学，格罗斯对20世纪80年代后期智商测试至少在160分的 60 位澳大利亚人进行了纵向研究。时至今日，其中 33 位不被允许跳级的学生中，多数人对教育感到厌倦，而且至少 3 人已经退学。与此相对照，17 位至少跳了 3 个年级的孩子大多数获得了博士学位，所有的人都有好朋友。

别埋没孩子的天才特质

在美国戴维森学院,孩子们不会面临跳级障碍问题,在学院里,没有六年级、九年级或任何年级,只有3个方向(核心课程、大学预备和研究性大学预备)。通过该学院的另一个项目——戴维森才能发展所,每年戴维森夫妇协助1200名全美各地有天赋的学生,说服他们的学校让他们跳一级,或见一见同他们一样有天赋的其他孩子。孩子们在平均水平的班级浪费自己的才华,这种屡见不鲜的现象让罗伯特·戴维森快要发疯了。他说:"将已能很好阅读的孩子送去上幼儿园是犯罪,有人应该为此被关进监狱!这是情感折磨。"

天才学校是否产生新的孤立

戴维森学院的孩子感到相对较少的孤立,但戴维森学院有没有为学生们创造了另一种孤立呢?课程主任舒尔茨说,学校会培养学生诸如公民道德和团队发展方面的品格。同时,他也提醒说:"关键问题是,当这些天才孩子被放任让他们自己探索时(如在普通学校里),他们就会挣扎着为自己找寻一个空间。一些人可能会成功地绕过社会的陷阱(如爱因斯坦),另外的就不那么成功了(如西奥多·卡钦斯基)。在随便一个案例中,除非学校职员认为学生有缺陷(如在爱因斯坦的案例中,他被认为沉默寡言),学校不会提供任何特殊服务。这种情况在今天仍在继续。"

但是专家们认为,还得尝试和重视让天才自己去探索、在困难环境下学会应对这一问题,爱因斯坦就是一个好例子。爱因斯坦的数学不及格真是一个谜,他不喜欢他的慕尼黑学校,不喜欢路易波德体育馆。和许多有天赋的孩子一样,他对权威怒气冲冲。他后来说道:"小学老师对我来说就像军训官,而在体育馆的老师就像中

四 我们正在让天才失败吗

尉军官。"爱因斯坦被劝说离开学校,15岁那年他终于离开了。理想的学校制度应该通过结合跳级和其他途径(如在社区学院同时注册,不跳级但布置可伸缩作业)来保证最有天赋的学生不辍学或被赶到内华达州戴维森学院。

(本文原载于美国《时代周刊》,约翰·克劳德/文,陈智勇/译)

别埋没孩子的天才特质

因天赋带来的特殊问题

在我国，从1978年起中国科技大学就开始招收少年班大学生。之后，国内还有12所大学先后开办了少年班。到2008年，中国科技大学开办少年班已满30周年。30多年来，单是中国科技大学少年班就有1027人毕业，其中91%的毕业生获得了博士学位。这些数据似乎可以让我们有理由感觉不错。

我们真的可以乐观吗？

首先，看看我们应该有多少有天赋的儿童吧。按照克劳德先生的算法，在美国6200万学龄儿童中，大约有6.2万人智商超过145分（占0.1%）。如果是这样，依据我国第五次人口普查的数据来看，我国应有约30万有天赋的孩子。如果我们不像克劳德先生那样严格（其实，美国的天才教育并不那么严格，美国天才儿童协会认为美国应有300万有天赋的儿童），按天才研究协会亚太地区联合会的观点，智力超常儿童在儿童群体中的比例是1%～3%，我国的超常儿童约有290万～1000万人，如果将音乐、美术、体育等特殊才能的儿童纳入进去，超常儿童的比例应为15%左右。这样一个庞大的群体，有天赋的儿童应该就在我们身边。几乎每一位教师，在其教学生涯中都应该遇到过天赋儿童。那么，我们这些为人父母或教师的成年人，有没有想过自己的儿女或是学生有可能就是天赋儿童呢？

曾在美国留学的陈智勇对此有过亲身体会。他的女儿婉阳3岁多就识字，能自己看图画书，但作为父母，他们从没想过女儿可能

四 我们正在让天才失败吗

有什么天赋。后来女儿上了学，也没有听老师说过女儿有什么天赋。2005年，婉阳随陈智勇到了美国，在小学读了一学期后就上了初一，被分在了普通班。才过半学期，有一天，婉阳回来说数学老师征求她的意见，让她去学校的数学天才班学习。2007年秋季，婉阳回国就读初中，数学是中上水平，但从未有老师说她数学上有天分。从婉阳的这一经历来看，天赋的确立既有客观的标准（如适合某社会/群体的智商测验和突出成就），又有相对而言的主观标准。我们的天赋概念也许太严格了，有天赋的群体被大大地压缩了。如果说少年班只是一个顶部的话，我们正在忽视那些接近顶部和大量中部的天才，而这些孩子正是老师天天接触到的群体。

在我国，跳级是比较容易的，但问题是很少有天赋学生敢于跳级。陈智勇曾做过近20年的教师，在他的记忆中只见过留级的学生，没见过跳级的学生。原因很简单，有天赋的孩子通常都是某方面有天赋，别的方面表现平平甚至可能很差，要是鼓励他们跳级，在中考和高考总分计算上学校会很吃亏，哪个校长敢冒这么大的风险呢？可见，尽管背后的原因不同，其结果是相似的，即中美两国的孩子都很难跳级。

在为天赋学生设立天才教育项目方面，我们与美国相比就太弱了。要做好这方面的工作，师资力量、教学设计、教学模式、经费等一系列的问题都会困扰我们。

天才教育项目需要连续和多样化

有天赋的孩子是一个多样化的群体，需要不同的教育方法。美国威廉玛丽大学天才教育中心教育学教授和执行主任乔伊斯·万塔斯尔—巴斯卡，在对美国天才教育项目研究后提出了天才教育的三种模式。

（1）内容模式。这一模式强调在一个预先确定的探究领域中学习技能和概念的重要性，在传统数学、外语、阅读领域用得最多，基本上可以利用现有的教科书和课程进行，没有什么额外的费用。

（2）过程-产品模式。这一模式强调学习科学和社会的探究技能，使学生能够研发高质量的产品。这是一个高水平的合作模式，要求教师、实践者和学生组成相互合作的团队，共同探索特定的课题。这一模式主要应用在科学学科的学习中，包括以问题解决为导向的数学及写作学习。

（3）认识论模式。这一模式主要集中在有天赋的学生对系统知识的理解和欣赏的层面上。在这个模式中，教师的作用就是提问者，提出解释性议题并激发讨论和争论，学生则集中精力阅读、反思和写作，通过不同的陈述形式展现出有力量的思想和美的感悟。这一模式主要应用于人文学科、历史或经济学等社会研究和文学创作中。

在我国，目前仍很流行的"理科实验班"采用的多是内容模式，而其他两种模式则较为少见。在学科领域，传统数学、物理、化学做得多一些，系统一些，而在其他领域则很少有或几乎是空白。从幼儿到高中的学校天才教育项目，高中多一些，初中少一些，小学更少，幼儿园基本没有。相比之下，据《纽约时报》报道，2007年纽约市幼儿园和小学一年级就有天才教育项目2678个，2008年受金融危机及多种因素的影响，该数目下降了一半后还有1305个。

从幼儿园到高中的天才教育项目是一个国家天才教育系统中重要的、不可缺少的一环。发展这些项目的直接结果是，大量的天赋儿童参加高级课程的学习和考试，提前成才。2004年，美国有100多

四 我们正在让天才失败吗

万学生参加了190万个高级课程考试,完成了相应的大学课程,获得了大学学分。只要缺少了它们之中的任何一个环节,下一阶段的天才教育就成了空中楼阁。与美国相比,我们在这一方面做得仍然不够。

据《东方早报》报道,2001年,王楠子是上海某中学一个标准的差生。起初,他的成绩还是全年级前20名,但是由于他调皮叛逆的性格,逐渐成为老师最头疼的学生,屡教不改的他甚至被班主任安排独自坐在教室里的最后一排。王楠子的成绩每况愈下,最后成了真正的差生。王楠子说:"我最后干脆放弃学习了。"无奈之下,父亲送他赴美读书。8年后,王楠子成了全美动画比赛个人组的冠军,并被老师表扬是个天才。

比起有些天才学生,王楠子算是幸运的。曾有一位天才学生参加全国数学奥林匹克竞赛获得了全国一等奖。遗憾的是,这位学生所在学校里没有天才教育项目,老师能做的仅仅是上数学课时允许这名学生不听课、自己看书。在高中,这名学生就将大学数学课自修完了,但他的其他科目成绩不好,与同学相处也存在问题。后来,他被保送到一所名校。几年后,因为英语没通过考试,再加上其他科目曾补考过,他没能拿到学位。现在,他在一家动漫公司打工,月收入不到2000元。以普通人的眼光看,这名学生除了在数学方面极有天赋外,其他方面简直有些"智障"。面对这样一个数学天才,我们的教育都做了些什么?中学时代的教育没有为他的发展做什么,到了大学,他同样没有被当成天赋学生来对待。最终,这个当年的数学天才,沦落为一个为生计苦苦挣扎的打工仔。

谁也不想让天才失败,然而,现实常常让我们很失望。面对这些数量稀少却又的的确确存在的天赋儿童,教育又能为他们做些什

别埋没孩子的天才特质

么呢？

【案例】家有天才初长成

小威（化名），8岁时智商达136分，在群体中占2.2%，属于非常优秀级。6岁入小学后，学业成绩优异，连续2年获得全年级数学第一。

下面是小威母亲写的一篇小文。

小威是2001年7月11日在英国伦敦出生的。记忆中，小威小时候无缘无故的啼哭很少，他没有一些孩子常有的情绪发泄式的哭闹，但有些表现又很特别。他在几个月大的时候，好像就有了自我意识，比如有时我和先生带他出去玩，只要我们一边推着婴儿车一边聊天，不出10分钟他就会"啊啊"直叫，或者啼哭，开始我们以为是他尿了、饿了或者哪里不舒服，会很紧张地马上做出反应，但是发现什么事情也没有发生，小威反而会马上停止哭叫，并用得意洋洋的表情来回应我们。几次下来，我们发现被儿子骗了，其实他是在抗议我们冷淡他了。小威还很有幽默感，10个月左右大的他，当看到大人因为不小心把东西掉在地下时，就会哈哈大笑乃至前仰后合。

小威从小就对数字特别敏感，计算器是他最喜欢的玩物之一。有时，他会在家里跌跌撞撞地拎着一个对于他来讲有些巨大的计算器，把家里各处的数字胡乱地加减一遍，并且乐此不疲。他还特别喜欢看各种图形类的图书或图纸，如地图、成人学车的交规书等，4岁时他会抱着交规书看很长时间。小威在幼儿园的绘画作品，按照常规的教育评价来看应该是很差的，所有小朋友的作品中，色彩最不丰富、线条最简单的就是儿子的作品了，因为他特别不喜欢

四 我们正在让天才失败吗

涂色等重复性的事情,他会抱怨太累了、不想画了。但有一次姥爷问他"你们班在幼儿园的什么位置,我要去接你怎么走"的时候,他马上能把位置描述得很清楚,同时在纸上画出了幼儿园的整体地图、班级的位置图,并且将班级楼道里的楼梯用透视的感觉画出来。当时姥爷也很震惊,要知道姥爷是学机械物理的,在这张图中,物体的线条非常清楚,楼层比例准确。立体透视的结构图本来不应该是小威所能理解和完成的,我们问小威是怎么画出来的,他说图像就在自己脑子里,一画就出来了。

小威从小方位知觉特别好,从4岁开始就能辨认北京地区的东南西北,从来就没错过,直到现在我们开车出去玩都是他指路。他曾认真地告诉我,北京各个环路的立交桥都印在他的脑子里,只要明确去哪里,他的脑子里就会出现这张北京环路地图。我们开始有半信半疑,后来经过多次验证,发现小威确实从来没有错过。

小威还有一项特长就是下棋,只要是棋类就喜欢,他曾在学前儿童棋类比赛上获得了冠军(象棋、围棋"双料"冠军)。另外,他对体育也极度着迷,几乎所有体育项目的规则他都能说得头头是道,包括我们平时很少接触的高尔夫、台球、冰球等。他最喜欢的是足球,有一年除夕夜,全家人都睡了,只有他坚持要熬一宿。后来我们才知道,小威把各个电视台的足球节目都按时间预设好,电视会自动翻页换台。就这样,小威享受了一次真正的"足球之夜"。

小威上学后学习兴趣浓厚,自学能力强,各门功课成绩都名列前茅,尤其在数学上表现更为突出,已连续两年获得全年级第一名。平时,小威的作业都是自己完成的,不需要父母的督促和检查,完全沉浸在学习的乐趣中。但同时,小威在社会化和人际交往

别埋没孩子的天才特质

方面存在的问题也比较突出。据老师反映，小威不太合群，对于同学们课后玩的游戏常常表现出不屑一顾，对同学们的评价比较苛刻，对自身存在的问题（如生活自理能力较差、书包收拾不整齐、动作慢等）没有意识到，群众基础不好。

一年级评选第一批少先队员时，小威得票很少，评选中队干部时勉强入选。另外，课间游戏时小威的伙伴也不多，这些都让小威感受到了不小的挫折感。到了二年级，小威在人际交往上有了一些进步，他吸取了一些教训后，自己采取了一些改善人际关系的方法，如带一些同学喜欢的小贴纸送给大家，新年活动时多带一些小食品分发给同学等，同学关系逐渐得到了改善。

现在，8岁的小威对于经济类新闻、专题讲座等成人类话题很感兴趣，像股票、世界经济形势、房地产等相关新闻，他常常能聚精会神地看半天，有时也会发表一些自己的观点。一次，他笑着说："妈妈真像股票，情绪好的时候就像股票大涨，可有时又像是股票大跌。爸爸则像基金，高兴和生气时涨跌差不多。我就像彩票一样，爸妈高兴时我就中奖了。"

天赋儿童需要特别教育

教师和家长的会晤大多平平常常，但是依然有一些会给我们留下深刻的印象，很久之后仍然让人津津乐道，其中一个例子是老师主动把一个12岁小男孩的家长叫来，因为这个小男孩每门功课都不及格，老师想要和家长讨论这个男孩的学习问题。还没等她开口说

四 我们正在让天才失败吗

话,男孩的爸爸就问道:"琼斯小姐,你一个月赚多少钱?"老师愣了一下,没有理睬这个问题,继续说男孩的事情。然而,那位父亲并没有理会老师,再一次问起了这个问题,甚至问了第三遍。琼斯小姐意识到如果她想让这次会晤能够顺利进行,最好是回答这位父亲的问题,于是她这么做了。小男孩的父亲立刻说道:"果然不出我所料!我的儿子每个月赚的钱是你的3倍,琼斯小姐,我的儿子说在学校里根本没有什么值得他学习的。"老师难以置信地听着这位父亲描述着儿子的园艺事业:小男孩从附近的一块草地开始经营,现在已经成为一个很有规模的企业的管理人,产生的利润足以支撑一个家庭。

在第二个例子中,小主人公是一个三年级的天才儿童,她的家长和老师见面主要是因为这个孩子抱怨在学校很无聊。孩子的家长和老师都意识到这个孩子是个天才,而会晤的焦点集中在如何激发起孩子的学习兴趣上,以便让她在学校感到充实。

像这样的教师-家长会晤,全世界各个角落都在发生着。它表现出令人欣喜的一面是家长和老师们对孩子非常关心,他们希望尽可能地帮助孩子们在学校取得最大的成功。可令人遗憾的是,这些会晤所能够发挥的作用却并不大。在前面的例子中,教师—家长会晤不可能产生比较好的结果,因为父母和老师都没有意识到孩子是天才儿童,他们所具有的特殊的能力需要特别教育。当说到这些儿童是天才的时候,不论是家长还是老师可能都会感到惊讶。原因之一在于这些孩子具有的非凡天赋,并没有体现在我们通常认为天才应该具备的指标上,比如说学业成绩、智力和学业的标准化测验。

第二个例子则说明了一些天才儿童没有完全表现出他们潜能的另外一个原因。当一个孩子因为传统意义上的高智商(IQ)而被当

别埋没孩子的天才特质

做是天才儿童的时候,老师和家长就会只看到这些孩子所具有的特殊能力,从而只将注意的焦点集中在给这些孩子提供足够多的智力挑战上。然而,有时另外一些更为关键的需要却可能被忽视了。这些孩子在学校或在家里表现出来的适应困难往往是因为他们具有非凡的天赋。比如第二个例子中的孩子,她之所以在学校不开心是因为她和班级里的几个小朋友相处得不是很融洽。家长、老师以及咨询者会发现他们所处理的都是学业厌倦的问题,而并非触及真正困扰到这些孩子的事情本身。这种情况之所以会经常发生,是因为大人们一旦意识到孩子所具有的天赋,便预想这个孩子会对学校感到厌倦,因此便总是关注天赋/厌倦的问题。

(本文摘编自《天才和资质优异儿童的心理咨询》,【美】Roberta M. Milgram主编,曲晓艳、聂晶译,中国轻工业出版社出版)

四 我们正在让天才失败吗

莫让天才变庸才

无意识地把天才视为差生甚至促使其走向失败,无疑是教育的悲哀。在我国,少年班、少儿班、超常教育实验班以及各种各样的艺术特长班,无时无刻不在向人们昭示着天才儿童教育的重要性,但这样的超常教育仍存在着很多问题和隐患。鉴于国内教育的现状,一些有识之士正呼吁和探索如何在普通班中开展天才儿童教育。

关注超常学生的特殊需要

超常学生在学习和发展中既有和一般学生相同的需要,也有他们的特殊需要。由于我国长期以来实行刚性教育制度和大一统的课程教学计划,使得一些超常学生的需要常常得不到满足,他们被迫无奈地坐在教室里学习他们早已学会的内容,学习兴趣荡然无存。虽然现行课程改革在这方面有了较大改进,但传统的教育观念和教学方法仍根深蒂固。有的教师总认为,超常学生聪明,不教也能学得很好,因而忽视了这些学生的特殊学习和发展需要,对他们缺少必要的帮助和指导。真正意义上的教育公平,不是教育资源的简单平均分配,而是针对不同学生的不同发展需要给予差异化的满足。

在班集体教学中应实施差异教学,处理好共性与个性的关系,满足超常学生深造与速成的学习需要。深造是指超越一般学习标准或补充年级学习内容,但又不以升级或分数为目的的策略。为了满足普通班超常学生的学习需要,往往需要针对他们的特长加深拓展

别埋没孩子的天才特质

某方面的学习内容。对于智力超常又具备提前入学和跳级条件的学生,应允许他们缩短学习年限,但要帮助他们做好社会角色调整,提高他们适应新环境的能力,并弥补由于学习速成而带来的知识技能的缺漏。

超常教育的核心是开发学生的创造力,天才教育课程非常重视创造力的培养。教育既可以培养学生的创造力,也会扼杀学生的创造力,关键是怎样开展教育活动。现在有的学校将超常教育等同于争名次、拿奖牌,这对超常学生的发展是不利的。学校应该努力为超常学生开设有关创造力的选修课程,让他们明白创造原理、过程,掌握创造的技能、技法。学校既要在各科教学中引导学生进行探究性学习,培养学生的创新精神,也要开展综合实践活动,特别是在研究性学习中,让他们从发现身边值得研究的问题开始,经历完整的探究过程,体验探究的奥秘,感受成功的欢乐和失败的教训,从而逐步提高学生的创造能力和水平。

托兰斯认为,创造教学的核心目的就在于创造一种"易起反应的环境",而这样的环境应是民主和谐、激励创新的环境。当人们被工作本身的满意和挑战所激发,而不是被外在压力所激发时,才表现得最有创造力。教育者需要思考的是,如何改变过去那种权威式的教学关系,不要让学生在教师、父母的压力下学习,而是激发他们积极、主动地去学习。要承认学生间的差别,允许他们在学习上有选择的机会。天才在人群中比例很小,是人才中的富矿,我们应学会珍惜他们,并创造机会让他们为社会进步和科学发展作出杰出的贡献。

天才儿童成为杰出人才的概率比一般儿童高,但是不能将此作为预测他们终身成就的指标,天才儿童的卓越才能只代表遗传和以

四 我们正在让天才失败吗

往环境相互作用的结果,它表示儿童在这些环境中出类拔萃,而未来是否能保持这种优势并取得杰出成就,则取决于他们在未来所处的环境、学习机会、个人性格特点及主观努力等。

有的天才是全能型的,在许多方面都很突出,但也有的只是在某些方面与众不同。天才往往对某些领域有浓厚兴趣,从而促使他们执著追求并取得成功。每个天才的潜在能力也不一样,只有针对潜能训练才能直接导向天才的成功。杨振宁博士原先研究实验物理,后来在费米教授的建议下改攻理论物理,使潜能得到发挥,获得诺贝尔奖。现在有些父母、教师总是按自己的愿望塑造孩子,对孩子的必要引导是需要的,但应尊重孩子的兴趣和潜能,因势利导。行行能出状元,否则,强扭的瓜不甜,效果会适得其反。

学习与环境对天才的成长是很重要的。棋坛高手B.费希尔6岁下得一手好棋,从那时起,他读了几百本棋书,接受了紧张的正式训练,倘若这些书本知识没有及时被费希尔习得,那么他的这种才能就不会被激发。同样,莫扎特不仅是音乐天才,他还成长于一个音乐世家,已有的音乐知识加上音乐家的价值观和生活风格的熏陶,使莫扎特受到了很好的个人训练。试想,如果父母、教师不能给超常儿童提供必要的发展条件,或者天赋儿童出生于落后的教育环境中,没有合适的学习机会和平台,这些都会使天赋儿童没能很好生长就已经枯萎。宋代著名文学家王安石曾写了一篇《伤仲永》,讲的是方仲永5岁时就能提笔写诗,而父亲贪利,带他四处作诗挣钱,未能给他学习机会。他十二三岁时,王安石见其诗已不如过去那么好,又过了7年,别人告诉王安石,说方仲永已"泯然众人矣"。王安石感叹:"仲永之通悟,受之天也,其受之于天也,贤于材人远矣。卒为众人,则受于人者不至也。"

别埋没孩子的天才特质

🐝 平庸是因为没有激发潜能

天才孩子要有理想、有追求,将来才能成为杰出人才。马克思说过,"科学绝不是一种自私自利的享乐,有幸能够致力于科学研究的人,首先应该拿自己的学识为人类服务"。现在有些优秀学生的目标很现实:争取学习成绩优秀,考上名牌大学,再出国留学,追求个人享受。他们不能志存高远,因而往往后劲不足。

一个卓有见树的人的成功往往不是取决于他的非凡智力,而是在于他的高远志向以及不断追求、勇于克服困难的精神。心理学家特尔曼和西尔斯两人,连续对1528名超常儿童进行系统的追踪研究,前后持续50年之久。结果表明,智力的发展与个性心理品质密切相关。实验在800名男性受试者中比较了成就最大的160人和成就最小的160人,发现前者在个性心理品质,如进取心、自信心、毅力等方面都明显高于后者。因此,要教育孩子具有一颗平常心,不要总希望高人一等,不要为了高分、为了荣誉封闭自己;要勇于接受各种挑战,不怕挫折和失败。天才孩子更需要科学引导,所谓名师出高徒,优秀导师往往能将自己的弟子尽快带到学术前沿,让他们少走弯路,为他们的发展提供良好的平台。

由于天才有多种类型,我们又往往缺少科学的鉴别方法,这使得一些天才还隐蔽在普通人群中,正所谓"名马难求,伯乐更少"。教育还应关注那些失水准的天才、残疾天才儿童,以及其他生活学习在弱势群体中的天才,否则他们就会失去成才的机会。

学习失水准是指儿童在学校的成绩与他的实际才能存在某些指标上的差异。他们往往"自尊心差"、产生相应的"逃避行为",并带来学习技能不高、学习习惯差等后果。学习失水准的天才儿童

四 我们正在让天才失败吗

既反映了社会最大的浪费,也体现了社会的最大潜力。有些天才儿童对学校某些课程不感兴趣,因而在学校难以取得好成绩,例如生物学家达尔文在中小学成绩并不好,他对学校课程没兴趣,但对搜集标本却有浓厚兴趣。如果改变对失水准超常儿童的教育模式,他们可能会出现异乎寻常的进步。造成失水准的原因,除了一些家庭因素外,从学校教育来说,缺少对每一名学生的重视、过于强调竞争、教师主宰一切、呆板和严厉的课堂环境、不值得学习的课程和没有挑战性的学习任务等,这些都会影响超常学生的发展,甚至出现失水准现象。

也有些学生具有天赋但不善于表现自己,如牛顿童年时就少言寡语,但内在素质好,后来成为举世闻名的科学家。学校可通过各种丰富多彩的课外活动,让学生展现自己的才华,如演讲比赛、每周评论、头脑风暴、谈天说地、小发明小创造、戏剧创作等,在这些活动中观察并发现学生的特殊才能。

普通班也能创造教育奇迹

超常教育在我国并未得到社会的广泛认同和支持,其中一个重要原因是:当今社会发展的主导理念是公平、民主,因此教育公平、教育均衡化在义务教育阶段是亟待解决的问题。当前我国仍然存在片面追求升学率的现象,学校关注升学有望的学生,而往往置其他学生于不顾。如果我们只是关注客观上已被选拔在条件优越的重点学校的超常学生,显然与当前倡导的教育公平不一致。

第二个原因是隔离式超常教育的不足。我国过去的超常教育主要通过少年班、少儿班、超常教育实验班以及体校、舞蹈学校等形

别埋没孩子的天才特质

式来培养超常学生,取得了一定成绩的同时也暴露了这种单一的隔离式教育的一些问题,如超常学生选拔困难;社会舆论、父母对他们过高的期待给超常学生施加无形压力;隔离式教育带来的学生社会适应能力不足等。现在国家不提倡举办重点学校、重点班,超常学生也就近入学,若要使他们在普通班也能得到更好发展,就需要进一步研究普通班的超常教育。

另外一个原因就是现在的超常教育无法满足更多超常学生发展的需要。我国现有的超常教育实验校、实验班比较少,且主要集中在城区,不能满足在人群中占有一定比例的超常儿童的教育需要,尤其不能方便农村超常孩子的学习。而现代社会又需要大量的多种类型的创新人才,事实证明:创造力高的人并不一定是高智商,一个人的创造性除和先天因素有关外,更重要的是后天教育和环境的作用。如果我们的教育得法、环境优良,就能促进更多学生的潜能开发,使他们成为各具特色的创新人才。

那么,如何在普通班开展超常教育呢?

了解超常学生的特征和他们的不同学习、发展的需要,是实施超常教育的前提。特别聪明的学生智力发展超出同龄学生,他们在语言和思维方面发展特别快,一般有强烈的动机和求知欲,往往有广泛的兴趣,学校应保护学生的好奇心,尽可能满足他们的求知欲望,这就要求教师不仅要有广博的知识,而且能不厌其烦解答学生的提问,甚至不怕被学生"将军"。

智力超常的学生不一定就是创造性天才,学校的许多课程学习往往并不需要具有特殊才能的创造性天才。所以,有创造性的超常学生不一定是教师的得意门生。他们在普通班有时显得任性、过于自信、不礼貌、无视常规以及执拗等,教师需要理解和有限度地容

四 我们正在让天才失败吗

忍,并给予适当纠正和疏导。

为了满足超常学生学习和发展的需要,仅仅有班集体的教学计划是不够的,还需要专为他们制订超常教育计划,以满足他们速成和深造的需要。超常教育计划可以由师生共同制订,教师帮助把握方向,学生选择针对其兴趣的学习目标,再根据已拟定的教学计划和特殊教材从事学习活动。也可由学生自己制订学习计划,自由选择学习活动和研究方法,没有明确的行为目标,而教师则着重给学生提供学习经验。

普通班开展超常教育需要以下条件:

条件一:教师需要掌握超常教育的基本规律。超常教育有其自身的规律,而多数普通班的老师未进行过这方面的学习和培训,教师需要了解超常学生的身心特点、学习特点和不同的学习需要,掌握深造与速成的策略和方法,特别是理解和掌握在普通班开展超常教育、实施差异教学的方式和方法。

条件二:学校的教学、管理有一定的开放性。课程学习要给学生有选择的机会,课程多样化,利用选修课程、模块课程、综合实践活动、课程资源中心等形态满足学生不同的需要。选修课程不仅要体现学校特色,更要从超常学生的兴趣和潜能开发的需要出发,引导超常学生追踪学术前沿,不断发明创造;教学内容开放可选择,特别是引导学生自主学习,丰富学习内容;超常学生在具备条件时可以跳级或提前毕业;倡导多元评价体系,在考虑一些共同的基本标准的同时,应针对学生差异有些弹性,等等。

条件三:提供超常教育所需的资源和环境。超常教育也需要一定的资源,例如为创造能力强的学生提供实验设备和实践的机会,为超常学生收集信息、查阅资料提供方便;更重要的是帮助他们邀

别埋没孩子的天才特质

请专家、导师,并给予专业指导和引领。学校不仅要充分挖掘自身的资源,还要充分利用社区和家庭的物质、场地、人力等方面的资源,如科技馆、博物馆、专家型的家长等。超常学生的发展也需要有一个积极向上、民主和谐的环境,学校和家庭都要努力创造这样的环境。特别要注意的是,他们也是学生中平等的一员,不要给他们贴标签,要尽量减少媒体舆论给他们带来的无形压力。

追求超常的本质是回归正常

研究者发现,有些智商并不高甚至有智力障碍的孩子经过教育和个人努力,也能成为某方面的天才。其根本原因是要有灵活的教育制度、良好的发展环境、合适的教育理念与方法,以及优秀的教师并加之个人努力。每一个儿童都是一颗珍贵无比、光彩夺目的钻石,如何让它的每个侧面都能闪闪发亮,正是教育需要正视和努力的目标。

早期超常教育在家庭和幼儿园已悄然兴起,但对它的理念和误区很少有父母进行过认真的思考。不少人甚至强迫孩子认多少字、读多少书、得什么奖,并以高智商为标榜对外宣扬自己的孩子是"神童"。

潜能发展心理学的一个基本观点是:儿童是发展的天才,存在着巨大的发展潜能与空间。它有两个基本论点:其一,每个个体存在着发展的个性,但更重要的是他们同时也存在着发展的共性。在早期发展中,遗传赐予了个体一次在智慧全距范围内(即在上智与下愚范围内)变化的可能性。个体智力的实际发展水平,主要依早期环境及教育质量而定,即可以是中等的、落后的、超常的。其中

四 我们正在让天才失败吗

"超常"是一种理想表现形式。如果儿童早期失去教育的机会或被剥夺了学习的机会,智力就会出现不良表达,即使有优越的天赋也无法获得良好的发展。

其二,人的一生都存在着发展的机会和可能,也存在着潜能开发的可能。早期潜能开发适用于大脑的可塑期内,它的目标是促使大脑发生结构性变化,而后期的潜能开发应当是一种所谓的"功能性潜能开发",它适用于大脑基本完成可塑性变化以后的整个使用期间,它的目标是提升大脑的使用潜力。两种目标的潜能开发所使用的教育原则是不相同的,前者强调优教育材、全面发展,强调尊重儿童全面的发展权和发展机会,接口于全面的素质教育,因而是基础性的、全方位的;后者强调因材施教、扬长补短,尊重个体已经形成的特长、爱好和兴趣,接口于社会的职业需求,因而具有职业倾向性和选择性。

多元拓展学习论强调多元学习和梯度发展,它将整个技能学习的过程分成6个阶段,从接触、进入到熟练,再到随意拓展,不同的发展时期所使用的方法、手段与策略各不相同。这6个阶段的学习不是在同一堂课上能完成的,需要一个时间过程,可能是一年、两年或者更长。总之,从视觉学习开始到体验学习,再到训练突破,然后熟练迁移,我们要将注意力从训练的过程向两边延伸,促进迁移和持续性发展。

在梯度发展中,"阶梯"的确定是依据发展的难度梯度或学习内容的难度梯度而设定的一种阶梯教学递进原则,强调将一个总的发展目标分解成若干个小目标,变成一层层的发展阶梯,而后一步一步地去实现它、完成它。这时的阶梯到底有多少,要通过多少小步骤来实现,要视发展目标的类型以及孩子的学习能力差异而定。

别埋没孩子的天才特质

今天，脑科学的发展、教育实践的证明都告诉我们，在个体成长的特定时期内，智力是可以改变的，上智下愚是可"移"的。天赋仅仅规定了一个变化的范围，而在这个范围内，个体所处的位置是可以变动的，这种变动是由后天特定的时间条件尤其是环境和教育的质量决定的。

追求超常的本质是追求在良好环境下的正常发展，追求超常是真正意义上的回归正常。我们的对象是99%的大众群体，而不是1%的少数天赋超常儿童。潜能发展心理学是一个面向绝大多数普通儿童潜能开发的心理学，因此，超常回归论认为，明天的教育是超常教育普及化，普及教育超常化的教育，是普及教育向高质量教育融合的教育，也是超常教育回归正常的教育。

我们的教育方针和目标是面向整体的全面发展，而我们的教育理论则强调人是存在巨大的先天差异的，根据这样一种教育理论，全面发展几乎是不可能的。现在把这种适合成人的教育泛化到了早期教育，岂不知婴幼儿期尚无稳定的"材"，其资质、能力处于一个可塑性极强的早期发展阶段。而且我们知道婴幼儿期也会因遗传而显示各种差异，但这些差异和"材"，不一定是幼儿成长中所最终要发展的"材"，一个人最终要发展的"材"应该基于个人和社会的需要。

遗传提供了多种发展的可能性，差异更多的是个体后天在不同的环境和教育下形成的特征，是一种关于环境与教育差异的折射，反映出环境与教育的质量。环境教育是设计师，强调扬长补短、全面发展，追求缩小差异。

婴幼儿教育不同于成人教育，对婴幼儿差异的评价绝不能带有定性的性质。这个阶段的孩子可塑性强，而且所有现实的差异都是

四 我们正在让天才失败吗

环境与教育的产物。因此，不能用选拔的方式来淘汰孩子，不能用扬长的方式来回避发展的不足，无论是兴趣还是特长，不能因"尊重"某些方面而放弃其他方面。我们要全面发展孩子各方面的基础能力，在这个阶段我们强调面向整体的全面发展，反对选拔教育，尊重兴趣与特长，孩子们都应当是身心全面和谐、高质量发展的幼苗，不存在"材"与"不材"的区别。

我们确信每一个儿童都是一颗珍贵无比、光彩夺目的钻石，有着多个发光的侧面，因此全方位地激发兴趣、培养能力尤为重要。

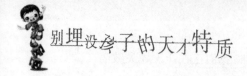
别埋没孩子的天才特质

谨慎辨别天才与早熟

在日常生活中，人们有时会混淆天才与早熟的概念。人们看到那些年纪虽小但举止老成、功课优秀的孩子，就认为这样的孩子是天才，其实，多数情况下，这只是一种少年老成的早熟现象。

天才这个词更接近神童、早慧的说法。天才主要指智力上早熟，这主要是由先天因素决定的，天才的智商在140分以上，大大超过常态。天才又有不同的类型，可以分别在语言、数理逻辑、审美、运动、社交、空间关系和自我意识等方面具有不同的早慧，如有的孩子对语词、句法的理解能力强，能迅速越过模仿阶段，达到对语言的创造性运用；有的孩子对抽象数学语言、逻辑推理感兴趣，表现出数学计算等方面的才能；有的孩子则过早表现出在音乐、美术等方面的接受、理解、表现的能力等。

早熟一般指儿童生理、心理方面提前进入下一个成长阶段，于是成长期被压缩。生理早熟往往和先天因素与后天营养水平有关。我国现在的孩子大多是独生子女，往往营养过剩，甚至还有少数孩子吃了有生长激素的营养品后在体重、身高等方面大大超过同龄人，现代媒体的"情"、"性"刺激，也促进一些孩子性早熟。而心理早熟与先天神经类型和后天环境相关，心理早熟往往表现为孩子对周围的人与环境敏感，善于调整自己适应环境，使他比一般同龄儿童更显得懂事，这些孩子的理解能力和认识能力较之其他孩子相对超前，还有的孩子过早产生独立意识和逆反心理等。有的家长对孩子提前进行教育训练，过早向孩子传授生活经验方法，也会

四 我们正在让天才失败吗

促使儿童心理早熟;有的孩子则是因为受到环境的磨炼,如父母离异、家境贫寒等原因而提前成熟起来。

天才或早慧主要指在遗传的前提下智力上早熟,是在创造性活动中表现出非凡的才能。天才在其擅长的领域当然是早熟的,例如莫扎特10岁就能创作成熟的作品。早熟与后天的知识学习、教育环境的结合,造就了天才的成功。而心理早熟的儿童适应性强,如果教育得当,可以促进各种智慧发展,生理早熟往往也能使他们运用智慧胜人一筹,但心理、生理早熟的儿童不等于就是天才儿童。

日本国立教育研究所第三部第一研究室主任涩谷宪一对这一问题进行过专门研究,提出如下鉴别方法:

早熟儿童的特征:年龄小,表现出年长儿童或成年人的社会行为、态度和思维表达方式;过了儿童期,智力发展逐渐衰退。

天才儿童的特征:年龄小、好奇心强、有独创性;有的并非优等生,或只在某一特殊领域(美术、音乐、数学等)有优异成绩;十二三岁后智力发展加快。

在成因方面,早熟儿童一方面受到特殊环境影响或特殊训练而促成其发展,另一方面由于内分泌异常等生理原因而导致异常发展;天才儿童则主要源于遗传因素加后天环境影响以及其主观努力。每位天才儿童早慧的方面也不一样。有的孩子虽然"幼颖悟,七岁能诗",但在其他方面发展平平。天才儿童也不是各方面都早熟,我国少年班的学生虽然智力超群,但他们往往在适应社会、心理素质等方面并不超常。

如今父母都希望自己的独生子女不输在起跑线上,提前对孩子进行教育训练,以期他们进入学校后起点更高,在学习竞争中更占优势。在婴幼儿阶段这一儿童智能、语言发展的关键期,按照儿童

别埋没孩子的天才特质

喜欢的学习活动方式，对儿童进行一些学习训练是必要的，但这里有"度"的问题和因材施教的问题。超过一个"度"一味催熟，就不是自然成长。法国教育家、思想家卢梭说过："大自然希望儿童在成人以前，就要像儿童的样子。如果我们打乱这个次序，就会造成一些果实早熟，它们长得既不丰满也不甜美，而且很快就会腐烂。"

我们发现，在媒体的影响和成人的带动下，一些儿童丧失了儿童语言，经常用大人的口吻说话，甚至将"爱情"这类词语挂在嘴边，这种早熟会影响孩子的健康发展。有的家长强迫孩子学习这样那样的东西，剥夺了孩子和同龄孩子游戏活动的权利，这样的孩子发展得并不好，将来上学反倒会出现注意力不集中等问题。因此，在促进人才成长上，虽然人们都希望早出人才、多出人才，但也要防止早熟造成人才早衰的现象发生。历史上诸葛亮的儿子诸葛瞻早慧，诸葛亮在给兄长诸葛谨的书信中表露其忧虑，"瞻今已八岁，聪慧可爱，嫌其早成，恐不为重器耳"。历史上神童夭折的例子也不少，大家熟知"曹冲称象"的故事，可惜曹冲13岁就死了。

美国著名儿童心理学家格塞尔认为，支配儿童心理发展的因素有两个，一个是成熟，一个是学习，不成熟无从产生学习，学习对成熟起促进作用。他有一个著名的双生子爬梯实验。一对双生子，其中一个从出生后第48周起每天做10分钟的爬梯训练，连续几周，到第53周，他能熟练爬上5级楼梯。而另一个孩子从出生后第53周开始进行爬梯训练，两周后这两个孩子不用旁人帮助，都能爬到楼梯顶端。这说明没有达到相应的成熟阶段，学习效果并不显著。现在有些家长只关注儿童学习知识，造成儿童在游戏、沟通、活动、生活技能等方面的缺失，影响了孩子的自然成长。对于孩子成长环

四 我们正在让天才失败吗

境中的某些生态因子过度关注,就会破坏生存环境的系统平衡,反而对孩子成长不利。

E级学生为何能站在金字塔顶端

这一天傍晚时分,人们涌进校园里的演讲大厅,占据了每一个座位,又拥挤在走廊上,然后向前台伸展,一直排列到距离讲台不到一米的地方。大厅外面,还有更多的老师和学生朝这边走来。

》他真的是全世界的财富

他来了,在众人瞩目之下站在讲台前,个头不高,宽肩膀上托着一张圆脸盘,面色略黑,完全不是人们想象中的那种明星风范,可是学生们还是朝他涌过去,就像潮水一样,把门上的玻璃都挤破了。他还没有来得及说什么,掌声就响起来。所有的目光都集中在他的身上,他当年尊敬的老师现在已经两鬓苍苍,也淹没在年轻人的海洋中。

为他骄傲的并不仅仅是他的母校、他的老师和他的校友们,还有比尔·克林顿。克林顿在任美国总统时曾给他写信,说他"是一个灵感的启示"。还有他在美国求学期间的导师、美国电气电子工程师协会院士瑞曼德·比克赫尔茨,也曾由衷地赞叹:"他真的是全世界的财富。"还有他的同事和同行,这些同事和同行数以十万计,分布在亚洲、美洲和欧洲的几十个国家。他们在谈起他的时候,全都不住地感叹:"咳,咳,那是个了不起的人。"

别埋没孩子的天才特质

他在12岁那年成为中国科技大学少年班的学生；17岁为自己选择了终生的事业；23岁获得了美国乔治·华盛顿大学博士学位；25岁成为美国桑纳福研究院的部门主管。1996年，他30岁，已经拥有几十项专利，发表了几百篇论文。31岁，他成为美国电气电子工程师学会100年历史上最年轻的院士。两年之后的1999年，他成为微软中国研究院的副院长和首席科学家，与此同时还获得美国"杰出青年电子工程师奖"——作为获得该奖的唯一华人。他所达到的成就，大多数人穷其一生也难以完成，可是这一年他才33岁。他就是张亚勤。

"每过一段时间要看看自己的简历，"张亚勤对那些如饥似渴的学生说，"是不是学了东西，是不是更强了一点，是不是做了更有价值的工作。"

张亚勤的"起跑线"不是在中国科技大学，而是在山西的一个小城。这是张亚勤今天所能回忆起来的第一幕："我在妈妈跟前撒娇的时光结束得特别早，我在两岁的时候就失去了父亲。我的童年，几乎都是在晋南一个小城的外婆家里度过的。我上的第一所学校就像农村小学一样。"

张亚勤说："我从小就没有什么优越感，现在也一样。"

▶ 把自己放在一个更适合自己的位置上

张亚勤出生在山西太原，由太原到运城的转移，对他来说这是一段惨烈的经历。"文革"开始的第二年，他才2岁，父亲莫名其妙地不见了。亚勤过了几年没有父亲又渴望父亲的日子。有一天，家里忽然一团糟，在一片悲怆的气氛中，他知道父亲死了。那一年他5岁，还不能完全洞悉死的含义。

四 我们正在让天才失败吗

母亲在父亲去世之后重新结婚,也许是不希望将往日的阴影带进这个新的家庭,所以很少对张亚勤说到父亲。他很想念父亲,可是连父亲的长相也不记得了。他的记忆中从来就没有过父爱,也不能体会什么叫做"父爱"。"因为从来没有过,"他说,"所以没有对比。"多年以后,他自己有了一个女儿。看着女儿在新泽西州温暖的阳光下欢呼雀跃的样子,张亚勤终于意识到久久积蕴在心中的那种"父亲情怀"。"我的女儿如果没有我,肯定不行,"他说,"直到那时我才想到,假如当初父亲在的话,我的童年可能会不一样。"

在张亚勤的记忆中,5岁是一个很深的烙印。他曾这样叙述他对5岁的理解:5岁以前,是我一生中最重要的时期。人的性格有三分之一在5岁以前就形成了,有三分之一是在小学和中学的教育中,另外三分之一可能受后面的一些经历影响,上大学之后的经历对于人的性格就不是很重要了。我看到很多人在完全同样的环境,比如兄弟姐妹,甚至双胞胎,长大以后性格却完全不同。

如果把人的身体比作计算机,那么大脑是芯片,身体是其他的硬件,人的性格好比操作系统。电脑买来,装上操作系统,差不多就定型了。人也是一样,出生以后先是基础教育,然后是高等教育,就好比在操作系统上不断加入新的应用软件。应用软件就是大学教育,大学是很重要的,但是如果你的操作系统很差,那么应用软件的潜力也发挥不出来。

6岁那年,亚勤离开太原来到山西省最南端的一座小城,跟外婆一起生活。外婆是亚勤的第一个老师。"我的初级教育是外婆给的。"他有一次说。外婆有些文化但不太多,认识字,会算账,这在那一代中国妇女中已经少有。但是最重要的是,外婆知道好多有

别埋没孩子的天才特质

意思的故事,还有一个很坚定的信念,"她经常告诉我要独立,不要依赖别人。"像大多数孩子一样,亚勤小时候也爱看连环画。看不懂就要外婆讲,外婆却说:"你要认字,认了字就不用求别人讲了。"

外婆很开明,年纪虽大,想法却很年轻,说出来的话也最中听。即使到了现在,亚勤还是觉得那些话很有道理。外婆最喜欢说的一句话是:"只要是知识,什么都可以去学。"有一次外婆还特别地鼓励他:"不要跟着学校的教材走,要跟着自己的需要走。学了加减,觉得不够了,就学乘除,不用管它是几年级的课程。"

亚勤就这样度过了他的童年,其间还有无数次的独自旅行。妈妈和继父住在太原,外婆住在运城,奶奶和姑姑住在西安,伯父住在北京。他从记事的时候起就在这些城市之间跑来跑去。从来都是独来独往。"我印象里小时候就是到处跑。"他在多年以后回忆说,"我从小就很独立。"他7岁那年坐着火车去500多公里以外的西安奶奶家。到达西安的时候天色漆黑,还下着雨,却没有人到车站来接他。他独自一人摸到奶奶家,也不害怕,还觉得本来就应当如此。他也记得那一年他第一次到北京:"可算是长了见识了。我突然就感到世界是那么大。我住的太原比起北京,真是个很小的地方。"

每走进一座陌生的城市,总是住在别人家里,虽然都是亲戚,可毕竟不是自己家。小小年纪,他就能体会寄人篱下的感觉,知道克制自己的欲望,不敢任性,还有意地把自己好的一面表现出来,甚至尽力去理解别人的想法。

"寄人篱下,是一种很难受的感觉,但这对人的性格培养是有好处的。"他这样叙述自己的童年,停了一下,接着说,"我小时

四 我们正在让天才失败吗

候学到的最重要的一课,就是把自己放在一个更适合的位置上。那些在父母无微不至呵护下长大的孩子,小时候学不到这一课,长大了还是要学的。因为他们不可能一辈子都得到别人无微不至的呵护,也不可能在任何地方都处在众星捧月的位置上。"

≫ 只有E级学生才能站在金字塔的顶端

我们国家的教育体系就像一座大厦,里面容纳了亿万学生,每一个学生在这座大厦里都有自己的位置。这个大厦并非我们通常看到的那种形状,而是一个金字塔。金字塔有5级,学生则有5种类型,分别对应金字塔的5个层次:

A级,厌学型:不快乐、厌烦、心理上的强烈反感和抵触,恨不得把课本摔到老师脸上去。

B级,被动型:消极、被动、麻木,在父母、老师的督促和环境的压力下才能取得进步。

C级,机械型:全身心投入、刻苦用功、头悬梁锥刺股、按部就班地朝着一流的方向努力。

D级,进取型:自信、主动、积极,把必须要做的事情做到最好,持续性地保持一流的成绩。

E级,自主型:拥有"D级学生"的特征,此外还有以下特征:自主、自由、坚韧、快乐。有个性,有激情,有想象力,享受学习而不是完成学习,不以分数衡量成败,不一定是第一名,但一定有独立的意志,有强烈的兴趣,有一个执著追求的目标。

我们在划分这5级学生的时候,主要不是考虑学习成绩,而是考虑学习态度,同时我们基本上也没有考虑智力的因素。所以这不是分数的金字塔,而是态度的金字塔;不是智力的金字塔,而是非

别埋没孩子的天才特质

智力的金字塔。非智力的因素决定了你站在什么位置，而你的位置决定了你能从现在的教育体系中吸收多少真正有用的东西。

"厌学型"和"被动型"的学生处在金字塔的下面两层，人数众多。"机械型学生"处在中间层次上，他们中有很多人是在"被动"和"主动"之间摇摆不定。

"进取型学生"和"自主型学生"分别对应了金字塔的"D级"和"E级"。所以也可以把他们叫做"D学生"和"E学生"。

"E学生"处在金字塔的第五级，也是最高级，其特征主要有3个，也可以叫做"3E"：

EQ——情商高

Enjoy——快乐、享受（学习）

Excellence——优秀、杰出、卓越

所以，如果你希望站在"E学生"的起跑线上，应当确立的第一个观念是：你不需要无微不至的呵护，而需要像张亚勤一样独自去寻找奶奶家。

（本文摘编自《成长比成功更重要》（修订版），凌志军著，陕西师范大学出版社出版）

五 谜一样的另类天才

人脑究竟有多大潜力我们并不清楚，本书中介绍的一个个精彩案例，不仅让我们窥见大脑绚丽舞台的一个小角，还给了我们一把了解人类自身潜能的金钥匙——让我们理解另类天才们因何"有缺陷而才华横溢"，大多数人又为何"没有缺陷却平庸无能"。

　　其实，正常人也在某种程度上拥有一些天才特质，有些特质是可以通过科学的脑力训练实现的，充分体现了大脑潜能，这为我们探索科学有效的教育方式提供了重要的信息。

　　孩子表现出来的一些令家长沮丧和懊恼的习惯和行为背后，往往隐藏着巨大的潜力和促使他们成功的爆发力。执拗的背后是坚定不移；强烈的意愿展现出潜在的领导才能；好争论、讲条件显示出潜在的谈判能力。当我们评判一个孩子的行为时，应该看到其行为背后蕴藏的潜在能力，父母不仅要意识到潜在能力的存在，而且应给予孩子必要的理解，并据此制定有效的策略来激励孩子走向成功。

　　但是，这并不意味着孩子可以用他们独特的学习和表达方式当借口，无视规则、为所欲为，他们必须懂得为自己的行为负责。他们可以有选择快乐成长的自由，但也必须明白，提供快乐成长自由的规则制定者是成人。了解你的孩子、关注你的孩子，帮助他扬长避短、发展潜能，将是父母送给孩子的最好礼物。

　　脑科学家和心理学家从另类天才的种种表现中发现了一个很有潜力的新研究方向，即艺术教育的特殊功效。研究发现，一方面，另类天才在一些艺术领域具有不容置疑的潜质；另一方面，艺术教育恰恰也是他们所喜爱的内容。国外也有研究正在尝试通过美术、音乐等艺术教育形式，对心理障碍儿童进行相关治疗。

　　其实，艺术教育的启智作用和舒缓心理压力的效用并不限于这些另类天才，也不限于智能障碍者，它对广大的正常人群同样发挥着明显的作用。一些科学家正在研究艺术与大脑的关系，即如何通过艺术教育来提高人的认知机能。

五 谜一样的另类天才

一个脑瘫女孩的故事

1996年3月的北京,一个普通人家的16岁女孩引起了人们的关注。这个女孩患有脑瘫,说话还算清楚,却行走不便,脚外翻,一只手呈扭曲状。因为患有脑瘫,她没有去上学,在姐姐的帮助下,自己在家里学会了所有的数字、几百个汉字、还有一些成语,但她不会加减法。奇怪的是,不知是什么原因,也不知是从什么时候开始,这个女孩对日历有了特别的爱好,最初,当别人说上个星期五时,她就会马上告诉你是某个日期;反过来,一说到某个日期,比如1996年4月2日,她也会立刻说出是星期几的答案。无论是从星期几到某个日期,或是从某个日期到星期几,她都可以准确地告诉你,好像整个日历就在她的脑子里一样。她母亲无意中发现了女儿的这种能力,并对这一现象感到迷惑不解。为此,专家专门找来了自1960年至1996年的日历,花了整整两个小时,反复地对女孩进行测验,结果出人意料,她居然没有出现一个错误!

这种现象在心理学上叫天才综合征,这位16岁的女孩可以被称为另类天才。如果你留意的话,其实这样的另类天才我们并不完全陌生。比如,近些年来我们所熟知的"舟舟"就是这样的一位另类天才。他在音乐指挥上的才华与其严重的智能障碍形成强烈的对照,他患的是一种在过去比较常见的三体症——一种由染色体异常导致的遗传性智能障碍。另类天才有时也会出现在影视作品上,世界著名影星达斯汀·霍夫曼主演的奥斯卡获奖影片《雨人》,讲述的就是一位有着卓越才能却患有严重孤僻症的病人。

天才综合征是一个奇特的现象,另类天才是一个特殊的群体,

别埋没孩子的天才特质

同时也是科学上的一个谜。美国作者达罗德·A.崔佛特所著的《另类天才》汇集了这方面的大量资料，系统全面地向世人介绍了这个令人惊讶的领域中所发生的情况。另类天才是医学和心理学上的一个范畴，它指的是一些病态的、患有严重心理疾病或存在智力缺陷的人，但他们却在智能的某些方面展现出令人惊奇的卓越才华，他们的特殊才能与其自身的缺陷形成了极大的反差。临床上对另类天才的诊断主要依照两个特征：第一，智能明显地低于普通人群，其中有些人连日常的生活和普通的社会交往活动都难以完成。这里所说的智能，指的是可以用韦氏智力量表进行量化评估的智力水平。第二，在智能的某一个方面，通常是比较单一的方面，比如说绘画、乐器演奏或是记忆的某个方面，具有远远超过普通人的表现。

另类天才的比例有多少呢？据美国的一项调查，在公共机构，也就是政府设立的智障教育学校等，另类天才约占1/2000。近一个世纪以来，另类天才在医疗或科学上的记载，共计100余例，男女比例约为4∶1。据国外的调查，另类天才主要发生在三类人群中：近半数的另类天才患有孤独症；另一部分是脑损伤（包括出生或后天造成的脑部受伤）患者，其中有相当一部分是脑瘫患者；第三部分是精神疾患人群。虽然另类天才中近半数是孤独症患者，但是并非孤独症患者就有天才特质，在孤独症患者中另类天才约为10%。另类天才的才华形式多样，但一般来说主要表现在音乐、绘画等艺术方面，记忆、计算这样的认知活动，以及一些机械动手技能方面。

五 谜一样的另类天才

普通人也有天才特质

其实，另类天才所表现出来的超常能力并非只是他们的专利。研究发现，一些普通人身上也具有一些另类天才的特质，只是没有机会让这些特质发挥出来。

获得性天才综合征

另类天才的特质在正常人身上的体现主要有3种情况。

第一种情况是原本发育成长没有任何异常的正常的成人，当大脑受到意外的损伤时而表现出某些能力上的超常现象，对于这种特殊的情况，学者们给出了一个专门术语——获得性天才综合征。这个词汇有别于前面提到的那些另类天才，主要区别在于，前者指的是与生俱来的超常能力，故而也有人冠之以"原发性另类天才"的称号，后者则指的是后天因意外事故而发生的，从而有了"获得性"这层意义。

一位女士，原本是一个正常的普通人，不料有一天她出了车祸，大脑受到了伤害，昏迷数天后清醒过来，发现右侧身体没有感觉，同时也活动不了，偏瘫了。为此她哭了好几天，苦恼了几个星期。一天，她无意中用左手拿起画笔很随意地画了起来。动作虽然不灵活，但她很快发现，不知为什么，她画出了一个有生以来最让自己满意的写意画。随后她就接着画了起来，意想不到的事情发生了，这些画被她妈妈拿到同事家去看，得到了一位画家的赏识。在以后的几个月里，她开始刻意地画起了画。没过多久，她原来不曾有过的绘画方面的能力得到了人们的普遍认可。这些是她始料不及

别埋没孩子的天才特质

的，车祸虽然让她的肢体有了残疾，却意外地让她拥有了全新的绘画能力。

无独有偶，澳大利亚有一位工程师，50多岁了，仍旧默默无闻，没有做过什么大的工程，没有什么建树。他也曾懊恼过：也许自己根本就不适合做个工程师。一天，他上街不小心被车撞了，车祸给他留下残疾的同时，也让他意外地发现，他具备了超出常人的绘画能力，几年后他成了一位著名的画家。

对于"获得性天才综合征"，我们也许可以从大脑功能的偏侧化机理来解释：我们的大脑两半球各有侧重的功能，而且左脑在相当程度上可能控制着右脑，右脑有相当多的能力并没有得到充分的展示。而当脑损伤的时候，控制右脑的左脑在病损的情况下，丧失了对右脑的有效控制，右脑的功能也因此得到了发挥。研究人员还对此进行了一些临床研究，通过对病例的收集和观察，发现左额前部与此关系最为密切，因为这个部位的损伤，往往会导致音乐等才能的发挥。

具有超常能力的正常人

第二种情况与任何意外事故无关，就是某些正常人在某种能力上的超常表现，这种情况多数是在无意中或偶然在某些情况下自己察觉或被旁人发现。一个最为典型的，也是到目前为止研究得最为深入的一个例子，就是苏联著名神经心理学家鲁利亚报道的一名具有超常记忆能力的记者，鲁利亚还为此写了一本专著，详细地描述了这名记者的状况。

除了专家的描述以外，这类具有超常能力的正常人更多地见诸历史记述和一些新闻报道，比如：莫扎特从很小的时候就展现了超

五　谜一样的另类天才

常的音乐记忆能力，毕加索画圆圈的年龄远远早于普通儿童。

🦋 训练出来的超常能力

第三种情况最有普遍意义，就是通过训练而发展出来的超常能力，这是我们普通人都可能具备的潜力的一种表现。比如珠心算的训练并不是在人的个体发育的任何时间都有效，而是年龄越小越好，因为珠心算靠的是我们人类所具备的生动的表象机能，这种能力在我们小的时候最发达，随着时间的延续，随着我们大量地应用现代社会所强加的大量符号运作、文字、数字等，我们的这种原始的表象机能就逐渐丧失了。

举一个我们可能都有所经历的事情，小时候，你会觉得看东西特别清晰，记东西也很快。还有一个你可能没有特别注意的现象，那就是上课时，如果给你看一张图画，很短的时间，你还没有来得及看完这幅画就被别人拿走了，但是你却仍旧可以继续接着"看"，这在心理学上叫遗留觉，这是表象的一个典型的例子。但是这种能力随着年龄的增长，很快就在不知不觉之中消失了。

对于另类天才，我们应该如何去做？是以治疗为主，还是以开发为主？一些教育家和心理学家的实践揭示，这些特殊的才能是可贵的，不要将其视为病态，因为它们是完全可以开发和利用的，并让社会受益。同时也应注意，在这一过程中，让另类天才本人感受到他们与社会的关系，将十分有助于他们的成长，使他们成为对社会有用的人才。经验表明，通过科学的训练，另类天才本身的一些缺陷也会有所减退，同时天才能力可以提高，让特殊才能正常化，让它们有用武之地。因此，对于另类天才，目前最为合理的方式是：一方面努力消除他们在其他方面的缺陷，另一方面训练他们的

别埋没孩子的天才特质

天才能力。

2003年,美国加利福尼亚州洛杉矶市成立了一个天才学院,目的就是让那些另类天才的儿童得到更好的发展。学院招收的天才类别广泛,包括语言天才、数学天才、音乐天才和其他艺术天才。这所天才学院的创办者兼具音乐家和教师双重身份,他认为可以采用一些独特的方法让那些特殊能力得到充分的发展,其中音乐教育就是一种特别有效的方式。

澳大利亚的一位教授曾为孤独症儿童开设了一门专门的课程——天才技能课程。即采用孤独症教育中的策略,如视觉支持和社会化技能训练,同时还结合现行的天才教育实践总结出了一些行之有效的培育天才的方法,包括充实、加速和一对一的导师制。这种综合性的教育训练取得了令人瞩目的成效,不仅让孤独症儿童的特殊能力得到了进一步的提升,同时还增强了他们的交流技巧,在一定程度上缓解了他们的社会行为缺陷。

五　谜一样的另类天才

另类天才带来的教育启示

如果我们大胆一点，也许可以考虑在学校里不仅教给学生解决问题的一种方法，而是多种方法，让他们学会依情况而选择方法，不管黑猫白猫，抓住耗子的就是好猫。天才综合征这种现象、另类天才这个特殊的人群虽然比较少见，却给了我们许多教育启示。

我们对自己的大脑了解得太少，人脑究竟有多少潜力我们并不清楚

另类天才是一个窗口，它让我们窥到了大脑绚丽舞台的一个小角。大脑科学是近年来发展十分迅速的领域，但是对另类天才的脑功能的研究还比较薄弱。到目前为止，我国还没有专门的机构从事相关研究，因此，我们迫切需要加强这方面的研究。与另类天才最相关的学问是发展神经心理学，另类天才正好提供了这方面的重要信息，但可惜的是，这门学问虽然在国外已有长足的进展，但在我国目前还是空白，连一本这方面的专著也没有，这也许是我们应该特别重视的地方。

不要压制孩子的创造力，要让他们的潜能得到充分的发挥

我们正常人身上也存在着一定程度的天才特质，它们可以被开发出来。前面我们在谈到"获得性另类天才"时，曾提到左额叶前部对天才的抑制作用，当这个部位受到损伤时则可以让我们的音

别埋没孩子的天才特质

乐等方面的能力得到展示的机会。这里也提出了一个非常重要的课题——有没有可能找到一种方法，不需要让我们的才能在大脑受到损伤后才得以发挥出来，而在大脑正常的情况下也能发挥出来。

学习要专心，专心才能让脑功能得到充分的拓展

对于大脑的某些功能，只有专心刻意地培养，才能让其得到充分的拓展。大脑的潜能相当巨大，拓展的空间远远超过了我们的想象，而且越是专心越能成功。

与专心直接相关的，还有一个大脑的可塑性问题。如果仅有专心，没有脑功能的可塑性，最终还是要白费力气。哪些方面可塑，哪些方面没有多大潜力，正是我们要研究的重要课题。为什么在艺术方面而不是数理方面？为什么是日历而不是别的什么？为什么多表现为音乐才能而不是其他的才能？这些为我们探索科学有效的教育方式提供了重要的信息。

注重脑功能的机能重组

在脑功能康复的理论中，有一个叫"机能重组"的观点，说的是如果一项任务可以由几种不同的方式来完成，当某些方式不奏效的时候，一个十分有效的方法就是重新组织一下，用其他的方式来达到目的。这种"机能重组"的观点在另类天才的经验中也有了现实的表现。我们大可以这样认为，另类天才们是用另一种我们还不清楚的方式完成任务的。

举几个例子：一位另类天才，没有上过学，没有学过算数，却能够在眼前飞快地驶过一辆长长的列车后，立刻说出它有多少节车

五　谜一样的另类天才

厢。他用的不是我们在学校里学习的一个一个地数数方法，而是另一种认知方式。计算其实是人类的一种基本机能，是类似于言语一样的功能。在我们发明数学之前，我们的祖先也是需要计算的，数量对于生存是必需的，祖先采用的具体计算法我们不得而知，但有一点是肯定的，绝对不是我们现在用的方法。

在巴西，有一些孩子没有机会读书，也没有学过算数，但是他们却可以用相当准确的方式解决换钱的事，不论是什么货币，也不论钱数多少，他们都能在不借用任何现代计算工具的前提下，马上得出交换的比率，其速度之快让人惊异。这只是一个小的侧面，还有很多时候，对于同一个问题，我们总可以想出不同的方法来解决。

艺术教育对于另类天才的特殊意义

从另类天才的表现，我们可以看到一个大有希望的未来，那就是艺术教育的效果。首先，另类天才在一些艺术领域具有不容置疑的潜质；其次，艺术教育恰恰也是他们所喜爱的内容，操作性强。其实，艺术教育的效果，通过大量的学前和学龄期教学实践，早已得到了证实，其启智的作用并不限于这些另类天才，也不限于智能障碍者，对广大的正常人群同样发挥着明显的作用。说得深入一些，这还涉及一个重要的课题，就是艺术与大脑的关系，也就是如何通过艺术教育来提高人的认知机能。

国外曾有人做过这样的实验，对学生进行为期4个月的音乐训练，结果发现可以将学生的数学成绩提高15%。另一个是在小学70个班中进行的实验，有一半的学生利用原来的数学课时间进行音乐训练，结果他们的数学成绩非但没有受到一点影响，还有了意外的

别埋没孩子的天才特质

收获——阅读能力也有了提高。

这也提醒了我们,现在的满堂主科的安排是否科学,从脑科学上来讲,这种做法是很有问题的,不符合用脑卫生的要求。因为不间断地学习同类的内容,大脑容易疲劳,严重的还会出现"关门"的现象,就是不少学生所经历过的"脑中一片空白"的现象,这个现象的背后有一个大脑的生理现象——超限抑制。当某一个区域不间断地连续工作,呈现出高度兴奋的状态后,在它的周围则会出现抑制的情况,这就是当我们太专注于某一个事物的时候,你会对其他的事物充耳不闻、视而不见,这只是超限抑制的一个表现;另一个表现则恰恰发生在那个高度兴奋的皮质区,高度兴奋达到了一定的强度后,会导致这个区域的工作出现抑制,兴奋过后是抑制,过度兴奋的结果就是突然地进入一种不工作的状态。所以我们不应连续不间断地只让一个区域工作,而要时不时地换换脑子,这才是符合脑科学的用脑规律,而艺术教育正可以起到这种辅助大脑工作的效果。

加强智障研究和教育

据第二次全国抽样调查显示,截止到2006年,在中国的8292万残疾人中,智力残疾者达到554万人。智障人群是一个不容忽视的人群,他们的生存和就业问题需要人们更多的关注。目前,我国在智力残疾方面的研究和矫治工作还比较落后,中国残联已明确提出加强这方面工作的要求。

智能障碍是一个很复杂的课题。在美国,近50%的智能障碍找不到确切的原因。我国的情况也类似。在临床上,多数智障患者的患病原因无法找到,这是因为对智力障碍的评估需要一定的专业知

五 谜一样的另类天才

识，而引起智力障碍的原因又相当多，包括出生时的原因，遗传因素，比如基因和染色体。为了找到一个有效的治疗方式，许多智障儿童的家长花了大量的钱财，也没有起到应有的效果。他们甚至有时会"有病乱投医"。一旦遇到了不负责任的非正规小诊所，吃了各种各样的"偏方灵药"，钱没少花，不但患儿智力没有长进，也让患儿家庭苦不堪言。

智力低下的原因，在医学上还没有确切的解释。特别是对于那些没有明显遗传因素的智能障碍患者，目前医学上还没有找到大脑的结构和机能上发生的机制。在这方面，不论是科学研究机构还是临床小儿神经科，虽然人们做了大量的努力，但离解开这个谜团还有相当远的距离，另类天才无疑可以为我们提供重要的线索。

早期发现另类天才

另类天才不仅仅限于媒体报道的一些事例。在一次培智学校经验交流会上，当被问及所在班级里的学生或自己的孩子有没有与众不同的地方时，与会的父母和老师都谈到了一些类似另类天才的现象。智障儿童虽然智能低下，但如果仔细观察，往往可以发现他们在某些方面存在着不同程度的闪光点，只是由于他们明显的智能缺陷，使得这些闪光点显得那么弱小，以至于我们视而不见。

另类天才都应该拥有被人发现的机会，只有遇到了伯乐，他们的才能才有施展的机会。没有这些发现者，他们的这些能力也许会慢慢地自行消失。那么怎样在早期发现另类天才呢？答案其实很简单，注意两个方面就行：你的孩子是否在一般智能上比普通孩子差很多？你的孩子是否在艺术（音乐、绘画等）或记忆上有超过常人的表现？如果发现孩子有这方面的潜质或是可能性，可以登录中国

别埋没孩子的天才特质

脑网（www.brainweb.cn）开辟的"另类天才"专栏，到那里寻求专家的指导。

另类天才不是"怪物"

为什么会有天才综合征这样的现象？另类天才是不是一类特殊的人？另类天才是否揭示了还有一些我们不知道的人类智能的内容？虽然对这些奇特现象，人们现在还没有做出一致认可的、令人满意的科学解释，但是下面两类观点可以在一定程度上从不同的侧面解释这个谜团。

第一类观点是另类天才具有一种"病理性脑半球优势"。人的大脑天生具有不对称性，半球优势指的并不是一个半球支配另一个半球，而是说在某些认知功能上，一个半球较另一个半球更为重要，作用更大。"病理性脑半球优势"的理论是指，由于左脑在发育上的障碍或是病变，导致了右脑功能的补偿性发展，从而使那些原来不曾出现的能力有了发挥的机会。

现在对这种观点有以下几种不同的说法。一种说法强调发育过程中的激素作用。胎儿期左半球的发育较之右半球迟缓，因而在相当长的时间内比右半球更易受到产前性激素的影响，右脑从而更快地发展、增大，继而在功能上更有优势。就在这个由左脑到右脑的转移过程中，一些特质可能就发生了。这个说法可以解释为什么另类天才中男性多于女性的现象。另一种说法强调在发育过程中某些脑区发育不良或受到损害，致使其他脑区进行代偿而使特质功能出现。还有一种说法就是出生后发生的各种左脑损伤，从而发生偏向右脑的补偿性转移，这种优势转化也为典型的右脑技能的展现提供

五 谜一样的另类天才

了有利的条件。

分析另类天才的脑功能的最有力的手段是进行神经心理学测定,这是一种依据脑与心理关系的研究而发展出来的系统的研究技术。通过对多例另类天才的详细的神经心理学测评,人们发现另类天才中普遍存在着左脑功能上的缺陷,这个结果进一步得到了来自CT或MRI等结构影像资料的支持。

第二类观点是另类天才具有特殊的认知神经网络。这种特殊的神经网络在他们的潜意识中发挥着特别的功效,让他们得以熟练地运用一种与常人不同的、特殊的知觉方式和记忆线路来完成某些认知机能,比如音乐复忆和细节绘画。他们采用的是一种高度发达和敏感的知觉和非符号性的情景类记忆,这种知觉和记忆活动足以补偿他们在符号和逻辑思维方面的缺陷。

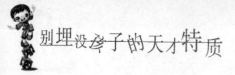
别埋没孩子的天才特质

上帝给左撇子留了巧克力

看到身边能够灵活自如地运用左手的人，我们会有什么想法？生活在惯用右手者的"包围圈"中，左撇子们又会有什么样的感受？虽然左撇子人数不多，但少了左撇子的人类世界无疑会黯然失色。

人类有偏好使用某一只手的习惯，也叫利手。大多数人习惯用右手做事，少数人习惯用左手，这少部分惯用左手的人被称为"左撇子"。长期以来，由于利手这一现象没有得到科学的认识，左利手的人们也因此受到社会的不公正待遇。相当一部分左利手者被家长和老师强制性地改变了用手习惯，而且人们在制造工具时也很少为左利手者着想，致使左撇子们在生活和工作中有诸多不便。现在就让我们来科学地认识一下利手问题，这将有助于我们正确对待左利手的人。

人类的利手与脑功能关系密切。动物行为学研究发现，利手是作为人类专有的一种生物进化特性而出现的，而动物，即便是高等灵长类动物也没有"利爪"的特性。据人类学家研究，早在刀耕火种的石器时代，人类就有了利手习惯。那时的利手者比例同现在并没有太大区别，绝大多数人使用右手，约有10%的人使用左手。不过，人类的用手习惯在刚出生时并不明显。孩子在一岁左右的时候，如果你把一个东西放在他面前的正中间让他去抓，你会发现，他左手和右手的使用频率基本上是一样的。孩子到了两岁左右，如果仍采用上述测法，就会发现他有一点倾向于右手了（当然，如果

五　谜一样的另类天才

较多地倾向于左手，那就有可能是左撇子），不过这时的偏向也还不是很明确。孩子到了三四岁的时候，左利手或是右利手才有了明确的分化，我们就大概能分辨出他是喜欢用左手还是右手了。

利手的形成有遗传上的原因。20世纪20年代，一位美国学者曾在俄亥俄州立大学进行了一项利手与遗传的关系的研究。在被调查的2177名一年级大学生中，如果不问其父母，左利者约为5%；若把父母的利手情况算在内，情况就大不一样了。父亲是左利的，子女为左利的占到9%；母亲是左利的，子女为左利的占到13%；而父母都是左利的，其子女为左利的比重高达46%。这个结果清楚地体现了利手与遗传的关系。有些左利手的产生有其神经病理上的原因：有的左利者在出生时难产，被用过产钳；还有的出现过窒息、脑部缺氧，造成一定的损伤，导致右手无法正常使用，从而不得不求助于左手。

在利手与脑功能的关系中，我们需要澄清一个认识上的问题：由于科学信息传播得不准确和不充分，现在不少人认为，根据神经系统的交叉支配性原则（即左脑和右侧肢体相关联，右脑和左侧肢体相关联），既然右利手的人用左脑说话，那么左利手的人就是用右脑说话了，这种观点是完全错误的。实际上，多数左利手的人同右利手的人一样，也是主要靠左脑来掌管语言活动的。只是在左利手的人中，左脑掌管语言活动的比例相对较低。

利手虽然与脑功能有着比较复杂的联系，却不仅仅是一个生物学现象，它还受到社会文化的种种影响。举个最明显的例子，如果以使用哪只手写字作为主要标准来测定一个人是左利手还是右利手，那么我们中国人的左利手比例远低于别的国家，尤其是西方国家。以前，在我国大部分的小学里，当孩子开始学写字的时候，左

别埋没孩子的天才特质

手就被禁止了。所以我们看到有很多人写字时用右手，吃饭时便改为左手了。当然，现在中国的学校里，那种强制性的不允许用左手写字的矫正已经少多了。而在美国，从1932年到1970年，左利者比例从2%上升到10%。通过研究发现，正是在这几十年里，随着科学信息的传播，许多美国人已认识到阻挠自然的用手习惯会产生一些不良后果，有些人可能因此出现情绪问题。正是在这种社会意识普遍提高的背景下，利手的真实比例也就显现出来了。

左撇子是否更聪明呢？不少人觉得惯用左手的人比较聪明，因为至少可以在历史上找到不少名人都是惯用左手的，如画家毕加索、科学家爱因斯坦、美国总统克林顿、古巴总统卡斯特罗，还有著名演员梦露等都是左利者。也许是由于这些原因，人们开始猜测左利者一定比右利者聪明，但科学研究并没有证实这种猜测。从统计上来看，在科学、艺术、政治等方面为人类做出过杰出贡献的名人中，右利者还是占多数，这符合人群中左右利的分布规律。有人专门测试过左利者和右利者的智商，结果也没发现什么差别，所以不能认为左利手的人就比右利手的人聪明。

不过，在某些特定方面，左、右利者还是有差别的。研究发现，左利者较右利者的运动反应速度快一些，所以左利运动员往往会取得好成绩。另外，利手与发育性学习障碍，比如阅读障碍尚有一定关联。人们发现，相当一部分患有阅读障碍的人，其症状的产生与他们在学龄早期被迫由左利手转变为右利手有一定联系。一些研究还发现，在有发展性障碍的儿童中，左利者的比例远比右利者高。从神经心理学上来看，利手反映了脑的偏侧化倾向，而发展性障碍的发生正是与脑的偏侧化过程有着一定程度的联系。不过，左利者并非一定会出现这方面的问题，只是出现的可能性大一点而

五 谜一样的另类天才

已。

关于利手的一个最为实际的困惑就是左撇子有没有改正的必要？对于这个问题，专家的建议主要根据左利的程度而论。如果是强左利的话，最好不要改。什么是强左利呢？就是几乎所有事情都用左手去做。强左利者大脑的偏侧化过程很有可能与右利者有较大不同，因此改过来很可能会造成一定程度的语言机能障碍，比如口语表达不流利，有时还会导致明显的口吃。这在临床上已经很常见，应当引起重视。如果利手的情况并不十分清楚，只是存在着偏于一侧的倾向，那么改不改就随意愿了。有时选用右利以适应社会习惯也未尝不可，因为我们中国的传统习惯、社会习俗，都是明显地偏向于右利者的。不仅中国，在国际上大多数国家里，普遍也是偏向于右利者的，只是程度有所不同罢了。

一个好的现象是，现在一些发达国家里已经有不少人意识到了这个问题并采取了积极行动，比如在英国就有左撇子协会，为维护和争取左撇子们的权利而开展活动，还有左撇子商店专门提供为左撇子服务的生活用品和工具，这正是科技进步与人类文明发展相互融合的结果。

特殊天赋的一群人

左撇子们在社会上是一个不得不改变自己以适应右撇子世界的特别群体。从童年时代起，他们就被父母和老师不遗余力地改造着。

别埋没孩子的天才特质

因此，左撇子除了从小要付出巨大努力和自己的左手天性作斗争外，还得忍受诸多被改造后优势大脑半球与身体机能不配套的尴尬。究竟应不应该对左撇子儿童进行改造？被改造后的左撇子还有没有可能重新开发自己的潜能？对于这些问题，《我是左撇子》一书的作者发出了代表性的呼声：每个人都有不可替代的天赋，这个世界应该把左撇子纳入社会体系之中，创造左撇子、右撇子的共同未来！

在右撇子的世界中，左撇子似乎总是有点特立独行。其实，左手倾向和右手倾向是由人脑的两种不同机能所产生的，人脑的左、右半球必有一侧占优势，在左撇子那里是右半球，而在右撇子那里则是左半球。

左半球（在感觉和运动上控制着身体右侧）掌握着分析、逻辑、语言方面的思维，并直线地、按顺序地运用它们。右半球则偏向综合的、整体的思维，这样的思维往往是主线和旁支同时展开，盘根错节而又秩序井然。它要比右撇子的直线思维复杂得多，因为这种思维要将众多信息、事件同时处理，并建立起复杂的联系。因此，左撇子拥有出色的艺术思维才能以及良好的空间想象能力。由于情感理解力也由右半球控制，这就使得左撇子更能够设身处地地去考虑别人的感受，甚至可以重新体验或共同体验他人的情感，因此他们的感受力特别的敏锐。这些特点如果得以强化和发挥，左撇子就很容易在右撇子的世界中脱颖而出，世界上那些左撇子名人的事例就极好地说明了这一点。

左撇子在总人口中的比例不足1/10，但在他们中间，帝国创始人、大艺术家、大科学家、商业领袖等却层出不穷，如拿破仑、达·芬奇、莫扎特、牛顿、爱因斯坦、比尔·盖茨等。

五 谜一样的另类天才

长期以来左撇子遭受着世人的不解和歧视。在早期的日本，丈夫可以因为妻子是左撇子而提出离婚，而在中世纪的西方社会，左撇子女人则被视为与魔鬼串通的邪恶化身。因此，左撇子往往面临被强制改造的命运。而且，当一个左撇子孩子观察到自己与别人不同时，甚至会不自觉地先行改造自己。左撇子成了一个必须要战胜的缺陷，这样就产生了一些特殊的问题：当一个先天有左手倾向的孩子出于模仿而自觉地变成一个右撇子时，他的脑子却不会跟着改变。这个孩子表面上在用右撇子的方式操纵着这个世界，实际上却仍然用左撇子的方式感受着这个世界。

总而言之，对左撇子的粗暴改造，就是迫使他们的行为和天赋错位，可以说是对脑子的一种"不流血的侵犯"。这种改造不仅不会实现优势脑半球的转移，相反，它会导致非优势脑半球负荷过重，大脑的完美组织甚至会被带入完全混乱的状态，从而有可能出现记忆障碍、注意力障碍、语言障碍等诸多问题。由于这些问题的出现，被改造过的左撇子常常显得局促不安，他们很难像其他人那样无拘无束、轻松自在地生活在这个世界上，有些人因此而自卑，甚至出现种种性格障碍，这一切都使他们的生存处境更为艰难。

现在的教育模式基本上还是纯粹针对智力成绩的。在这种模式下，左撇子的特殊之处得不到充分重视，他们的潜能很容易就被无声无息地埋没了，而这些潜能如同右撇子的能力一样，对整个社会来说是必不可少的。在这样的前提下，家庭和学校教育迫切需要制定新标准。在新标准下，右撇子不再用异样的眼光看待左撇子，左撇子也会正确地对待自己的特殊天赋，树立起应有的自信。社会的未来将在很大程度上取决于它是否能帮助左撇子们获得自信，使他们最大程度地发挥自己的特殊才能，为社会发展作出贡献。

别埋没孩子的天才特质

无论是左撇子还是右撇子，每个人都有不可替代的天赋。现在的一些研究已经极大地帮助了左撇子，他们不再被迫改造，并且目前有了许多针对左撇子的辅助工具。不过，左撇子受到尊重的程度终究还是有限的。也许多数人没有意识到这个世界给左撇子带来的困难，但当看到左撇子用完全相反的动作做许多事的时候，大多数右撇子还是会觉得很别扭。只要这种情况一直持续下去，左撇子就会永远有被排斥的感觉。确切地说，左撇子和右撇子应该被称为右半球人和左半球人，只要右撇子一天不明白这一点，左撇子恶劣的生存环境就不会改变。

我们要关心的，不仅仅是左撇子是否能得到足够的尊重以及左撇子如何适应社会，更重要的是，这个世界该如何将左撇子有机地纳入整个社会体系。左撇子虽然是一个少数群体，但他们的思维方式和行为方式对于一个自由而强大的社会来说，是不可或缺的一部分。因此，帮助左撇子愉快地生活，让他们的各种天赋得到尽量的发挥，才能使他们最大程度地为社会发展作出贡献。

（本文摘编自《我是左撇子》，[德]赫尔曼·约瑟夫·左赫著，哈尔滨出版社出版）

六 请让孩子自由涂鸦

美术教育发展至今,其对心理功能的开发训练逐渐被关注。越来越多的父母开始重视孩子早期的绘画教育,一些孩子三四岁就开始背着画板去上绘画艺术班了。作为父母和教师,应该意识到,当孩子在学习绘画技巧的同时,他们的情感世界也在受到影响和熏陶。因此,不管孩子的作品多么不符合你的要求,你都应该克制住情绪,并尝试着对自己说——请让孩子自由涂鸦。

　　幼儿从最初接受美术训练,逐渐学习一些绘画技法,到最后能够借助某种绘画材料以多种绘画技巧表现思想,是一个艺术发展的过程。表面上看来,美术教育者帮助孩子实现了艺术成长。但是,还有一个重要的过程很容易被我们忽略,那就是潜在于艺术发展进程中的心理发展过程。

　　在过分强调技法学习的美术课程中,心理发展没有受到应有的重视。由于不同发展时期的孩子具有与其心理发育阶段相应的特点,知觉、情感、意志和社会技能的发展也都呈现出不同的特征,不了解孩子所处的心理发展阶段及与之相匹配的心理特点,就不能做到因材施教。

　　无论是随意的涂鸦或有控制的涂鸦,都需要动作与视觉、知觉的共同参与。在反复多次的涂鸦中,孩子以最初的方式感受着世界,表达着自己,任何言语和呈现物的刺激都会干扰这个过程。因此父母和教师不要鼓励孩子画出可辨认的物体,否则会带来感知力发展的"夹生"现象。

　　实验证明,绘画从某个角度能反映出孩子心智成长的状态。弱视的儿童在视觉上也缺乏安全感,生理健康的儿童的绘画力量活跃、线条粗犷。性格纤弱而胆怯的孩子使用的线条雅致、柔软,意志力强的儿童表现出线条强劲有力。涂鸦定型反复即代表着情感的闭锁;绘画中如有节点或不连贯的线条,可能表明儿童停下笔来留心别人。富于创造性的儿童涂鸦时专注、不受干扰,很少观看邻座,很少发问、质疑。所以,尽量抛开功利的想法,放手让孩子尽情涂鸦,在孩子涂鸦过程中细致地观察孩子,能让你有很多意想不到的收获。

六 请让孩子自由涂鸦

他们在涂鸦中感受成长

2～4岁孩子的绘画处于涂鸦阶段。涂鸦的意义在于从被动的经验中获得满足。肌肉的动作虽不协调，但体验动作与痕迹的联系给幼儿带来非同一般的欢快感受。因此，这时教授正式的绘画技巧无异于将孩子逐出感觉的乐园。

绘画发展的前形化阶段发生在4～7岁。此阶段模仿简笔画会使想象力被封杀，因为形被强加给孩子，而并非来自孩子的自我体验。当画面上房子的形状被固定下来时，他们感知的探索和情绪的表达也就随之僵化了。此阶段的意义在于建立思考与表现物之间的微妙联系。涂鸦与动作的联系开始消失，取而代之的是有意义的"形"的出现。幼儿以主动知识为主，只表现最关注的事物。如何传输被动知识是教育意义之所在。父母和教师要透过绘画创作，将孩子个人的经验催化为被动知识。好的美术教材的内容组织一定是考虑了这方面的因素，并以此为根据的。绘画元素开始形成，如圆圈代表人物头部。没有发育成良好的空间感，色彩关系由情感关系来决定，常使用非现实色彩。

此阶段的心理发展特点是通过自我建立与环境的联系，要充实自我积极知识，可借助孩子的经验达成。要让孩子画"嘴"或"牙齿"时，不妨先发些糖果给他们，刺激这些相关部位的感知，鼓励孩子充分体验，然后再回到绘画中。父母和教师还可选择一些鼓励空间感形成的题目，如《我和洋娃娃在房间里》《寻找丢失的铅笔》《我的生日晚会》等，这些题目有利于孩子填充思维与执行认

# 别埋没孩子的天才特质

知动作之间的鸿沟，可以帮助他们以个人经验为基础，扩建感知范围，并建立其间的联系。

透过绘画作品，我们可以发现，创造性有所成长的儿童会毫不犹豫地画出自己的想法，不受外界的影响。智慧有所成长的儿童，倾向于用细节表达积极知识。提高儿童的情感学习，可以鼓励儿童把情感体验投射在想象的空间里。在孩子的绘画过程中，父母和教师过度挑剔孩子绘画所呈现的爱、恨、热情、伤感等情绪投射的物象，会使孩子失去探索新事物的动力。最终的结果是，孩子会以为，通过绘画真实、充分地表达情感是不安全的，而这种影响会一直延续到成人阶段。

面对孩子"不尽如人意"的绘画作品，父母和教师应以更多的开放性问题建立与孩子的沟通，如"我看到你把小兔画成红色，你是怎么想的呀？""说说看，画这片蓝色时你的感受是什么？""如果你可以飞，你会飞到哪里去？请你画出来好吗？""你画的画很有趣，告诉我你最满意的是哪里啊？"等等。

形化阶段出现于7～9岁，这是客观色彩初步形成的阶段。儿童天生的空间概念及对形概念的重复欲望，使得儿童成为天生的设计家。

此阶段的意义在于学习用形来表达环境中的任何概念。形所联结的意义固定下来，具有不变的内容。儿童从完全自我的状态过渡到与环境合作的状态，绘画内容从"有个人"转变成"人在街上走"。此时，孩子认为重要的部分在绘画中经常被夸张，被省略的部分则往往是受压抑的部分，有感情意义的部分会被改变，空间的改变受感情的驱使。如儿童画自己时，若经常画个不相称的大书包，有可能表明目前对书包的渴望；所有关于爸爸的画像，都有密

六 请让孩子自由涂鸦

密麻麻的胡须,这很可能来自于被爸爸胡子扎的经验;而自画像中那些被省略掉的身体部位,很可能是得到的爱抚不足造成的;画学校时只画了操场,则可能是儿童对其他的学习场所感受消极。

虽然此时期的绘画表达具有韵律感,绘画语言的重复使用赋予作品设计的属性,但有意识地按照步骤教授设计原理很可能摧毁儿童的自发性创作。用"漂亮画"或"标准方案"诱导孩子的艺术趣味,多半只成就了教师的私人创作愿望,而未能推动源于孩子自我的创造力。反复使用几何线条表达的儿童,将会陷入主观感受里,缺乏开放的心态与适应环境的能力。颜色明朗、样式丰富的画面,意味着儿童聪明活跃、情感充沛。

绘画发展的第四阶段是伙伴关系期,发生在9～11岁,伴随着智力的高度成长。父母和教师要注意避免儿童的照相式的模仿,从而丧失体验自身经验的机会。古怪的色彩不会伤害儿童,由此而来的批评却会干扰儿童。

这个时期的儿童受智力迅猛发展的影响,空间知觉形成了,不再满足于描绘感受中的世界,注意到光线在物体上效果的改变,觉得有必要把物体、人物和环境加以特征化,尝试写实的画法。对色彩关系敏感,但使用色环会摧毁自发性,这会让儿童认识到靠自己的直觉是不安全的。唯一发展色彩意识的是强调儿童对色彩的反应,越有情感意义,体验就会越深刻。

为此,有智慧的父母和教师可以不断地发问:"在公园里你的感受是什么样的呢?""外公冒着雨来接你,你的感受怎样啊?""妈妈拥抱你时,你的心是什么颜色的?""画出一个人走夜路的你""和同学在一起春游时,空气是什么颜色的?"

与该时期相伴的心理发展线索是,儿童发现了"社会独立

别埋没孩子的天才特质

感",以及在群体里更有力量、更快乐,对集体的依赖增强了,是群体的一分子还是旁观者影响着孩子的自尊。密切监视和过度干预不但剥夺了孩子自发创作的乐趣,也毁坏了儿童最初的社会模型。父母和教师可以从建立绘画世界里的社会模型着手,帮助儿童建立非虚拟的社会支持系统。学生受写实技法的限制,没能把物品描绘得足够像,很可能由于气馁而逃避以后的创作,教师适时鼓励就变得至关重要。

模拟写实阶段发生在11~13岁,这是从幼年走向成人的关键时期。此时一切出自于艺术发展的指导与评价都会印证在心理发展线索上,对作品的评论在孩子听来都是对他们个人的赞许或批评。

在此阶段,青少年自然表现的最初概念开始形成。他们开始关心衣服的褶皱细节、肢体的弯曲特征、受光与阴影。认知模式分为两类,视觉型和非视觉型。对于视觉型儿童,不同环境下色彩的变化吸引他们的注意力,在他们看来是最佳的艺术刺激,他们越来越关心美的机能。对于非视觉型儿童,色彩与环境具有情感意义,可直接运用材料的机能。建议以人物、空间、色彩为主拓展艺术创作能力。亦可摆放静物,使用模特,探索不同角度带来的明确意义。选择主题时注意考虑动态的表现,如想象动作(农妇在暴风雨前回家、在街上工作的人、打猎的情景);模特姿势(妇女在擦洗地板、因工作而疲劳、举起重东西);比例(摘取树上的苹果、坐在树下);色彩(秋天的风暴、心情的介绍、印象)等。

这是从幼年走向成人的关键时期,随着认知能力的飞升,情感也发展起来,具有体验经验的能力和体验环境的能力,能够用色彩将心情特征化。美术教师需要有很好的专业品质,才能带领孩子在丰富的视觉艺术世界中找到自我的价值。

六 请让孩子自由涂鸦

为画出"漂亮画"而展开的美术教育，是浪费教育资源和心理成长资源的。对于色彩异常的作品大加指责是有伤心灵的。我们推崇的美术教育是"透过艺术的教育"，而不是为绘画而绘画的教育。借助美术教学可以满足发展中青少年的心理需求，特别是对某个阶段有着特殊心理需求的学生，适当的选题会带来特殊的心理效应。比如，对于贬抑需求高的学生，可以通过画"英雄"、画"坏蛋"，并让英雄和坏蛋对话，引导他们释放成长中面对的心理压力，"英雄"也要道歉，"坏蛋"也愿意和解。这样的练习，调整情绪反应的阈值，提高学生面临人际困境时的应对弹性。

攻击性是一种与生俱来的力量，对于活泼多动的、成长中的儿童，攻击性很可能导致欺辱行为，伤人或损物。父母和教师可以让孩子画一场战争，再绘声绘色地加以讲解，无疑将攻击性的力量引入了一场安全快乐的"纸上谈兵"。也可以带领团体绘画，分小组扮演"我方"和"敌方"，男孩子把所有的"兵器"都派上用场是很快乐的，女孩子"参战"也需忘我地全身心融入其中。然后，教师与学生分享"激战"后的体验，使亢奋的情绪宣泄到适当的地方。

自主的需要对青少年的成长十分必要，表现为孩子蔑视权威的倾向，抗拒来自于父母和教师过多的干预或束缚。有的教师对有逆反情绪的孩子束手无策，殊不知他们正在借助这样的心理演习，形成日后独立面对世界的应对模型。没有充分的自主能力，在未来的人生中不免会过度依赖，或者过分以自我为中心的孩子也会丧失一些有意义的告诫。

在家中和美术课上，画什么、如何画、用什么画等，都可以放手让孩子们自己来决定，这不仅仅是完成一幅作品，更是一次培养自主能力的训练,让他们学会为自己的行为负责,他们才能学会在行动前周密思考,系统性地决策。

逃避伤害和受辱的需求源自我们的生理、心理本质,在优越的现代物质条件下,这方面的需求很少得到满足,很多场合下人们显得骚动不安。潜意识中逃避疼痛、疾病、危险和身体伤害,逃避失败、羞辱和嘲弄,逃离危险境地的需求会使得团体气氛失去控制,令教师陷入尴尬境地。如果透过绘画,模拟一场灾难被控制的场面,让孩子展开想象去设计一场"劫难余生"的幸存,不仅可以帮助孩子感到生命的宝贵,珍惜时间,热爱生活,还可以帮助孩子学习生存技术,将这种需求升华为临危不惧的态度。

养育的需要会体现在对宠物的喜爱上面,画出各种宠物,包括想象中的宠物,表达对弱小者的同情,可以培养爱心。父母和教师可以给出题目《我和我的宠物》,然后描述宠物的样子,学习使用各种词语,分享爱护宠物的经历,学习把爱的感动转化为爱的行动,增强爱的能力。这个题目可以画一系列作品,分别按宠物成长阶段、与自己的关系、情绪的变化、四季的样子等角度创作。

孩子对游戏的需要很强烈,他们有放松和自娱的天性,寻求消遣、喜欢逗乐,严肃和紧张的课堂气氛令他们感到不安。在宽松友好、充分尊重个人的气氛中,用绘画表达自己,这个过程本身就是孩子的特权。让我们关注孩子的心理成长,注重健康人格的塑造,让美术教育真正服务于孩子的心灵。

六 请让孩子自由涂鸦

画得不像又何妨

透过专家对孩子绘画作品的以下解读,也许可以让我们更进一步了解孩子的绘画心理。

【情景一】

美术教师:在课上,我要求大家画一个房子,大家都照着去做了,只有小翔不听,他不按我要求的画。我走过去劝他,他也不理会,一个人埋头画,也不理其他小朋友,你看,其他小朋友都画得很漂亮,只有他,一次一次只画这样的内容。我真拿他没有办法。

专家点评:对这个年龄的孩子来说,绘画过程比成功地画出什么更加重要。学习使用绘画材料,把绘画当作语言来表达自己,这个过程才对孩子有意义。随着年龄的增长,技法会有所进步。他们的小手还不能做到与想法相协调,太多在内容上的勉强都对孩子不利。透过孩子的眼睛让他感到动作与画面的痕迹有联系,这样的乱涂乱画对孩子来说,是个神秘的过程,是心智被启动的过程,画得像不像,还不是这个阶段的主要问题。绘画过程顺利完成,就相当于心理发展也是顺畅的,那是一条看不见的线索。绘画实际上是一种介质,至于画什么,尺度可以宽一些。

【情景二】

外婆:隔壁的小虎和芳芳是一起进绘画班的,人家画得好极了,画的房子和真的房子一样,咱家的孩子呢,一直都在画这些乱七八糟的线,要不然专门请个家教,画得不像样子看着也不高兴啊。

别埋没孩子的天才特质

专家点评：最初画画，大人不要过多地干涉，要鼓励孩子充分地涂鸦。绘画过程不仅仅是个学习技巧的过程，而且是一个孩子借此观察世界、认识自我的过程。太过功利的态度是不利于孩子身心发展的。我们要做的是先让孩子喜欢画画这个活动，画好是下一步的事，操之过急就会对孩子造成伤害。

【情景三】

爸爸：画画本来就是玩，很简单，买本简笔画，照着画不就行了，照猫画虎总没错吧。人家叫咱怎么画就怎么画呗，省得老师不高兴。以后又不当画家，差不多就行了，干嘛这么累呀？

专家点评：没有您想的那么简单。简笔画限制了孩子的观察，剥夺了孩子自己探索的权利。这个年龄的孩子观察事物有独特的眼光，因为他们还没有受到大人固定模式的影响。应该放手让孩子找到自己的感觉，孩子的创作往往让大人震惊。颜色不对也没关系，因为颜色不对就遭到批评会给孩子带来很大的影响。绘画的过程对孩子的素质培养很有价值，因为这是一个让视觉、知觉、审美等都共同参与的过程，也是一种高级的学习过程。从这一点上来讲，简笔画根本无法与充分体验后自由地画画相比。想好了的一幅画，如何组织在画面上，是个复杂过程。再者，和小伙伴在一起画画，本身就是一种社会学习，孩子可以通过与其他小伙伴建立友谊关系来学习适应社会。

【情景四】

妈妈：孩子最近画画时，小嘴总是不停地嘟囔，有时显得高兴的样子，有时有点不太高兴，可还是不停地自言自语，一边画还一边自己做些动作，好像和绘画内容有些联系。您看，就是这些画，满是线条，每幅画都差不多，和他说话他也听不进去，这是怎么回

六 请让孩子自由涂鸦

事？

专家点评：孩子画画有时是在表达一种情绪，要给他一个宽松的气氛，要鼓励他尽情地使用颜色，要给他一些轻松的回应。从画面上看，线条很流畅，孩子一边画一边体验其中的情绪。在孩子的内心，一定正在上演着一场有趣的节目，他肯定是陶醉其中的。成人不要打断他的"内部游戏"，否则孩子就会得出一个结论，不按规定画画就会招致训斥，久而久之，孩子对绘画就会失去兴趣。大人看一场球赛时也不喜欢被人打断的，不要按成人的想法过多干预，要让他感到这样的表达是安全的。孩子画画的样子充分说明，他喜欢这种情绪体验，正在一次次地体验其中的乐趣。

美国宾西法尼亚大学艺术心理学家罗恩费德曾在他的专著《透过艺术的教育》一书中提出，美术教育应该是"透过美术的教育"，要告别单一追求技法的教学，应依据青少年发展过程中不同的各个心理阶段，选择合适的艺术材料，组织恰当的教学活动，评估教学效果，注重透过整个的艺术过程，培养良好的心理状态与健全的人格。透过美术教育，教师和学生收获的不应仅仅是技巧，而应该是对自身发展的全方位的了解和把握。

在我国，很多教育者和艺术家们都认识到了艺术在教育中的功效。艺术不但能表达感情，提高创造力，而且还可以增强人的洞察力、理解力、表达力和解决问题能力。尽管如此，在美术教育教学的过程中如何帮助孩子获得艺术经验，并由此推动孩子的成长，仍是一个需要关注的问题，教育者仍需做出更大的努力，才能真正使孩子从艺术经验中不仅学习技法，还能获得有意义的经验，学习解决问题的方法，进而促进心智的成长。尽管教学科研人员在此方面已进行了诸多探索，但由于我们的整个教育系统建立在对词语和数

别埋没孩子的天才特质

字的研究之上,因此对视觉、知觉对心智成长之影响的探索还远远不够。

艺术之所以被忽视,是因为传统上认为艺术是感知的。感知的之所以被鄙薄,是因为在一般人的心里,感知是与思维不同的东西。如果把主要精力放到语言和数字上,教育同绘画的血缘关系就会渐渐冷却和消失。美术被降为随意性的副科,在课程设置上,这门实际上被每个人都看重的科目占的时间越来越少。

只有在幼儿园中,儿童的学习才可以靠感知思维来进行,美术教学的作品尚能保持感性、真挚、创意。比如,教师可以要求孩子们观看某个形状,然后按照自己的感受制作物品。然而一旦告别低幼年龄,孩子们获得接受感知训练的机会就越来越少。特别是当考试来临的关键时刻,很少有哪一所学校为艺术科目留有一席之地,给予充分的实践时间。至于大专院校,艺术课程的开设就显得更加不足。整个教学过程中,右脑模式的启用就被左脑主控替代,而因此失去了应有的位置。社会对于美术学习的态度也发生了转变,绘画被看做是一种获得娱乐的技艺,而不是训练心智的媒介,或被看成心理放松的手段,而不是建构健全人格的特殊工具。

美术教育注重左右脑模式的共同开发,这是我们推行的艺术教育的目标所在。教育者的课程设计、与教学过程并行的学习心理、学习者心理发展阶段以及作品的视觉、知觉体验等要素,无不需要研究者站在新的高度审视美术教学到底给学习者带来了什么。美术教育的目标不应仅仅局限于学习者技法的成熟,而应以绘画创作为介质,以学生身心发展为基础,全面塑造学习者素质。教育者要借助美术教育,不仅帮助学生艺术地感觉,还要帮助他们科学地思维,陶冶他们的情操,丰富他们的认知活动。

六　请让孩子自由涂鸦

琴弦上流淌的不只是音符

时下，正有许多孩子为学习钢琴、小提琴之类的乐器而叫苦不迭，我们究竟是想把他们领入艺术的殿堂，还是仅仅为了使其获得一技之长，以便在竞争中增加获胜的砝码？或者干脆就是把自己未尽的心愿强加在孩子的身上？也许有一天我们会幡然悔悟：这样的音乐教育过于功利，应该让孩子认识到音乐的美好，跟音乐成为一生的朋友。以下这篇小文，是龙迪女士对于孩子接受音乐教育的感悟和认识，相信您会从中获得一些新的思考。

音乐教育不应复制应试教育的缺憾

"非典"期间，全北京的孩子都放假在家。那时，女儿刚上小学二年级，待在家里百无聊赖，于是，我建议她学点音乐。在我看来，让音乐成为生命的一部分，就等于得到一件护身符，因为音乐能够滤掉很多人为的毒素，让生命变得纯粹而丰富。而让音乐融入生命的最佳途径，不是被动聆听，而是主动表达。

我上初一时，正赶上"文革"的尾巴。一个偶然的机会，我进了当地名牌中学的文艺班。文艺班的任务是给当地文艺团体培养专业人员，因此，除了文化课的学习、视唱练耳和舞蹈基本功的训练外，班里每个同学都要掌握一件西洋乐器和一件民族乐器，我被指定学习小提琴和三弦。一年半后，我们文艺班随着"文革"的结束而解体，但那段时间的音乐训练培育了我感受美好、勤奋专注、多种表达、懂得合作的能力，令我受益终身。

别埋没孩子的天才特质

女儿坚定不移地选择了小提琴,理由是这个乐器像葫芦,因为那时她正迷恋葫芦娃。几年来,尽管她也像同龄孩子一样贪玩,却始终不肯放弃学习小提琴。我欣赏她的坚持,因为那是音乐培育出来的内心空灵的自由。音乐可以让人变得如此美好。

曾经阅读过《往事如乐》一书。这本书最让我感动的,不是一个音乐神童成名成家的历史,而是小提琴家吕思清先生那卓越的音乐表达背后所依托的深厚人生。童年的吕思清生长在一个贫困却"富有"的家庭,一家人不带任何功利色彩,执著地热爱并投身音乐,使拮据的家庭生活因全家人精神世界的丰富而变得快乐和富有。从4岁学琴到成名成家,4根琴弦上流淌的音符所表达的美好和仁爱塑造了吕思清圣洁的灵魂,使其有能力享受到生命的宁静、有序和生动。成名后,吕思清却觉察到自己被各方炫目光环包围,"心里竟有一种空荡荡的感觉"。于是,他便听从自己内心的召唤,拒绝诱惑,到美国这个陌生的土地上重新认识自己,在应付复杂生活的过程中踏踏实实地坚守梦想。

功成名就后,吕思清没有沉溺于名利之中,而是仍旧每天练琴,为的是保证奉献给听众的每一个音符都是高质量的。他参加义演和募捐,帮助那些贫困的陌生人。他对自己的家庭一往情深,努力保护家庭生活空间。他利用一切机会亲近自然,交不同的朋友。他的生命因"你在,故我在"而变得丰盈,人生因此变得深刻。有分量的人生是一刀一刀地雕刻出来的,而音乐就是一把精美的雕刻刀,吕思清从音乐中收获了一生的福气:仁厚、大气、热爱和坚守,这是多么幸运!

在我看来,每个中国孩子都需要音乐。在以儒家伦理为基础的中国文化传统中,个人不是拥有独立权利和意志的个体,而是家族

六 请让孩子自由涂鸦

延续链条上的环节。因此，个人表达的内容及其方式总是被诸多"应该"所规定，很容易为外在的嘈杂所淹没，既听不到自己内心的声音，也感受不到别人的心声。在应试教育下，孩子从小生活在"标准答案"规定的生活空间中，很容易变得气量狭小，生活无味。人生沉浸在功利的追求中，少了对生命神圣感的敬畏，很容易滋生贪婪、仇恨和愚痴，而难以培育仁爱、勇气和智慧。

学习音乐，可以让孩子放下世俗中的"应该"，探索并表达丰富的精神世界，感受生命的高远与辽阔。然而，音乐普及教育不应该复制应试教育的缺憾，否则，孩子就不能从音乐中收获美好的东西。

音乐普及教育应少一些严厉的惩罚。吕思清的成长经历告诉我们，严厉的惩罚很容易滋生孩子内心中不好的种子，比如逃避责任、自我怀疑、对他人的愤怒与敌意，限制甚至扼杀孩子的音乐表达。宽容的教育方式培育孩子发挥独到的表达和演绎，或许更能协助孩子从精神层面感受人性的尊严与价值。

音乐普及教育应少一些竞争的痕迹。竞争，几乎弥漫在当今中国社会每个角落。孩子生活在与他人比较、向别人证明自己的压力中，不断产生自我怀疑和自我挫败的念头，滋生对人的不友善态度，根本无法培育和发挥内心中最美好的一面。让孩子从音乐中感受美好，应该允许孩子有不同色彩的梦想，而不做急功近利的奴隶。应该允许孩子出错，并有机会改错。

有人批评当今的音乐普及教育急功近利：要求孩子从小学习，把音乐作为升学、就业的手段，结果过早地扼杀了孩子对音乐的兴趣。不过，人们把家长作为主要的批评对象，似乎有失公平。在音乐普及教育中传播什么，更应该是音乐教育者的责任。

别埋没孩子的天才特质

吕思清的父母热爱音乐,可是他的父母并不懂音乐。父母年轻时寻找到了热爱音乐的老师,这才有机会进入音乐这个丰富的精神世界。吕思清的父亲尽管酷爱音乐,但他也意识到自己对音乐的理解是有限的,因此,最初他并不急于让儿子学琴,而是千方百计地向名家请教,使吕思清从小就有机会接受好的音乐教育,从而扩展对音乐的理解和表达。这一切,都是因为他接触到形形色色活得明白又有实力的好老师。

可是,在现实中找到能够展现音乐美好的音乐老师并不容易。教育商品化过程冲淡了音乐的精神浓度,那些非专业学琴的孩子们在每周一小时昂贵的课程中,只能得到基本技法的指导,却很少有机会了解每个曲子背后的音乐背景以及音乐家的人生经历。老师们的生命被时空分割成不同地点的练琴房中的一个个授课单元,不知是否仍有足够的时间和心理空间拓展自己对音乐的理解……

音乐,本是一种平等的精神产品,让人们在苦难中仍能感受到希望和美好,进而培育出面对苦难的勇气和智慧。然而,音乐教育的商品化却剥夺了那些父母不懂音乐的孩子平等地享受音乐所创造的精神世界的权利。我们的社会需要把好的音乐普及教育作为基础教育的重要部分,进而减少精神世界的不平等。而好的音乐教育家应该认真面对每一个孩子,像吕思清那样,把自己对精神世界的理解付诸教学实践。

我不否认,有的家长的确比较功利地对待音乐教育。然而,音乐教育家的专业就是培育全民生产精神产品的能力,有责任在音乐教育中促使父母转变对于音乐的错误观念,必要时可以忠于音乐精神,拒绝家长不合理的要求。

六 请让孩子自由涂鸦

让孩子从音乐中感受美好

被西方媒体盛赞为"一个伟大的天才，一个无与伦比的小提琴家"的吕思清，是第一位夺得国际小提琴艺术最高奖项之一——意大利帕格尼尼小提琴大赛金奖的东方人。昔日人们眼中的音乐神童，在成长为今天享誉世界的小提琴家的同时，也逐渐感悟到音乐与人生的真谛。在《往事如乐》一书里，他对自己快意人生的自述，或许会给那些像他一样爱音乐、爱生活的人们些许启发。

吕思清曾说，"我全心全意地诠释音乐，也在音乐中找到了自己，我觉得我是幸福的人，因为我可以一辈子与音乐为伴。"他还特别感谢父辈、老师和亲人，认为他们"陪伴在我人生的各个阶段，他们是我一生都感激的人……他们对我来说无比重要，因为是他们成就了我精彩的人生"。父亲让吕思清学了音乐，因此他的一生因为有音乐相伴而幸福。

吕思清感谢音乐，很容易让我们觉得是因为音乐令他功成名就。他在书中对此是有警觉的，于是他说："让孩子学习音乐的主要目的是让孩子认识到音乐的美好，跟美好成为一生的朋友，而如果在孩子很小的时候就先为他设立了一个充满功利色彩的未来，音乐也就失去了它的美好和乐趣。"吕思清所说的美好，指的正是音乐给人的关爱，给人的温暖，许多音乐人对这一点也是深有体会。

记者曾问中国音乐学院教授谢嘉幸，母亲给他最深的印象是什么，谢嘉幸说是母亲的歌声，"母亲一生所唱的歌无数，但最打动我的是，无论悲欢喜乐，母亲总是在我们耳边哼唱。她用歌声开启我的人生，也将我引入了音乐的殿堂。今天回顾漫漫音乐之路，不

别埋没孩子的天才特质

禁心中感慨万千,父母虽没能给我们万贯家财,却用歌声铺就我们的成长之路,为我们抵挡了多少风寒,抚慰了多少创伤和苦痛。"

谢嘉幸在回忆自己的求乐之路时曾写道:由于"文革",父母受到不公正的待遇,父亲更是深陷牢狱,这使我多次失去求学的机会。父母为我书写的两封信至今让我心碎,一封是1982年父亲写给我所在中学的一位领导的。信中写到:"嘉幸获得一个去北京进修的机会,希望你能支持他这个千载难逢的学习机会,在校领导面前美言几句……他的课如果没法安排,那就我来代课。为了孩子学习,我这条老牛还可以再拖两学期(那时父亲平反出狱不久,已是60多岁的人了)……"另一封信是1986年母亲获悉我能参加中国音乐学院研究生考试复试时写给我的:"得到你参加复试后的来信,我和爸爸都非常激动,爸爸写信时都流泪了……无论你考上与否,对全家都是极大的鼓舞,爸爸和我一辈子最大的希望就是让孩子成为有用的人。"亲情啊,亲情是父母的期盼,还有那期盼背后因孩子受牵连而痛如刀割的拳拳之心。

一个孩子要成就一番事业,父母需要倾注多少心血!对于父爱,吕思清在《往事如乐》一书中有详细的记载。吕思清在书中感慨"我爱我父亲,却再也没有机会向他表达了"。在吕思清的音乐中,这种倾诉是每时每刻、无休无止的。吕思清的父亲说,"我让孩子们学琴,就是教给他们一种能够陪伴一生的高尚乐器",这也道出了父亲让他学琴的根本原因。真是乐如其人,吕思清在书中用大量笔墨,叙说了父亲对音乐的执著和高尚的人格。有时候人的行为本身就是一首诗,而不必考虑它是否能够得到一个辉煌的结果。生命在这个世界上是非常渺小的,而且是注定要消失的,但他所做的一些事情却会传承给年轻的下一代,就像花在春季盛开,却在秋

六 请让孩子自由涂鸦

季结果一样。

学音乐，有太多的话题可说，但正如吕思清所担心的那样，如今孩子学琴被太多的功利目的所挟持，或许正因为如此，他才需要动笔写这本书。他的成就，是为音乐而生的成就，但他的人生，则是为内心而音乐的人生。

我不仅仅是个演奏家

≫ 我不仅仅是个演奏家

从1987年在帕格尼尼小提琴大赛获奖开始，我就被冠以名人的头衔。成名后的我仍然要练琴，仍然要演出，音乐带给了我无尽的快乐。同时，我也知道自己首先是一个中国的音乐家，我的根在中国，我会尽我所能来为祖国做一些事情，让自己的人生、自己的艺术生涯更有意义，也更完整。十几年间，我走过了近40个国家和地区，在那些地方我是"中国第一小提琴手"。吕思清已不单单是我的名字，而是作为一个中国符号、一种象征，承担起了东西方文化交流使者的使命。

这些年来，公益活动占了我演出活动的很大比例，这是让我感到非常自豪的事情。在我20多年的艺术表演生涯中，我从很多人的帮助中受益。社会给我提供了这么多、这么好的机会，让我学有所成，我就应该以我最擅长的方式去回馈社会，帮助别人。

别埋没孩子的天才特质

▶ 关于音乐教育

我个人认为，学音乐对孩子一生都是有好处的，他不一定要最终走上专业的道路，不一定要以音乐为职业。美国有过这样的调查，在中学里参与音乐活动的孩子的平均成绩比没有参与的学生要高出20%左右，这说明音乐对孩子智力的开发大有益处。

音乐还是培养个人综合素质的一个非常重要的部分，它使一个人的发展变得更全面，这种全面最终会给人带来情操、境界、人格、心灵上非常大的提升。学习音乐能使人感受到生活中许多美好的东西，能使人的思想更开阔、生活更丰富、人生也显得更有内涵。

从大环境上来讲，音乐的普及也会使整个社会的品质大大提升。现在，在我国这种为应试而进行的音乐教育可能在某些方面也是重要的，它毕竟能够使人接触音乐，可能将来一些有成就的音乐家就是这样走上艺术道路的。但是，最终还是一种社会风气以及整体人的素质的提升，才能从大环境上影响人们对音乐的兴趣和爱好。

▶ 写给学琴的孩子及你们的家长

音乐自从诞生以来，从没有像今天这样跟我们每个人的现实生活如此贴近。但学音乐就像登山，能登上世界最高峰的毕竟是少数。对于这么多望子成龙的家长们来说，有一个良好的心态非常重要。当你决定把你的孩子送去学音乐时，一定要明白这样一个道理：音乐是一个如此美好的东西，让孩子认识到它的美好，跟美好成为一生的朋友，是让他学习音乐的主要目的。如果在孩子很小的时候就先为他设立了一个充满功利色彩的未来，学音乐也就失去了它的美好和乐趣。

六 请让孩子自由涂鸦

作为家长,最主要的是要培养孩子学习音乐的兴趣,而不能凭大人的兴趣来要求孩子。要知道孩子的精力是有限的,给他们留的空间越小,自由发挥的能力就越受限制。

小提琴是很能考验人的,光凭一时的兴趣很难真正走入门去。学琴一定要坚持,不要半途而废。我童年时有过许多一起学琴的同学,他们当时都是国内顶尖的音乐神童,但随着时间的流逝,这些人大多走上了另外的道路,只有少数人坚持了下来。没有坚定的信心和坚强的毅力,不付出长期的刻苦努力,是永远无法取得成就的。除了坚持外,热爱也是练好小提琴的重要条件,仅是一般的喜欢那是不够的,从热爱到酷爱,只有真正去喜欢它,才能够全身心地投入。

(本文摘编自《往事如乐》,吕思清著,东方出版社出版)

爱音乐的人会感受到音乐之爱——它的广博、深厚、典雅、优美。作为一名钢琴教师,祝安琪常常希望能将她所感受到的这种音乐之爱传达给学生。所以,每当她教授一首新的乐曲时,她会尽量将示范演奏做得动情和动听,使孩子们能够从最直接的听觉中感受到音乐之美。祝安琪发现,大部分孩子都有很强的感受和模仿能力,当她演奏完一遍,他们再去模仿时,也许还不熟练、不能尽善尽美,但慢慢地已经能听到优美动听的音符了。每当这时,祝安琪就会希望自己的业务水平高些、再高些,"因为孩子们是这样的聪明颖慧啊"!

在音乐教育中,不得不提到技术训练与乐感培养的比重问题。祝安琪认为,技术的初步训练是每一个学习音乐(无论何种乐器)的人都要面对的问题,以钢琴为例,应该让小孩子在初学阶段有一个比较规范的姿势和正确的用力方式,能够通畅舒适是必要的,但

别埋没孩子的天才特质

不可一味强调这些,否则会在一次又一次的单调重复之中,使小孩子形成错误的练习方式,即只动手弹、不用耳朵听、不用心去唱、不动脑思索。这样就会背离学习钢琴的初衷——感受音乐能够带给人的仁爱、美好和高尚。

掌握初步的技术,其实不是件艰难的事。只要在学习的初期按照老师的要求,每天保证一定的练习时间并用心练习,孩子们大都会很快协调好,也许做不到很标准,但在日后练习中可以逐步规范。很多没能坚持下来的孩子,也许会有各种客观的原因给他们造成阻碍、困扰,比如,老师过分强调技术,扼杀了孩子原本对音乐的兴趣等,但如果暂且把这些原因放在一边,就会发现这些孩子的身上有一些共性——不肯练习、没有耐性、不够专注。

很多家长决定让孩子学琴,是因为自己喜欢或者希望孩子将来长大以后能通过学习音乐获得一定的素养,学会一件自娱自乐的乐器,但很少有人会预想到,学习任何一项技能都不会仅仅只有得到而没有付出。很多人轻视了学习音乐所需要付出的艰苦和坚持,在没有相同的文化背景和音乐环境的情况下去学习西方古典主义音乐,很多孩子更需要的不是音乐天赋,而是勤奋、坚韧的品格。

诚然,音乐中不是只有艰苦与坚持,音乐中是有乐趣的,而且有很大的乐趣。但得到它不是一蹴而就的,是要像淘金、酿酒般经过岁月的沉淀才能光辉灿烂、芬芳扑鼻。只有这样,每一个有天真纯洁的目光与笑脸的孩子才会在这光辉和芬芳中感受到音乐的美与博爱,成为一个爱音乐、爱生活,沐浴在音乐之爱中的爱乐人。

下面这篇小文,是北京外国语大学新闻系学生夏青对她4年学琴时光的回忆。

六 请让孩子自由涂鸦

纪念学琴的时光

夏 青

从小到大，我一直很喜欢音乐，也梦想过成为一名音乐家。但对于童年里陪伴了我足足4年的小提琴，却总有一种莫名其妙的憎恶之情。细细想来，它似乎也并无过错，甚至还在我小学毕业时为我争得了一个以艺术特长生的身份上某所重点中学的机会。但当12岁的我毅然拒绝了那个机会，考入另一所重点中学并开始了住校生活之后，它与我的联系便仅剩下周末回家时进入视野的黑色琴盒了。

随着琴盒上的灰尘越积越厚，小提琴也逐渐淡出了我的生活。它不再是那个穿着光鲜外衣、会咿咿呀呀地唱歌的葫芦状怪物，而成为一件摆设或者一段回忆。回忆里没有任何一首协奏曲或者奏鸣曲的确切名字，却充斥着各种各样的剪影：大约7岁的时候，我第一次努力伸长胳膊架住一把小提琴。早已不记得姓名的启蒙老师笑眯眯地和我一起练习曲子，我却总是找一些稀奇古怪的借口把琴放下，同时嘟囔着："这琴真重啊。"反复做这样的梦：我偷偷地砸碎了我的琴，然后就可以整天看电视，可以出去和小伙伴们玩捉迷藏了……

现在回想起来，那些年里我一直都是以一种抗拒的态度对待学琴这件事，唯一让我"坚持"下来的原因是父亲的严厉。当时我师从一位正值壮年的副教授，每个周末，父亲都送我去他家上课，听那个副教授把我训斥得一无是处，并认真地记下笔记。在回家的222路公车上，父亲就会细细地给我讲当天课上副教授指出的我的不足。在家的时候，每天晚上2～3个小时的练琴时间也是我的噩梦，小提琴的4根弦总是不够听话，父亲坐在旁边脸色铁青地看着我。他

别埋没孩子的天才特质

偶尔不在家的时候，我就会想尽办法在练琴的时候偷懒，比如把曲子分成若干段落，每拉完一小段就坐下来歇几分钟，这样的自作聪明有时让我觉得内疚和心虚，有时也给我带来愉快和轻松。

后来，我再也不能忍受这样的日子了。我不愿总是一边练琴，一边眼巴巴地看着钟表上的时针，乞求它能移动得快一些，或者总是被副教授批评后眼圈红红地提着琴盒走出他家的大门。之后的住校生活使父母取消了我学琴的课程，从此那种遭罪的生活就远离我了。值得庆幸的是，远离我的只是那段学琴的时光，而不是我对音乐大师、音乐文化以及音乐本身的热爱。

多年后，我终于不再憎恶它的存在。我相信总有一天，我会打开盒子，旋紧弓后的钮，然后把琴放在锁骨上。那时，我一定还能即兴奏出几支曲子，因为那些大师们用心血创作的音符，和那些童年时期每个周末的苛刻话语一起，以及哭得红红的眼睛和鼻子、在222路公车上丢失的雨伞，都是我学琴时光的纪念。

七 警惕儿童个体差异被忽略

儿童不仅在体力、情感、社交能力、学习准备性、学业成绩和学科学习等方面有个体差异，在智龄和智商方面也是如此，而且差异极大。其中，智龄是测量学生能力和学习准备性的一个重要标尺。在同一个年级同一个班中，实龄相同而智龄相异的学生大有人在。然而，现实中孩子们的这些先天差异却被有意无意地忽略。父母和学校更多以考试分数来衡量孩子的聪明与笨拙、成功与失败。

2002年初，一个轰动全国的事件震撼了教育界。一位从小成绩优异，最终以全校第一的成绩考入国内顶尖大学电机系，并已被推荐读研的大四学生，因严重伤害国家二级保护动物，被北京公安局刑事拘留。这名学生老实听话且成绩优秀，按老师和家长的标准来说是个好学生。他一直努力学习，不断参加各种数学比赛，获奖无数，却从不参加文体活动、没有业余爱好、没有朋友。他的两个书柜摆满了数学和外语书，唯一的小说《水浒传》他也从没翻过。他的生活自理能力极差，裤衩和袜子一直是妈妈洗；每个周末往返学校和家中，也需要母亲骑车陪同。这一事件再次向人们敲响警钟：一些应试教育培养出的"好学生"仅仅开发了单一的智能，会考试却不一定是好公民。为了教孩子破解习题，老师和父母费尽心机，却常常忽视他们多元智能的开发和全面发展，这有可能给学生本人和社会带来严重的后果。

哈佛大学发展心理学家霍华德·加德纳创建的多元智能理论，用科学的方法证明人的智能是多元化的，每个人都与生俱来地拥有8~9种智能，它们各自独立存在但相互影响，其程度不但与先天的因素有关，更与后天的环境和教育有关。霍华德·加德纳强调，让学生研究各种学科的目的，不是期望他们变成该领域的小小专家，而是训练他们的思维模式，让他们用该学科特有的思考方式而非直觉来了解这个世界。当他们将学科思维训练内化后，正确的概念才会变成如镌刻的一样深刻，他们才能像专家一样用学科知识解释世界的现象。

七　警惕儿童个体差异被忽略

不分级学校的教育理想

约翰·I. 古德莱德是美国当代最有影响的教育理论家和研究者之一。他所倡导的儿童发展的个体差异性理论、促进个别化发展的纵向课程观、科学的学生成绩评价理念等教育思想，一直对以美国为首的西方教育界产生着深远的影响。古德莱德通过研究证明，儿童不仅在体力、情感、社交能力、学习准备性、学业成绩和学科学习等方面有个体差异，在智龄和智商方面也是如此，而且差异极大。其中，智龄是测量学生能力和学习准备性的一个重要标尺。在同一个年级同一个班中，实龄相同而智龄相异的学生大有人在。

为此，古德莱德提出了不分级教育理念和不分级学校。他认为西方社会秩序形成的前提是"培养个性"，而一切组织的运作都要符合集体与个人的利益。然而，与提倡个性相悖的是，盛行已久的年级制把少年儿童当作一般大小的粗坯，假设他们同质同类，能力不分彼此，学习的初始水平、方式方法乃至过程、进度都是一致的。对此古德莱德认为，教育者必须首先正视学生个体以及同年级学生群体之间都存在着个性差异这一现实。

古德莱德主张必须正视儿童的个体差异性，让存在能力差异的儿童按照适合他们能力发展的步伐学习，从而不断获得成功。由此他提出了学生持续发展理论，即儿童之间存在着较大的个体差异，学校体制的建立必须根据学生具体的学习水平和发展特点，帮助每个学生实现学习上的持续进步。他认为教育应从以教材为中心转移到以儿童为中心，而年级标准与儿童实际情况是不匹配的，因此应该重新整合教材、教法、学习过程等方面的理论与实践，改革学

别埋没孩子的天才特质

制,以适应儿童个体发展的需要。

古德莱德通过研究证实了个体差异性的存在,并呼吁以此为基础制定教育目标。顺应个体差异性,促进个体间有差别而持续的进步,这才是真正的因材施教,才能真正促进学生的发展。他认为,"小学教育的真正任务是要保证每个孩子以最高的效能学习,为他们清除前进道路上的障碍,让他们各自按照自己特有的和合适的步伐向前迈进。"

古德莱德的观察向我们揭示了当时美国父母们对孩子学业和名次的关注。无论中外,父母们的殷殷之情都是一样的。而年级制的环境极易误导这种关注。在当时乃至当前的美国,年级制下的学业评价是把过去成千上万个儿童的平均成绩转化为年级的标准。于是,每一个儿童成绩的评定都是在与其他千万个儿童作比较,以便衡量单个儿童的进步表现。这听起来十分科学,但实际上,由于儿童个体的潜力与他人必然存在差异,年级标准已经失去了其重要性和实用性。那些充满竞争性、以成绩排名为手段的评价方法其实是不现实的,只能为少数儿童带来暂时的喜悦,却伤害了大多数儿童的自尊心并阻碍了他们的个性发展。或许有人认为摒弃成绩排名、取消考试可以杜绝这些消极之处,但问题是,评价是衡量学生发展状况与结果的必要手段,将试卷束之高阁,并不能消除家长们的担忧之情。当他们举着新式的成绩单,询问自己的孩子是不是比其他孩子更有创造力,更具有社会交往能力时,教师如何满足这些自然的需求?

在古德莱德看来,教育者需要重新思考教育评价的宗旨。不分级学校中的成绩评价认同运用测量手段来检验教学效果,也主张使用符号或者描述性的语言来表达教育成果的实质和价值。但关键在

七 警惕儿童个体差异被忽略

于，儿童及父母应当可以通过评价结果，从学校获取诸多可以用来判断自身价值的基本信息。因此，应当放弃具有不实之处且基本上和学生个体无甚关联的年级标准，所采纳的每种成绩表现形式都应与专为儿童个体构建的更为灵活、更具有个性的纵向成长计划相关联。评价的重点应当是了解和诊断儿童本人过去和现在的表现并加以比较，从而了解儿童在某一科目上的学习进步频率和发展方向，了解儿童的表现与教师为他设计的学习计划是否相关。古德莱德建议教师要对每一位儿童的整体需求和潜力发展状况保持关注，他相信，随着时间的推移，将来教育评价或者成绩报告机制所起的作用就是使儿童更加了解自己，也更好地让自己为别人所了解，从而可以最大限度地发挥自己的潜力。学校教育的目的之一正是为了促进学生个体发掘和培养自身的才能。

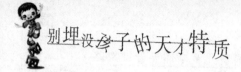

别埋没孩子的天才特质

重新认识多元智能

20多年前,哈佛大学发展心理学家霍华德·加德纳创建的多元智能理论受到了全球教育界普遍的欢迎,产生了热烈的反响。这个理论就像黑洞,具有强大的吸引力,不仅各国的学校依据它推进教育改革,北京一位物理化学教授甚至利用业余时间系统学习相关知识,先后两次访问该理论的发源地——美国哈佛大学,进而和该理论的创始人成为好朋友。历时13年,终于精心翻译了横跨自然科学、社会科学、人文科学和多门类艺术的《智能的结构》,后来又陆续翻译了一系列"多元智能"图书,这名物理化学教授就是国内多所高校客座教授沈致隆。

学生自杀引发的思考

沈致隆教授为何如此严重"不务正业"?说来话长。1994年沈致隆任教的北京某工科院校一名来自农村的学生,入学才3个月就自杀身亡。沈致隆在震惊之余发现,这名学生是他家几代人中唯一的大学生,身上寄托着无数亲友的美好愿望,虽然数理化成绩很好,却孤僻内向、不善交往、没有文体爱好,最终心理失常,导致悲剧的发生。

正是这个时候,沈致隆结识了创建多元智能理论的加德纳教授。为了寻求通过美育或艺术教育帮助大学生克服心理障碍的方法,沈致隆于1997年前往哈佛大学访问,希望能找到治疗应试教育顽疾的良方。通过这次美国之行,他了解到全世界20多个国家的教

七 警惕儿童个体差异被忽略

育工作者们对多元智能理论的认同,聆听了他们在学校教育中应用该理论的成功经验,回国后,沈致隆便翻译了加德纳的《多元智能》,希望能以此为德智体美全面发展的教育方针摇旗呐喊。

书出版了,沈致隆却欲罢不能,不久就重返多元智能理论的研究,2006年为此再度访问哈佛大学。13年来,沈致隆始终关注这个理论及其创建者的另一个原因,就是从加德纳的学术经历及其理论中,他发现哈佛大学的通识教育体制和学科交叉的研究方法对培养具有创造性的人才和实现学术创新起到了重要的作用。为什么多元智能理论诞生在哈佛?为什么是加德纳而不是其他心理学家创建了这个理论?哈佛大学成为世界一流大学的原因很多,原因之一就是该校1945年发表的《自由社会中的通识教育》报告,对西方当代大学理念产生了广泛的影响。

加德纳在哈佛大学虽然先后主修历史学、社会学和心理学,但在本科和研究生期间选修过多门自然科学类课程,研究过包括中国古代绘画在内的东西方文化。自幼的音乐爱好和通识教育的影响,赋予他跨学科和跨文化的视野,使之初出茅庐就立下在心理学领域为艺术寻找一席之地的志向,这是他成功创新的重要原因。他在多元智能理论的奠基之作《智能的结构》一书中,将心理学、生理学、数学、物理学、化学、生物学、人类学、社会学、文学、历史学、哲学、音乐、舞蹈、绘画、雕塑、戏剧、体育运动等多个学科和领域的内容有机地融合在一起,令人信服地论证了智能的多元化及其分类,这是应试教育和单科教育培养出来的人无法成就的。

何谓多元智能理论

1900年,巴黎的心理测量学家阿尔弗莱德·比奈提出了IQ,即

别埋没孩子的天才特质

"智商",并产生了与之相对应的有关学校的观念,加德纳称之为"统一制式观念"。在学校里,每个学生都要学习相同的课程即核心课程,而学校使用的评估方法,往往是类似IQ的各种考试,凭考试的成绩将学生排列成令人可信的顺序,排序靠前的学生被送进较好的大学。

但加德纳想谈的是对智能的不同看法,并介绍一种完全不同的看待学校的观点,这就是智能的多元观。即承认存在许多不同的、各自独立的认知方式,承认不同的人具有不同的认知强项和对应的认知风格。

在20世纪80年代,加德纳提出了最初的7种智能——音乐智能、身体-动觉智能、逻辑-数学智能、语言智能、空间智能、人际智能和自我认知智能。后来,加德纳开始考虑是否存在着博物学家智能和精神信仰智能。他给精神信仰智能起了一个名字,叫存在智能——有时被人称为"大问题的智能"。

多元智能理论认为,人的智能是多元的,除了语言智能和逻辑-数学智能之外的6~7种智能,不但对于学生的智力开发、健康成长和进入社会后事业的成功同样重要,而且对于促进整个社会的和谐也有重要意义。每个人都有可发展的潜力,只是表现的领域不同而已。

今天,多元智能理论给全世界基于传统教育的观念带来了巨大的冲击,并深刻地影响着中国的素质教育改革。教育界认可多元智能理论的部分原因,是由于该理论涉及的智能的种类与学校开设的课程比较容易——对应。但是,加德纳认为,不应因为商界与教育界两者存在着不同,就抹杀商业和教育的共同之处。其实,多元智能中的每一种智能在商业中都扮演着重要角色。比如:记者、

七 警惕儿童个体差异被忽略

演讲者和培训人员这类专业人员，对语言智能的依赖程度较高；科学家、工程师、金融家和会计师，则在逻辑-数学智能方面有较高的要求；销售员、管理者、教师和咨询师，则需要较高的人际智能等。

多元智能挑战传统教育

多元智能理论的意义远远超越了教育领域，它可以应用于帮助个人、团队和组织，在从未有过的复杂环境中更有效地挖掘人力资源。首先，不同的工作要求不同的智能强项、智能组合以及合作者之间的智能关系，这些信息对于雇员自己和企业的负责人来说都至关重要。

智能的组合也可以用来了解在团队和组织的层面上，不同雇员之间是如何相互制约、补充和促进的，有助于减轻雇员的工作压力和缓解彼此之间的紧张关系。

目前，中国的学校和训练项目依然着重开发培养语言智能和逻辑-数学智能，而其他种类的智能几乎都被排斥在外。加德纳认为，对于现有职业的可能性来说，拥有这两种智能的人才显然是过剩了。

多元智能理论是我国新课程改革的支柱理论之一。国内相关的理论研究和实践研究也在开展之中。

教学场景：

上海交通大学子弟小学，三年级的对联课，这门课是酷爱中国古典诗词的丁慈矿老师为各年级学生创设的校本课程。丁老师笑眯眯地出了一个四字对"绿风红雨"，学生们疑惑地问："老师，风为什么是绿的？雨怎么可能是红的？"

别埋没孩子的天才特质

丁老师转身用漂亮的书法在黑板上写下：吹面不寒杨柳风，沾衣欲湿杏花雨。孩子们恍然大悟，一个学生站起来大声说："老师，我懂了，'绿风红雨'就是在写春天的景色！春风吹拂杨柳，杨柳随风而动，这就是'绿风'；而'夜来风雨声，花落知多少'，这就是'红雨'啊！"

丁老师拍拍他的肩膀说："很好，你有了对诗的感觉，你来对下联吧！"学生想了想，大声说："碧海蓝天。"课堂里一下子群情振奋、热闹非凡，有的对"碧水青山"，有的对"蓝天白云"，还有的对"紫燕黄莺"……

"通过教学我发现汉语充满情趣，孩子们充满灵性，一个三年级的学生以'石库门'对'水帘洞'，以'秋雨过江南'对'春风来海上'，一个五年级的学生以'山东长生果生长东山'对'上海自来水来自海上'，真是妙不可言……如果我的学生因为我的影响喜欢上了中国的语言文字，那么我就没有白当一回小学语文教师！"

——摘自丁老师教学手记

有智慧的老师方能带出有才干的学生。多元智能教学中，教师首先要开发自身的智能长项。丁老师发挥专长，把对联课作为开启学生语言智慧的钥匙。在这个教学片断中，"空间智能"以想象的形式被开启，通过古典诗词的语感和语境，自然地表露出来。在对联课上，学生的主动思维与创造力得到了最大程度的开发，沟通、探讨与教学相长成为非常自然的状态。教师信任学生又极善于引导，对于学生的进步与创意不吝鼓励之词，学生的语言和思维潜能得到了充分开发。

七 警惕儿童个体差异被忽略

孩子并非一张白纸

许多努力想学好外语的成年人常会感慨：学外语要是能像小孩学母语那么容易就好了！孩子们不需要专业语言教师，不用语法课本，就能自然而然地学会他在生活中所用的一种或多种语言。除了母语，在生命的头几年，孩子们轻易就能掌握许多技能，能说会道，能歌善舞，对数字、分类、因果关系以及人际关系都有了初步的感觉。到底是什么使孩子们能自然习得，至今仍是学者们无法理解的谜。

然而，同样是这些神奇的孩子，在进入正式学校后可能会在学习上遇到极大的困难。有些孩子在听说方面没问题，但读和写却是对他们的极大挑战。还有些孩子喜欢数数和数字游戏，但数学运算却使他们很烦恼，更不用说复杂的数学应用题了。小时候自然形成的直觉式的学习能力和方式，似乎和这个文明世界所要求的学校学习无缘。于是，这些学生便成了学校里的失败者或牺牲者。

更让人感到困扰的是，学校里不少"好学生"虽然考试成绩优秀，却没能真正理解课程中的概念与原理。同时，一些能用学到的知识解决现实问题的学生，却常常不能通过考试。这就好像一个能看懂说明书的读书人无法把机器组装起来，但一个文盲却能一眼看出哪个零件应该安装在哪里一样。

为什么有些人可以轻松自如地学会某些概念和技巧，却在学校这个最尽力提供技能与知识的地方感到学习困难呢？多元智能理论之父霍华德·加德纳，把注意力投向了这个有点老生常谈但至今尚无答案的重要问题。他以对幼童思维的研究为基础，结合认知科学

别埋没孩子的天才特质

和教育纲要，告诉我们当今的教材、教学和评价方式以及教育机构是如何不适合我们的心智和自然学习规律的。

孩子是一张白纸吗

我们常常听到这样一句话，孩子的大脑是一块白板。教育的目的就是用各种信息、知识、技能和智慧来装备这个大脑，使孩子们长大后有能力积极且有意义地融入这个世界。如果孩子的大脑真的空空如也，什么都不知道，那么我们的教育应该只能算失败了。

然而，婴儿是一个设计精良的生物体，他们会用自己特殊的眼光看世界，他们理解世界的能力在不断增强。在进入正式学校学习前，他们对物质世界、自然世界和人类世界已有许多"未受学科训练"的认识，尽管这些认识有对有错。

孩子对这个世界的理解还体现在他们对生活事件构建出了各种模式，加德纳称之为"剧本"。孩子的"剧本"既有他们亲眼所见或亲身体验到的，也有他们在电视、电影或书本上看来的。比如，城里孩子的生日会"剧本"可能是唱生日歌、许愿、吹蜡烛、吃蛋糕等一系列的活动；农村孩子的生日会"剧本"则可能是吃一碗加鸡蛋的长寿面。

5岁孩子的心中已经装满了许多可以运用的"剧本"和观念，它们会在今后的数十年被一再引用，而且非常顽强有力，甚至在大脑受伤后还能残留下来。还有许多早年的错误观念和印象隐藏得较深，不容易被觉察到。

当孩子们上学的时候，他们会期待学校教材上的内容符合这些"剧本"和观念，那么他们就比较容易吸收。但若是教材的内容与

七 警惕儿童个体差异被忽略

他们心中根深蒂固的各种"剧本"发生矛盾冲突，孩子们就难以接受或可能扭曲它们。孩子们的早年观念往往是不成熟的、可能存在误导或根本性错误，这些印记常常会造成学习困难。教师和家长大多不了解早年形成的观念的影响力如此巨大，而将它们忽略不计。

如果有人问，两个体积相同但重量不同的铁球，从同一高度自由落地，哪个铁球先着地？学过中学物理的你应该懂得回答："同时落地。"许多人知道这个标准答案，但是在我们的经验和理解中，重的物体比轻的物体下落的速度要快。所以，每次在回答这个问题的时候，不少人的心总是不踏实的，他们还是无法从内心真正理解，"为什么不是重的那个先落地呢？"儿时的错误概念是那么的顽固不化、挥之不去。

同样严重的偏见和刻板观念也存在于从历史到艺术的各个人文学科中。许多学历史的学生，看电影看到紧张时，会脱口就问："他是好人还是坏人？"甚至在解释当前发生的复杂事件也摆脱不了小时候最简单的"好人-坏人"公式。

儿时的这种直觉式理解威力强大，它们可能会成为认识事物的主导方式，而一旦离开正规教育环境，这些理论的威力很有可能再次出现。弗洛伊德说："生命前5年的经验会对我们的一生产生决定性的影响，日后所有发生的事件对它的反对都是徒劳。"5岁儿童的心智持续存在于我们大部分人的心中，存在于我们的日常活动中。如果这样，教育还能做些什么呢？

重塑正确的印记

如果说学前孩子的大脑是一块刻有许多错误印记的石板，那么

别埋没孩子的天才特质

学校的教育应该是帮助他们把那些错误印记磨平，重新刻上正确的印记。用一个比喻，不成功的教育就像是在刻有错误印记的石板上撒了一层沙子，再在沙子表面写上正确的印记。表面看来，好像孩子们已经接受了正确的概念，可是，一旦刮起大风，沙子被吹走，露出的依然是原先深刻的错误印记。

既然每位学生的内心都有一个未受学校训练的5岁儿童的心智，而且挣脱着要表现出来，那么学校的任务就应该是让这个"狂野"的心智安定下来，给它套上笼头缰绳。这是一个困难而复杂的过程，学校的教育既要修正孩子生命前5年中的各种错误概念，又要防止规范化的过程可能限制了孩子的想象力，或是强化了在这个阶段还没有彻底生根的偏见与"剧本"。同时，教育还要试图保留住孩子心灵中独特的品质——好奇、冒险、丰富的想象力和创造力以及灵活有弹性的解决问题能力等等。

加德纳相信：学校要训练学生的学科心智（The disciplined mind）。如何为孩子消除早年的错误观念和重塑正确的印记是学校教育的中心课题。

训练学生的学科心智不是仅仅传授某个知识领域中的各种事实的汇集，如历史的年代日期和名称、科学的公式和数据等，而应该为学生揭示真相后面的学科思维方式。比如，科学理论、假设和实验数据之间的关系，历史过程中人类的作用、动机和目的所扮演的重要角色，或者文学作品中文字、作者的经历以及写作意图之间的关系，等等。

当前，大多数学校还是侧重在要求学生用学校要求的形式将所学过的事实、概念和问题复述出来，这自然谈不上学科理解。只有当学生能将在学校所学的知识与技能灵活应用在新的情形时，才能

七 警惕儿童个体差异被忽略

算是真正地理解了。

揭示真理还是覆盖知识

我们要怎样做才能在庞大纷杂的知识体系里不至于迷失方向？教育应该是揭示（recovering）真理，而不是覆盖（covering）知识。加德纳强调，让学生研究各种学科的目的，不是期望他们变成该领域的小小专家，而是训练他们的思维模式，让他们用该学科特有的思考方式而非直觉来了解这个世界。当他们将学科思维训练内化后，正确的概念才会变成如镌刻的一样深刻，他们才能像专家一样用学科知识解释世界的现象。

今天的课程设计起源于100年前的美国中等教育10人委员会。当时，美国政府要求普及教育，这个由美国教育界领袖组成的10人委员会，负责为全国学校教育政策提出建议："不管学生学习是为何目的，或者要读到什么阶段为止，只要他们愿意学习，那么中学教育的每一门学科，都应该把相同的内容以相同的方式，传授给每位学生。"这个决议影响了美国乃至全世界整整一个世纪的课程设置和教学方式，也影响了课程设计的传统：中学为大学而教，小学为中学而教，幼儿园为小学而教。为下一阶段教育输送人才，往往会忘了本阶段学生的学习特点和目标。

我国教育大纲规定，学生在每个不同的学年应该学会几十或几百个课题。课程设计者希望把他们认为重要的知识，在有限的时间内全部教给学生。教师拼命赶进度，灌输大量的主题和概念，根本顾不上学生是否能够真正理解。当教学效果靠考试来评估时，老师当然愿意多留一些时间来复习功课，希望通过反复的练习和题海战术，让学生能够条件反射式地在考试中有优秀的表现。不能真正理

别埋没孩子的天才特质

解的问题虽然存在，但在老师的指导和向标准答案妥协的要求下，学生也可能学会如何"恰当"地解答问题，使自己通过考试。一张表面及格的试卷下面掩盖的是千疮百孔的知识结构和残缺不全的理解能力。

学校围墙外的世界变化如此之快，但是学校里的大部分活动，还是因为上几代人都那么做，所以还那么做，而不是因为有令人信服的理由必须那么做。

在缺乏学科结构和训练的情况下，学生可能很快就会把所学的内容忘掉。学校教育失去了原有意义。

七 警惕儿童个体差异被忽略

理性看待孩子的学习成绩

有这样一种模式:你到学校去上学,有聪明人在那里教你一些知识,你应该学会并记住它们,如果记不住,那表示你不聪明。孩子们会认为,学习必须依靠某些能力或需要聪明的脑袋,很少孩子把学习看作是一个由实验、思考和自我改进所构成的漫长过程。在学校里,你的价值与聪明程度只能体现在考试成绩上。事实上,这个关于上学、学习和评价的典型模式存在于许多父母和老师的心中。

被考试禁锢的成就表现

怎样才能显示你是一个"聪明的学生"呢?学生至少要学会完成家庭作业和通过考试。现在大部分学校的评估方式,都是在单元学习结束时进行一次测验。考试内容是由出题老师单方面选定的,在考前对学生保密。大多数学生不知道也不在乎自己的学习表现,只想知道最后的考试成绩。老师也只将注意力集中在学生的考试成绩和学校要求的评价结果上,很少有人关心答案背后的思考过程。学生解题的兴趣和动机都不足,利用这种测验方式所测得的成绩,实在不容易看出学生在校外环境中可能的成就表现。

学校目前的考试评估常常是用来指出学生的弱点而非长项,或者说考试主要是考学生不会什么,而不是用来了解学生学会了什么。

理想的评价方式应该是,学生可以不断从老师或其他人那里了

别埋没孩子的天才特质

解到自己的表现并得到实质性的建议，帮助自己提升表现水准。评估的标准应该是公开的，欢迎学生提出自己的见解或参加讨论。让学生有充分的时间对自己的学习进行反省、练习和接受指导帮助。一段时间后，学生就能够渐渐将评价标准内化，知道如何将自己的表现和理想状况与其他程度较高或较低的学生作比较。

适合孩子的教育环境

近年来认知研究领域出现了一股主旋律，即发现每个孩子拥有不同的心智，因而每个人的学习、记忆、表现和理解的方式也各异。每个人的智能强弱组合各不相同，而且习惯以个人特有的风格来结合和使用这些智能。各项智能的组合和彼此关系，会因为个人的经验和背景的推移而改变。既然获取和表达知识的方式是多样的，教学也应该考虑到这些个性的差异。

知道可以有不同的方法来表达和获取知识，这在某种程度上使事情显得更复杂，但也同样带来希望。老师们了解发展心理学之后，知道如何配合学生的心理发展，在不同的阶段教授合适的教学内容；他们了解到虽然孩子的年龄和体型相仿，不同孩子的心理发展速度也不尽相同，因而能帮助到孩子的课程与例子也不一样。

父母和老师应该回顾自己所受的教育，哪些是有效的？哪些是自己渴望了解的？哪些是转瞬即忘的？父母和老师还要与时俱进，了解当今世界存在的新压力与新机会，明白有许多现状和自己当学生的时候已经完全不同，流传了许多世纪的知识传递方式也有一些不再适用了。世界正在发生前所未有的大变动，从电脑游戏到太空探险，新媒体与新科技带给孩子们一个充满刺激和诱惑的时代。那些曾经让我们喜爱的活动，比如在教室里阅读或听老师讲解古老的

七 警惕儿童个体差异被忽略

教材，已经不容易吸引今天的孩子了。

如果我们要进行教育改革，最重要的是必须创造一个新环境。加德纳提出了一种新的教育模式。他认为，应该认真考虑结合现代儿童博物馆的启发兴趣和开放的胸怀，加上古老学徒制的结构、要求和纪律，并将之延伸到家庭、学校、工作场所等各种教育环境中。在传统的学徒制里，学徒可以在日常工作环节中看到各个活动之间的关联、追求的目标以及有效的工具。孩子们有机会观察到专家们灵活自如地运用各种知识，直接接触到误解或错误的分析所导致的后果，或者亲眼目睹计划周全的程序运作所带来的快乐。

在儿童博物馆里，我们不能满足于走马观花式的参观，而应该给孩子机会去动手创新，探索丰富的环境，试验已有的思想中有哪些是不正确的。在职训练、导师制和让专业人员参与学校教学，都能缩小学校课业与生活课业之间的差距。融入有意义的研究项目、合作互动和记录学生进步的过程档案，都能使孩子认识到自己的思考过程，以及自己的直觉概念与学科知识之间相容或矛盾的地方。

孩子如果能在理想的环境下接受教育，利用一个月或一个学期，专注探究一个主题，深入某一学科的中心问题，就可以对相关的数据和事实，获得比较完整的看法。大部分学生虽然极少直接质疑自己幼年时期的错误概念与刻板印象，但是当他们合作进行项目研究活动，用激发思考的有趣问题来相互询问，开始思考自己的学习过程时，就会渐渐开始质疑儿时那些直觉式的理解。

别埋没孩子的天才特质

延伸阅读

希望这个世界不再有什么乖孩子

亲爱的健雄：

看到你在报纸上的文章，对你们这些体制内的"乖孩子"，有很多很多的同情。记得我自己的孩子在上幼稚园的时候，也曾经因为不肯好好排队上厕所，中午不想睡午觉，被老师说"不乖"之后万分泄气地回来。但是，在我们认真讨论过"乖孩子"和"好孩子"的分别后，他们决定无所畏惧地做一个"好，却不一定乖"的孩子。

现在他们都是十几岁的少年了，依然保持着这样的气概。因为他们通过不断的思考和讨论，发现要成为体制之内的乖孩子，常常得付出自信和自尊的代价来讨好成人，于是决定放弃那个冠冕，保有自我。后来，我们一群人在山里办了一个实验学校，也不用"乖"或"不乖"的字眼来评价孩子——因为这样的字眼本身就具有操控的意味。

你说："大人眼中的乖孩子，指的就是听父母师长的话、不违逆大人、对成人的命令深信不疑地服从的孩子，但这却违背了孩子的本性。因为孩子在稍微懂事之后，就会有自己的主张，如果父母和自己的意见不同，却又强迫自己要听话时，孩子只好压抑自己，去做自己不想做的事，成为一个'乖孩子'。"这样的字句出自一位孩子之口，真是叫人又难过又欣喜。难过的是，长久以来，许多成人并未反省到这个层面；欣喜的是，居然孩子有了这样的体认。只是亲爱的健雄，当你长大成人之后，还会记得现在的感觉，并且

七 警惕儿童个体差异被忽略

不用这样的态度对待自己和别人的孩子吗？

这样问你，并没有什么恶意。我只是感叹人间有太多儿时受虐的小孩，长大后反而成为施暴的大人。他们在幼年时期，也都深深体会到暴力和操控行为带来的伤害，可是成年后却承袭了同样的对待孩子的方式。或许他们小时候，对暴力或操控行为的体认没有得到足够的支持；或许他所身处的环境，无法让他学到其他比较好的应对方式。久而久之，孩子就会怀疑自己的觉知，甚至觉得那种暴力或操控是对的。再加上受传统社会对于亲子关系认识的制约，不是告诉孩子要"牺牲小我，完成大我"，就是"天下没有不是的父母"，要不然就是"我打你，是因为我爱你"等等似是而非的说法。在不允许质疑或讨论的情况下，弱势的孩子们只好把自己的感觉压在一边。再三重复的结果就是，小小的孩子只好接受这种记忆，最后成为自己日后的行为准则。

有时我想，不论一个成人多么睿智，只要他还存有"要孩子乖"的想法，就是阻碍孩子独立思考、发展自我的刽子手。当然，我不是说应该放任孩子，鼓励他们只关心自己的利益，而是说，我们都应该培养自己反省和思辨的能力，随时愿意和孩子谈论自己的行为准则和生命的价值观，而不是一味地强制和灌输。如此，成人才能重新检视自己的行事原则，孩子们也才有合理而聪明的成长机会。在这样的接纳、包容和讨论中，我们就能发展出彼此间真正的尊重和爱。

你在文章中呼吁大人们不要遗忘这些乖孩子，请大人致力于了解你们的想法与感受。我倒希望这个世界上不要再有什么乖孩子了，大家都能努力让自己成为一个自尊自重的好孩子。

这些年，我看到许多从体制内转学来的孩子，有品学兼优的乖

别埋没孩子的天才特质

孩子，有被大人视为无可救药的坏孩子，也有狂妄自大或畏缩自卑的小孩子。他们都在实验学校里学习做他自己，学习如何自主有效地学习，也学习如何清明地看待世界和自己。我们教师只是提供一个良好的支持环境，陪着他们找出这条道路，并且在他们需要时，提供自己的经验，与他们共同思考。

几年下来，我们发现：体制内的乖孩子如果要成为自主清明的好孩子，必须花费更长的时间，整个过程也更困难。这实在是非常奇怪的事。于是，我去请教我们的顾问先生，他的话让我想了很久。

这位看过很多孩子的老教育家说："一个被认为不乖的体制内小孩，他还没有接受体制那一套价值观，所以有很多的反叛和质疑，才搞得自己和别人都不舒服。他们到了你们学校，只要重新建立一套价值就好了。而体制内的乖孩子，已经完全把那一套制约内化了。到了你们学校，他得先经过一次解构的程序，再来一次新价值体系的建构程序，当然花的时间和力气都要大得多了。"

我们常常在课堂上或日常生活中，发现那些"乖宝宝"们一开始总是等着老师给他一个"标准答案"或做法，当他发现老师并不提供这样的教导时，就会手足无措地愣在那里，不知如何是好。他们怕没有固定答案的题目，怕写自由命题的随笔，怕自己在不知道什么时候、什么地方犯错。他们心里有一种不确定的恐惧，除非不断得到别人的肯定和赞美，否则就会觉得自己做得不够好。他们也比较难以接受别人好的情况，只要听到别人被赞美，马上就自动转化为"那表示我不好"，可是事实上对方根本就没有拿任何人来作比较的意思。这样的体制内乖宝宝，真是叫人心痛和同情。

有一次我和几位学苑的"老生"讨论这个情况，一位特别明

七 警惕儿童个体差异被忽略

白的孩子说:"也许有机会我们应该告诉所有体制内的孩子'为自己不明白原因,感觉上又不愉快的要求服务,是出卖灵魂的做法'。"我真希望所有的大人,都不要再让孩子觉得你在强迫他出卖灵魂才好。

从不收藏灵魂的雅卿老师　敬上

（本文摘编自《乖孩子的伤,最重》,李雅卿著,首都师范大学出版社出版）

八 好问的孩子得天酬

好奇心是上天赐给我们的神秘礼物，它引领我们向未知的世界不断地探索。孩子的好奇心更是他们保持童趣的关键所在，他们天生对科学充满了好奇，渴望了解大自然，了解未知的世界。然而很多时候，这种好奇心却被我们在无形中泯灭了。如何激发孩子的好奇心，并使之长久地保持下去，继而积极地去发现科学、探索科学？这是父母和教师必须面对的问题。

在当前的教育实践中，存在着大量"重学答，轻提问"的现象。成人习惯于把现成的知识传授给孩子，让他们理解、熟记，这一做法已严重阻碍了孩子创新能力的培养。2005年，李政道在中国科技馆与青少年座谈时道出了他的求学秘诀："求学问，需学问；只学答，非学问"，这句话精辟地指出，提问是人类认识事物、掌握规律的必经之路。

现在的孩子身处丰富多彩的文化知识环境。但如果只会一味死读书而不懂思考，他们很可能会缺乏追求知识的热情和探索自然的动力。提问是创新的开始。能提问的孩子一定是爱思考的孩子，如果只读书而不求甚解，更不用说去提出新的问题，那么他们所得到的知识就只能停留在书本上。

美国物理学家雪莉·杰克逊，从小就喜欢用父亲喝水的玻璃罐子捉蜜蜂，还用一系列的实验解开了心里有关蜜蜂的一大堆疑问：她把不同种类的蜜蜂养在一起，知道了胡蜂、大黄蜂和小黄蜂都能和睦相处；她一上午都把蜜蜂关在黑暗的环境中，直到中午才放出来，发现蜜蜂的行为和身处午夜时分一样。正是这些早期养成的观察和实验的习惯，使她在科学界取得了巨大的成就。

或许，我们成为不了雪莉那样著名的物理学家，但至少我们可以给孩子们那个走近科学的"玻璃罐子"，从小在他们内心埋下科学的种子，使其拥有宝贵的科学精神。

科学的最大敌人是急功近利，父母以功利的心态教育孩子，学校以升学为目标教育学生，都与科学精神的培养背道而驰。培养孩子的科学精神，父母首先要着眼于长远，从培养兴趣和爱好出发，支持孩子亲近自然，让孩子走进大千世界。

八　好问的孩子得天酬

培养孩子"每事问"精神

中国大百科全书出版社总编辑徐惟诚曾感慨：我们的孩子背书的能力很强，在各种国际比赛上，金牌拿得很多，但是创造性思维却不一定强。他提到，当年李政道博士回国演讲结束之后，按照美国人的习惯要留一点时间给大家提问，可是在场的听众却没有人提问。李政道很感慨，随后在科技馆与中国的中学生座谈时有感而发，题了"求学问，需学问；只学答，非学问"这12个字。

许多从国外回来的人都说，美国的家长在孩子上学的时候往往跟孩子说，今天上学了要给老师提两个好问题；而中国的家长则会对孩子说，今天上学了要听老师的话。爱因斯坦说，提出问题比解决问题更有价值。这就是说任何问题只要提出来最后总能找到解决的办法，无非是时间长短的问题，但是如果连问题都没有，解决问题就无从谈起。钱学森老先生也谈到过这种情况，指出善于发问的习惯会十分有利于创造型人才的成长。

提问是需要鼓励的

在美国，从小学、中学到大学，几乎每一个老师都在课堂上不断地重复："有什么问题吗？"但是中国的大多数老师却不喜欢孩子提出问题来。要是提出的问题老师回答不了，老师会不会没面子呢？美国的老师会说："这位小朋友提的问题很好，老师也不知道，有谁能回答吗？"如果大家都回答不上来，老师会说某某同学提的问题太好了，我们大家都不知道，我们回去查查百科全书吧。

别埋没孩子的天才特质

老师一点都不觉得丢面子。所以,要有创新型人才的出现,就得有培养这种人才的氛围,就得有一大批欢迎孩子提问的老师和父母。

中国著名的教育家马相伯,是我国现代高等教育的创始人之一,曾任上海震旦大学的第一任校长,后来是复旦大学的第一任校长,之后还到北京大学做过短期的代理校长。他写过一篇文章,讲他的童年,他说:我小时候对月亮最有兴趣,我老要问人家,月亮为什么有的时候是圆的,有的时候是半圆的,有的时候又看不见。为什么我去追月亮,我跑多快,月亮就跑多快,我不跑了,月亮就不跑了,我永远追不上它。我又想,我能把月亮捅下来吗?我爬到阁楼上用竹竿去捅,当然捅不着了。我问这些问题时总是被大人嘲笑,也有人糊弄我,说那一半被老虎吃掉了。但幸亏我还坚持着我的问题,所以我后来才能学一点天文学。我建议凡是做父母的、做幼儿园老师的,都要慎重地对待孩子的问题,不论多么幼稚,多么可笑,很可能这样求知的愿望背后就孕育着一个杰出的人才。

提问是孩子的天性,但是我们发现越小的孩子越能提问题,越大的孩子反而没有问题了。为什么长大了反而不会问了呢?这跟人们长大后所处的环境有很大关系。著名天文学家、科普作家李元认为,孩子只有爱思考才可能提出问题,即多想才能多问。

以下这样的场景,相信为人父母的都曾经历过:

孩子:北京的太阳这么亮怎么不暖和?

妈妈:因为是北方。

孩子:为什么?

妈妈:嗯……那个……太阳离我们远。

孩子:为什么?

妈妈:因为是冬天,加上离得远,所以冷。

八 好问的孩子得天酬

孩子：为什么？

妈妈：嗯……我回家看看书上怎么说再回答吧。（晕……4岁多的宝贝，现在的为什么怎么这么多啊？知识不够啊，我要好好学习去。）

这是一位4岁儿子的妈妈写下的博客。作为父母，我们都曾体验过孩子们超乎寻常的想象力：黄瓜是绿色的但为什么叫黄瓜？为什么我们看不到自己的眼睫毛……一个个问题让我们这些成年人也为之震撼，并感受到孩子强大的好奇心和旺盛的求知欲。同时我们也会发现，"童年"真是件颇有意思的事情，我们每个人都曾经拥有过它，但是当我们长大成人之后，却常常把童年的感觉给丢失了。身为父母的我们经常对孩子的发问不以为然，甚至会对他们永无休止的发问感到厌烦。

面对孩子的好奇心和各种稀奇古怪的问题，父母首先要珍视孩子的发问，同时不要急于告诉他答案，而是要引导他继续思考，进而形成习惯发问的思维方式。有些问题父母可能一时回答不上来，坦诚地告诉孩子：这是一个很好的问题，我也不知道准确的答案，让我们来一起寻找答案吧！

让我们来看看医学编辑马博华老师是如何面对小外孙的提问的：

我们每个人都有好奇心，而好奇心正是科学探索的原动力，我在带外孙的过程中对此深有体会。虽然我做医学专业编辑一直到退休，也为孩子们写过一些书，但是爱问"为什么"的外孙仍给我出了许多难题。

外孙5岁了，为了让他了解昆虫的变态过程，我们特意养了几条蚕。他在仔细观察了蚕如何吃桑叶，如何休眠脱皮后，问我蚕为

别埋没孩子的天才特质

什么脱皮。我解释说:"因为蚕要长大,所以要脱掉皮。"他小眼睛一转就问:"我们长大脱不脱皮?"我说:"当然要脱皮。"并仔细讲了表皮脱落的过程和时间。谁知他又追问:"那我怎么不知道我脱皮?""因为表皮细胞很小,你看不见,有时你洗澡搓下的脏东西里就有你脱的皮!"听完我的解释,他才满意地去玩了。

我们全家有一个共识:要保护孩子的好奇心,不要轻视孩子的提问,一定要耐心地回答。但是,有时他提的问题真的很难回答。一次,他见到我女儿用卫生巾,就问:"妈妈,大人的尿不湿为什么那么小?"我女儿一时不知怎么回答,就说:"你去问姥姥吧!"

我心里暗想:女儿把问题转给我,而不是像有些人那样,一碰到类似的难题,就用成人的标准去判断孩子,甚至指责孩子,女儿做得对。但这个问题的确很难回答,因为对5岁的孩子来说,这个问题涉及了许多他不懂的名词、概念,而且有些是大人们不愿对孩子说的内容,我必须从孩子已经认识的事物出发,为他进行科学的解答。我告诉他,这不是尿不湿,而是大人用的卫生巾。卫生巾不是接尿的,而是接一种液体,这种液体是从你在妈妈肚子里住的小房子里流出来的,小房子最里面的一层叫黏膜,它可以像鼻子分泌鼻涕一样分泌液体,液体流出来,就得用卫生巾接。他听后似乎懂了,也没再问什么。回答中我有意回避了月经、血等问题,因为对5岁的孩子来说,这样的回答就足够了,而且没有不科学的地方。相信随着小外孙的长大,其他的问题他自然就会了解了。

小外孙有好奇心、爱提问,这是多么令人欣慰的事啊!有时,他的提问真是让我们惊叹。在观看院内的爬山虎这种植物时,小外孙问:"它怎么会有小爪子?"我们蹲下来仔细一看,果然,在爬

八 好问的孩子得天酬

山虎的卷须末端有"小爪子"紧紧地趴在墙上！小外孙换牙了，他问："新长出的牙为什么有锯齿？"让我这个学医的一时也难以回答。

我和他父母经常一起议论孩子提的问题，我们要向孩子学习，向自然学习，向书本学习。我们不要小看孩子，童心可以唤起我们的兴趣，童心让我们不断学习。我们愿与孩子一起探索、一起攀登兴趣这个使人进步的阶梯。

为孩子的创造性思维提供空间

创造性思维并不神秘，它的两个最主要特征就是首创性和新颖性。1959年，美国心理学家吉尔福特在其著名的"智力结构理论"中提出了对创造力因素的分析，他认为创造力是由思维的流畅性、变通性、独创性和明确化等因素构成的。流畅性是指对某一特定问题做出反应时所产生的答案的数量。比如问儿童"水有什么用途？"儿童答道："水可以用来洗澡、洗手、养鱼、灭火、解渴"，说出的用途越多，表明儿童思维的流畅性就越好。变通性是指能提出不同类型的意见和办法来解决问题。与流畅性不同，它注重的是答案的质量而不是数量。比如司马光砸缸救小朋友，他还可以使用其他的方法——可以找一根绳子，一端扔给那个小朋友，然后将他拉出来；可以让别的孩子去找大人帮忙；也可以找几个小朋友一齐用力把缸推翻；还可以找一根很大的抽水管，将缸里的水全部抽干；或者跳到缸里去，把孩子托出水面，等等。但司马光选择了砸缸，说明他具有较强的变通性、灵活性，因为在那种紧急情况下，砸缸是最及时、最有效的方法。独创性是指解决方法的新颖性。独创性的答案一般具有三个特点：新颖性、间接性和机智性。

别埋没孩子的天才特质

比如，但丁曾诗云："箭中了目标，离了弦。"这箭射得到底有多快，用自己的迟钝作对比就知道了。创造力的最后一个要素是明确化的能力。捕捉稍纵即逝的灵感、制定出远景规划中的具体实施步骤等均需要这种能力。

创造性思维体现出孩子思维的活跃性。一个思维活跃的孩子，他的内心世界和精神世界一定是丰富多彩的。在家庭教育中如果不注意方式方法，不仅达不到理想的教育效果，甚至可能适得其反。创造需要一定的过程，可怕的不是失败，而是不敢面对失败。只有让孩子拥有了面对失败的坚韧，才能将他们的创造力发挥到底。所以，请把失败的权利还给孩子。

一些父母不允许孩子不听话，不允许孩子固执己见，不允许孩子漫无目的地做事情、没有明确的目标，认为这些所谓幼稚的想法、做法会影响孩子的前途。正所谓不破不立，如果没有天马行空的想象，何来创新？如果没有固执何以执著地奔向理想？人生之初必然有一个确定人生目标的过程，就是家长自身也难免会有迷茫，所以何必急于让孩子及早定型？其实，大胆假设、谨慎求证正是创造的灵与肉，常立志与立长志并不矛盾。

还有一些父母事事都用自己的经验"指导"孩子，但经验的正确性是受时间、空间等条件限制的。习惯了"听话"的孩子一旦只给他们一个大的原则，而不明确地规定如何去做，他们就会手足无措、乱了方寸，面对突如其来的自由，反而恐慌。害怕孩子碰钉子，却无意中让孩子吃了枚"软钉子"，由此造成的伤害岂不更甚？因此，总是拿父母的经验来指引孩子，孩子就难以突破时间和空间的限制，去追求更高的境界。

八 好问的孩子得天酬

爱上科学是孩子成长的历险

与发达国家相比,我国的科学教育开展得不是很好。有报道说,某高校开设与风水有关的选修课,选课的学生几乎爆满。每年高考前,前往寺庙求签许愿的家长总是络绎不绝。除此之外,从考试作弊、引用论文数据不严谨,到肆无忌惮的学术剽窃、明目张胆的商品造假,表面来看是诚信问题,实际上反映了全社会最起码的实事求是科学精神的普遍缺乏,深层次上则暴露出我国科学教育的先天不足或效果不良。

一个人缺乏科学精神,可以认为是早期教育没有做好。一代人缺乏科学精神,则一定是基础教育出了问题。有人说,中国近代科学教育的产生和发展是在救亡图存的时代背景中进行的,这一时代背景决定了实施科学教育只能局限在具体的操作层面上,而不是关注科学教育的抽象层面—— 科学精神的培养,所以在中国,科学精神的缺乏很正常,不足为奇。

其实,这正好说明了我们亟须补上科学教育这一课,因为我们已经落后别人太远。而缺乏科学精神的国家不会成为科技大国,也难以在经济上创造更高的成就。

科学的最大敌人是急功近利

父母以功利的心态教育孩子,学校以升学为目标教育学生,都与科学精神的培养背道而驰。而培养孩子的科学精神,父母首先要着眼于长远,从培养兴趣和爱好出发,支持孩子亲近自然,让孩子

别埋没孩子的天才特质

走进大千世界。而且，只有通过科学活动才能培育科学精神，只有具备此意识的教育者才能让孩子爱上科学研究。

湖南科学技术出版社曾经在济南第五中学举行了一场天文知识科普讲座。在主讲人北京天文馆馆长朱进面前，在场的中小学生们纷纷提出疑问，如什么时候发明速度更快的宇宙飞船，到底有没有外星人等，有的甚至"质问"他"黑洞之谜为什么还没有破解"。对此，朱进说："我们期待着有一天能够彻底破解黑洞之谜，更希望破解这个谜团的人就在你们中间。"

事实上，儿童时期对自然的怀疑和追问是最好的科学启蒙。当一个人拥有了追寻疑问的勇气，便无形中拥有了一种科学精神，拥有了实事求是、积极探索、无私奉献、宽容大度等优秀品德，这样的人不仅是一个有思想、有发展前途的人，也是一个有益于社会和国家的人。

科学探究的魅力

孩子对科学的喜爱是天生固有的。他们渴望了解大自然，渴望了解社会，家庭和学校能不能满足孩子的这种渴望，如何保护孩子探究科学的好奇心并长期保持下去，是成人不得不面对的挑战。

然而，在给孩子讲解科学、传授科学的过程中，我们有时会忽略他们参与的过程，父母和教师在考分和升学的压力下，往往更注重让孩子死记硬背一些简单生硬的科学词汇和科学概念，这种枯燥的学习难免会挫伤孩子热爱科学的幼小心灵。因此在引导孩子学习科学的过程中，始终注意保护孩子学习科学的热情，是成人应尽的责任。

在学习科学的过程中，最好的办法就是让孩子直接参与到科学

八 好问的孩子得天酬

活动中来。父母在平时工作和生活的过程中,可以结合孩子的兴趣和爱好,多搜集一些能在家中做的小实验。目前市面上关于这方面的书籍和资料已有不少。同时,父母还应该积极支持教师开展的相关活动和探索。

以下这篇小文,介绍的是北京师范大学实验小学科学教师杨志伟如何通过一次科学探究活动,来培养孩子们的科学实践能力和科学精神。从这篇文章中,我们一方面能感受到一线科学教师的大胆探索,另一方面也能感受到学生家长们的大力支持。

一枚鸡蛋带来的惊奇

在进行四年级教科版科学教材"新的生命"这一章的教学时,我决定利用北京师范大学的科学资源,发动学生进行"鸡卵"的孵化科学观察活动,让学生了解小鸡是怎样从一枚鸡蛋变成一只小鸡的。我们的学生都是在城市里长大的,一些高科技的电子玩具应有尽有,但是小鸡是怎么孵化出来的,他们却没有见过,大家都觉得很新鲜,积极性当然会很高。为了保证这项活动能够达到预想的目的,我前期做了一些调查,了解到北京师范大学生命科学学院鸟类研究室有孵化器,昌平种鸡场有人工授精的鸡卵,同时我也就孵化后的小鸡与禽流感的问题向有关专家进行了咨询,得到确切的答复后,关于小鸡孵化的科学观察活动就正式启动了。

孩子们平时鸡蛋没少吃,但是什么样的鸡蛋才能孵化,这个问题很多学生都不知道。为了弄清楚这个问题,我在课堂上注意引导他们分析讨论,课后指导他们查阅资料,学生们最后明白了只有交配过的母鸡生出的蛋才可以孵化。接下来的问题是,这样的鸡蛋什么地方有呢?有的学生说:到农村去买。有的反驳说:即使到了农

别埋没孩子的天才特质

村,你怎么区别哪些是交配过的母鸡生的蛋呢?大家犯了难。在孩子们的感染下,有学生家长从种鸡场自购了鸡卵800枚,无偿提供给学校。之后,学生从北师大生命科学学院借来了从德国进口的孵化器,这样,我们的活动要求基本得到了满足。

为了让学生在这项观察探究活动中掌握更多的知识,我们请来了北师大生命科学学院的张雁云教授为我们介绍孵化器的有关原理。学生们了解到,原来孵化器是仿照老母鸡孵鸡蛋的过程设计的。除此之外,学生们还了解了什么叫翻蛋、晾蛋,知道了孵化小鸡的温度和湿度,以及孵化小鸡需要21天等知识。

我们把鸡蛋放进孵化器开始了小鸡的孵化,每天孵化器前都吸引着很多前来观察的学生,他们利用照蛋器每天观察胚胎在里面的发育情况并详细记录下来。时间一天天过去,距离小鸡出生的日期越来越近了,性急的学生恨不得马上打开一枚鸡蛋,想亲眼看看小鸡在鸡蛋里到底是怎样的。更多的学生开始了迎接小鸡的准备工作,他们说服父母在家里给他们的小鸡开辟一个饲养场地,有的学生还为小鸡的到来准备了小箱子、取暖的灯和饲料。

在21天的观察过程中,孩子们的积极性始终很高,每天都能坚持观察记录小鸡的发育变化,这培养了他们坚持不懈、持之以恒的科学态度。在这一过程中学生有很多新奇的发现,比如:在孵化器工作到第19天的时候,他们像往常一样,想继续观测胚胎的发育,刚打开孵化器的门时有一阵凉风吹了进去,小鸡在蛋壳里叫了起来。"老师,小鸡叫了,这是我们第一次听到未出生的小鸡叫!"学生们兴奋极了,奔走相告,他们还发现,每当小鸡叫的时候,总会有鸡蛋在晃动。

当第一只小鸡千辛万苦破壳而出趴在箱子里的那一刻,学生们

八　好问的孩子得天酬

看到的不是想象中小鸡那种毛茸茸的可爱样子，而是满身湿漉漉的、精疲力竭、气喘吁吁、站都站不起来的丑小鸡。那一刻，孩子们惊呆了，全场变得鸦雀无声。他们看到一个新生命的诞生是多么不容易，这给他们的内心带来了极大的震撼。

　　培养学生对科学的热爱、对科学的兴趣不是说一说就可以办得到的事情，教师和家长首先要知道学生的兴趣点在什么地方。根据他们的需求，我们能不能设计出周全的活动方案，在活动中学生能不能得到满足和收获，这是我们设计科学活动的基本条件，也是这个活动能否成功的必要条件。在小学阶段培养孩子学习科学的兴趣是最重要的，所以要开展科学活动，让他们在教师的指导下去探索，去参与，去发现事物产生的原因和规律，从而学到各自感兴趣的知识。只有这样，他们热爱科学、探究科学的热情才可以长时间地保持下去。

别埋没孩子的天才特质

科学教育不能缺什么

有人可能会认为,科学只是事实和统计数据乏味而又琐碎的堆砌;还有人认为,科学是诗、魔法和一切与人性有关的东西的对立面。其实,没有比科学更充满生机、更神奇、更人性化的事物了。科学在不断变革,在不断对过去的事件进行重新认识,并从中获取新的见解。当前科学教育中最缺乏的是"批判性思维"训练,而我们这个时代比以往任何时代都需要明晰而又具有批判性的思考能力,以及把科学方法和原理恰当运用到实际中灵活处理各种复杂问题的能力。

曾经有人做过调查,让小学生描述心目中科学家的样子。研究结果耐人寻味,小学生心目中的科学家仍旧是戴着眼镜的、秃顶的或者大胡子(爱因斯坦形象)的男性形象。可以想象,在孩子的眼里,科学工作仍旧是相距甚远、令他们敬畏甚至可能枯燥的工作,科学家仍旧是戴着眼镜、神情严肃、貌似权威的男性研究者……这些很值得我们深思。

科学教育缺了什么

当我们深入到学校的科学课堂时,会发现,与以往仅仅注重传授科学知识相比,科学课堂中多了科学实验、多了动手操作、多了探究活动。但是另一方面,也常能看到一些值得我们反思的现象:孩子们在学校里学习了科学内容,也经历了科学探究,但是他们对

八　好问的孩子得天酬

科学的概念、科学的过程与方法、科学与技术和社会的关系等问题仍然不清楚，在面对生活中的各种现象和问题时，他们不会提出问题，也不屑提出问题。因此，某种意义上来说，他们并不理解科学。同时我们会发现：学生们学习了某条定律，也能够清楚地重复定律的内容，但是他们无法对定律做出自己的解释，也不能用新的事例来论证所学的定律，也就是说，孩子们可能记住了科学概念，但是他们的科学思维并没有得到很好的发展。

当前，我们的科学教育未能将科学作为一个整体的教育，学生们看不到科学的、流动的、丰富的、不断发展并充满乐趣的过程，他们无法体会科学家富有乐趣的、创造性的工作。当前的科学教育还缺乏对学生思维能力的关注，孩子们缺乏的是创造性的、批判性的思维能力和运用科学方法解决问题的态度和能力。

科学尊重事实

通过科学教育，要使学生了解：科学尊重事实、科学是逻辑和想象的融合、科学要避免偏见、科学不仰仗权威……通过科学教育，要使学生了解：在科学上，没有一个理论能够说已经得到了完全的证明，当新事实或新的研究结果出现时它必定有待于进一步的检验和审视，科学不断纠错的特性使它成为人类理解自然机制最为严谨也最为有效的手段。通过科学教育，要使学生了解：科学家是和我们一样的人，他们能够成为科学家的原因在于他们善于进行批判性思考，并且不遗余力地寻求正确的答案。

在目前的科学课程设计与实施过程中，基本上仍旧是以具体事实和主题为中心的设计方式，教学设计与实施中没有明确的真正需

别埋没孩子的天才特质

要学生通过探究而获得的科学概念,这使得动手操作流于形式。学习的结果就是获得对科学事实的记忆,而不是对科学概念的理解,学生也无法将所学内容应用到将来的学习中,因此学生的思维能力以及与此相关的科学态度和情感就难以形成。

例如,学习关于某一种动物的主题,有大量的与动物有关的事实性知识,传统的科学课教学可能将教学目标定位在了解动物的外形、种类、生活习性、生命周期、行为模式等,而以提升学生思维能力为目标的科学课教学则会以使学生理解其中的一些关键性概念为核心,并以此发展学生的思维能力,例如:动物都有不同的结构,这些结构服务于生长、生存和繁殖等不同功能。所有的动物均依赖于植物,有些动物以植物为食,有些动物是以植物性食物为食。在这种转化中,各种具体事实成为学生理解概念的工具,而学生理解了这些包含有科学概念的观念,就可以应用到许多例子中去,从而获得可迁移的知识,培养了深层理解力和思维能力。

批判性思维至关重要

对批判性思维的关注是当前科学教育的一个导向,如果在科学教育中关注培养学生的思维能力,必然能有效地促进学生理解科学过程和掌握科学方法,以培养学生批判性思维能力为重点的教育内容也会为学生提供大量的质疑、探索和创新的机会,使学生在培养深层次思维能力的同时形成严谨的、尊重事实的科学态度。

科学家作为一个群体,从事研究的方法论特征就是要寻找错误、进行批判性思考,因此他们可能比其他人群更清楚地认识到,错误是多么容易发生。但是,他们设法尽可能不出错,并且不遗余

八　好问的孩子得天酬

力地寻找正确答案，这就是他们得以成为科学家的原因。科学家提出的理论有时正确，有时错误，这些理论被后人反复纠正、扩展或者简化，在这个过程中不断完善。而这种勇于创新的批判性思维，正是科学最宝贵的精神所在。

从以下这两篇小文章中，我们可以感受到青少年对科学奥秘的渴望和对当前科学教育的不满。

科学以内　课本以外

高中期间，我曾经试图思考一个问题——K个N维世界最多能将一个$N+1$维世界分成多少份？我拿这个问题去和一个"热爱理科"的同学探讨，他回了我三句话。第一，这问题在考纲里吗？答：不在。第二，这问题老师讲过吗？答：没有。第三，这样的问题讨论有何意义？我无言。他的神色似乎也是在告诉我，研究这样的问题不过是胡闹，就算是得到了答案也是胡扯。于是，这事便也不了了之。

想起这样的事情倒不是因为耿耿于怀，仅仅是觉得有些悲哀。现今的素质教育似乎本身就是一个悖论：因为无论教育的过程是怎样的，最终的关键问题仍然是一场相当"标准化"的考试。所以，一个学生可以没读过《红楼梦》，也可以不知道弗洛伊德，甚至不了解相对论以及量子理论究竟怎样地改变了世界，但只要通过一个标准化的作答，就可以走进象牙塔。

寻找绝对正确的真理，这行为本身其实就是错误的。科学中从来不会有真正永恒的正确，有的只是一步步趋向和谐的"错误"，这些"错误"共同逼近了唯一的事实——人的存在与宇宙的规律。今天来看，亚里士多德创建的13门科学无一不是错误的，牛顿的经

别埋没孩子的天才特质

典力学也是充满漏洞，甚至在20世纪被量子力学推翻，但他们依然是科学史上的里程碑。我们现在需要一些教育上的革新，需要一些没有"正确答案"的教育，更需要开拓学生的视野。

我平时经常和朋友谈论这一话题，大家总是有很多话要说，其中教材问题总会是一个焦点。我认识的一个教授也认为我们在教学上受苏联模式影响太深，使得对科学的训练流于单调重复的计算，这显然对思维的培养有害无益。如今，批判与创造的价值已经在各个领域内得以彰显，我们急需的，正是用一种方法引导学生去理性地批判、大胆地创新。

没有分析的批判是破坏，没有基础的创造是空想，我们需要一个较为深厚的支撑，而这个支撑来源于阅历，了解科学发展的历史恰恰能够提供这种阅历。普及这样的知识无疑会增加学生对于科学的兴趣，培养学生独立思考的意识，逐渐改变时下"死读书"的现状。可以预见的是，在不久的将来，对基本科学素养的考查必将被纳入到"标准化"考试中来，使我们的教育评估机制更加合理化。

（北京大学物理学院 尹棚/文）

渴望自由探索的乐趣

我清楚地记得，小学三年级时，我周围有很多同学都参加了奥数或华数（华罗庚数学）培训班。我是小学五年级参加奥数培训班的，妈妈说，如果没有好的奥赛或华赛成绩，就上不了好初中！从此，每个周末我都要去参加这样的培训，什么鸡兔同笼问题、追击问题、相遇问题等，搞得晕头转向。后来上了初中才知道，这类问题用方程来解，是简单得不能再简单的问题。但当时，那些奥赛教练只让我们用他们教的方法解题，其他方法都是错的。

八 好问的孩子得天酬

然而，令人费解的是，搞了这么多年的华数，为什么没有培养出第二个华罗庚？搞了这么多年的奥数，为什么中国没有人获得菲尔兹奖？我至今仍然执著地认为，要是华老先生还在世，一定会痛批数学教育界的这些"歪嘴和尚"。

我们像一群可怜的陀螺，整天被人用鞭子抽得团团转，就这样一天又一天，一年又一年。现在我终于上了一所不错的高中，满以为这所高中闻名遐迩的素质教育能让我身心获得解放，但没想到各科作业每天以更加迅猛之势向我们扑过来。我们没有周末，没有寒暑假，甚至没有足够的睡眠。我们每天都在不断地做题，一直到深夜。

事实上，我所在的这所著名高中曾以大学般的"自由"氛围而广受尊敬，但由于近几年高考升学率落在附近一所大学附中之后而饱受责备。按理说，这所学校的校长和教师都可称得上是教学专家，他们也有自己的教育理想，尽管他们抗争多年，但最终不得不向高考制度投降，因为对学校的评价只有一个标准——升学率！我们的好奇心、想象力、怀疑和批判精神就这样被无休止的考试和残酷的排名所磨灭，我们虽然做了无数深奥的习题，却没有掌握科学的思想和方法。我们的头脑已经被训练成了机器，只能按照预先设置的程序进行操作。我们学到的知识与日俱增，而想象力和创造力却在每况愈下！

有研究表明，一个人事业的成功与其批判性思维相关系数高达0.84。可以说，批判性思维是一切创造活动的前提条件，是衡量一个人思想认识成熟与否的重要标志。科学史上那些所谓的天才，他们不过比一般人更具有强烈的批判意识罢了，哥白尼、哈维、牛顿、笛卡儿、达尔文、爱因斯坦……无一不具有自觉而深刻的批判

别埋没孩子的天才特质

意识。尤其在他们的青少年时代,这些伟大人物曾普遍接受过批判性思维熏陶或者训练,发展出了常人难以企及的独立思考能力。因此,他们在一生中始终掌握了学习什么和研究什么的主动权,享受着自由探索的乐趣,而不必遭受我们今天题海之战的训练。

(北京大学附属中学 周凯南/文)

八 好问的孩子得天酬

在阅读中与科学结缘

近年来,儿童阅读在国内风生水起,声势渐大。不过,在一片"繁荣"景象中,却暗含方向性的隐忧,即对科普类、知识类读物的忽略。在专家的演讲中、在各种推荐书目中、在教师的教学中,似乎都很少见到科普读物的身影,容易给读者造成"儿童阅读=儿童文学阅读"的错觉。

其实,科普读物对孩子的发展来说是非常重要的,一个人知识的积累主要靠科普类读物。据调查,学生离开学校后,超过80%的阅读材料是知识性的。而在国际上对儿童阅读素养的测试(PIRLS)中,有50%是科普类阅读的题目。与此同时,人类的知识总量飞速增长,对孩子未来掌握知识的能力提出了极高的要求。但是据调查,学生阅读困难多发生在科普类读物上,学生心里也比较排斥知识类读物的阅读,觉得这类书不好玩、很难读。

科普阅读不能停留在20世纪

事实上,在近年来的童书市场上,已经出版了很多优秀的科普读物,但由于父母不了解,为孩子选书时还是停留在《昆虫记》和《十万个为什么》这些经典的科普读物上,忽略了很多更现代的科普读物。很多孩子不喜欢科普读物,原因之一是他们印象中的科普读物总是"灰头土脸"的。一本优秀的科普读物,写作和编辑的难度都非常大,出版社的投入也非常大。而面对市场上种类繁多的科普读物,家长和老师常常不知道如何选择,那么什么样的科普读物

别埋没孩子的天才特质

才算是优秀的科普读物呢？

首先，科普读物要求给孩子准确的、新近的知识，而这些知识又应该是根据孩子的年龄特点做出取舍。例如同样是讲天文的知识，接力出版社出版的"第一次发现"丛书，在介绍月球时，讲的就是月球的一些基本知识，主要通过书中特殊的胶片来揭示事物内部的秘密，吸引孩子的阅读兴趣，比较适合小学中年级的孩子阅读。而由湖北教育出版社出版的"什么是什么"丛书中的《月球秘密》，讲的知识就深一些，比较适合小学高年级甚至中学的孩子阅读。

其次，科普读物要求有丰富的图片进行说明。无论是哪个年龄段的科普读物，没有图片的配合是不可想象的。河北教育出版社的《你所不知道的动物王国》中的图片全是照片，十分逼真。而二十一世纪出版社的《我的第一套科学漫画书》则是用漫画和照片结合的方式，让孩子在历险中获得知识。

再次，科普读物的语言非常重要。很多孩子不喜欢阅读科普读物，常常是因为叙述的语言不好。如果把很多讲动物的作品摆在一起，你会发现即使讲同一种动物，可以用问答的方式来讲，也可以用故事的方式来讲，还可以用说明的方式来讲。目前国内出版的科普读物多是引进版，翻译的高质量就非常重要，准确、流畅、形象、亲切不故作天真，这些都是基本要求。

科普读物相对于其他种类的儿童读物来说，阅读难度偏大，需要成人的辅助。父母平时应该多关注和了解科普作品，知道向孩子推荐哪些好书，并能在生活中引导孩子去阅读。

长期以来，我们喜欢用"寓教于乐"这个词来形容科普读物或其他儿童读物。这个词本身没错，但总是给人一种"把药裹在糖衣

八 好问的孩子得天酬

下"的感觉。我们忽视了乐趣本身,忽视了知识也能带来乐趣。通过科普作品的阅读,感觉到自己越来越有学问,甚至能向同学"炫耀"这些学问,也是很多孩子爱读科普读物的重要原因。

优秀科普正在涌现

出版界有一种共识,精品科普书难写,精品少儿科普书尤其难写。但是,秉承化繁为简、寻找创意的原则,有爱心有耐心,玄妙的科学知识也能变得生趣盎然。事实上,堪称经典的科普书无不是内容和形式的双重超越。

好的科普书能拉近人与科学的距离,让人爱上科学。当下的图书市场,国产原创少儿科普图书与其他种类的少儿图书相比,并不多见,成规模又有市场影响的作品更是难觅踪迹。对于当下不容乐观的科普创作,中国科协科技与人文专门委员会主任张开逊说:"为什么我们很难像阿西莫夫和卡尔萨根那样写出这么有魅力的作品?我觉得最重要的一点是,他们在为人写书,而很多人是在诠释科学。"

实际上,科学专著与科普著作最大的区别,就是写作对象的不同。相对来说,科普书本着普及科学知识的目的,意在拉近人与科学之间的距离,让人了解科学、爱上科学。吸引读者的方法多种多样,但最根本的一点是科普作家要站在读者的立场上。"可怕的科学"丛书作者之一尼克·阿诺德就是采用给小孩子授课的方式,用简单的实验证明复杂的科学原理,用生活化的语言讲述科学家的奇闻趣事,科学在他的演绎下变得可爱至极。

例如,在"非常实验"系列的《危险食物》一书中,作者在做实验需要准备的东西中竟罗列着"你奇异的想象力""你忠实的大

别埋没孩子的天才特质

人宠物"等,实验结束后还介绍了几种能给"大人宠物"和不喜欢的朋友带来麻烦的恶作剧,比如用加了色素的生面团做成一个恐怖的外星生物、把荨麻放在不喜欢的人的座位上。这些好玩的实验符合孩子调皮好动的天性,也让孩子轻松地明白了面粉发酵和荨麻"蜇人"的原理。正如作者所强调的:传达一种既吓人又可笑的阅读感觉。

对于那些完全无法采用趣味表达的科学知识,作者在文字周围加了很多幽默的插画。比如把光子画成一个光子小超人,小超人穿过太阳,一直飞到地球。这种拟人化的办法能让孩子们理解光传播的过程。"另类历史"系列的《骑士的法则》也是如此。书中介绍了骑士在格斗中爱耍的花招,如"格斗开始时,你不参与。等别人都打累了,再加入进去,抓住几个累极了的骑士。佛兰德斯的国王菲利普老用这一花招……"在每种花招后,作者都配以生动的插图,让人不禁莞尔。在《生命的大冒险》中也充满了幽默的图画。对于一些小读者来说,这样的图画也许比文字更有趣味。

韩国江原大学生物系教师韩永植对昆虫充满了兴趣。只要有昆虫的地方,就少不了他的身影。1993年,他还创建了步行虫研究会,把众多的昆虫迷聚在一起。凭借深厚的兴趣和执著的精神,于是有了《呜,不能没有你,昆虫》,书中展示了妙趣横生的昆虫世界。其实,这套"我超喜欢的趣味科学书"丛书的其他作者,也都是具有专业知识背景并热爱写作的专家。《呦!球在滚动,这就是物理》一书作者金永玳,毕业于韩国首尔大学物理专业,2000年2月退休后创立了"爱因斯坦科学教室",教孩子们学物理。每次在科学教室上课时,教室里面都吵吵嚷嚷的,热闹极了。有趣的课程结束后,金永玳依然钻研物理到深夜。

八　好问的孩子得天酬

随着视频技术和互联网的快速发展，我们已经进入了读图时代，读图已经成为年轻读者的阅读习惯。可以看到，从国外引进的畅销科普书，均有着漂亮而生动的图片，有的图片量甚至远远多于文字。这种与传统完全不同的阅读模式，更加强调视觉之外的感官参与，在表现形式上更加立体化，使科普书有了现代魅力。

"看里面"系列丛书采用翻翻书的互动形式，即每页都有可以翻开的部分，里面有更深层次内容的介绍，让孩子自己揭秘藏在表象下的科学秘密。孩子们可以翻开火红太阳的表面，观察太阳里正在发生着的剧烈的核聚变；可以翻开自己熟悉的地球表面，了解地下水是如何运行的，了解地球内部的地幔、地核。还可以翻开霸王龙强壮的皮肤，观察里面的骨骼结构和骨质特点，以及寻找藏在树丛里的小动物。这种动手阅读的形式使枯燥的文字阅读变成了一次美妙的读图和探险，神秘的科学知识变得可观可感，更容易吸引孩子们的注意，激发他们对于科学的兴趣。

九 为孩子插上哲学的翅膀

哲学一词的原意是爱智慧，而追求智慧的真正原因是寻求事物的本质。人之为人，有一种愿望，就是寻求人的本质。在没有太多人生阅历的情况下，人们习惯思考的问题常常是：人应该怎样活着？怎样活着才可以更美好？而有了一些人生阅历，尤其是在经历了一些人生挫折之后，人们又会追问一些更深层次的哲学性问题，例如：人生的意义何在？

哲学到底有用还是无用，要回答这个问题关键是如何看待所谓的"用"。如果你只认为考高分、赚钱、有权有势是最有用的，那么哲学的确帮不上太大的忙。可是，如果你希望自己和孩子成为真正优秀的人，那么，哲学恰恰是最有用的。人类历史上的优秀者，不管是哪一个领域的，必是对世界和人生有着广阔思考和独特理解的人。一个人只有小聪明而没有大智慧，却做成了大事业，这样的例子古今中外绝无仅有。从这个意义上说，我们每个人都需要哲学。

从更高的层次上看，如果没有哲学这个领域，人类的灵魂也许会永远处在漂泊和无家可归的境地，永远没有可以停靠和安歇的港湾。哲学是帮助人寻找自己、使人成为人的一种途径，也是社会提升人的方式。对哲学的追求是我们为自己的心灵寻找家园所做出的一种努力。

普通人需要哲学，正在接受学校教育的孩子们更需要哲学。与前辈相比，今天的年青一代是获得更多资源、接受到更好教育的群体，因此，他们的自我意识更强，对生命意义的追寻更多、更高。但同时，他们所成长的年代与环境——独生子女家庭与竞争激烈的学校教育，却使得他们更为脆弱，更需要心灵的慰藉和支撑，更需要哲学为他们充满选择的人生指引方向。

有人说，孩子是天生的哲学家。他们从可以流利地表达开始，就总是有无数的问题包围着成人，其中不乏极具挑战性的哲学问题。然而，随着年龄和阅历的增长，在多数人身上曾经有过的那种自发的哲学兴趣似乎完全消失了，岁月把一个个小哲学家改变成了大俗人。之所以发生这种情况，孩子周围的成人——包括父母和教师都要负相当大的责任。所以，如果你真正爱孩子，关心他们的前途，就应该把眼光放得远一点。不要挫伤孩子自发的哲学兴趣，而要保护和鼓励，最好的鼓励办法就是和他们一起思考和讨论，一起阅读相关的哲学书籍。

九 为孩子插上哲学的翅膀

儿童的哲学世界

周国平曾指出,"他们(指儿童)当然不知道什么是哲学,但是,活跃在他们小脑瓜里的许多问题是具有真正哲学性质的。就平均水平而言,孩子们对哲学问题的兴趣要远远超过大多数成人。这一方面是因为,从幼儿期到青春期,正是一个人的理性开始觉醒并逐渐走向成熟的时期,好奇心最强烈,求知欲最旺盛。另一方面,展现在他们眼前的是一个全新的世界,在这个阶段内,生命的生长本身就不断带来对人生的新的发现,看世界的新的角度,使他们迷乱和兴奋,也使他们困惑和思考。哲学原是对世界和人生的真相之探究,童年和青少年时期恰是发生这种探究的最佳机会。"

哲学家马修斯认为,哲学在儿童时期是像涂鸦那样自然产生的。儿童的哲学是一种自然的活动,否定了这一点就否定了人类哲学产生的自然背景。儿童的哲学可以理解为儿童关于世界的观念,既包括儿童的好奇、困惑、探究,也包括他们对世界的理解与阐释。

美国心理学家马斯洛经过对数千个自我实现者的调查后发现,那些因为成熟才被挑选出来的自我实现者无一例外地也很幼稚,马斯洛于是"把自我实现者的那种幼稚称为'健康的幼稚',一种'返老还童的天真、再度的天真'。"这种"返老还童的天真、再度的天真"被一些心理学家看做是"促进自我发展的回归",是"心理健康必须具备的条件"。

意大利教育家马拉古奇写有诗篇《其实有一百》,为我们了解

别埋没孩子的天才特质

儿童所面对的丰富世界以及多元繁复的表达方式提供了生动的说明:

儿童
是由一百种组成的,
儿童有
一百种语言
一百双手
一百个念头
一百种思考、游戏、说话的方式;
还有一百种倾听、惊奇和爱的方式
有一百种欢乐,去歌唱去理解
一百个世界,去探索去发现
一百个世界,去发明
一百个世界。

在马拉古奇看来,儿童有一百种语言、一百双手、一百个念头、一百种思考、游戏、说话的方式,还有一百种倾听、惊奇和爱的方式;世界在儿童那里是神奇的、丰富的,儿童要用他的一百种语言、一百双手、一百个念头、一百种思考、游戏、说话的方式,去探索去发现,去发明去梦想;他的世界,他的生活,充满了无穷的欢乐,等待他去歌唱去理解。这里的"一百"不是具体数字,而是极言"许许多多"。

儿童不只是用头脑去想,也会用手去想;不只是用手去做,而且还会用头脑去做;儿童的探索不只是理性的,而且还充满欢娱、热情和幻想;儿童的每一个感官都有一个相应的外部世界与其对应,但学校和文明只鼓励使用语言官能,从而只给儿童留下一个世

九 为孩子插上哲学的翅膀

界而"偷走了九十九个";在成人的世界,游戏与工作、现实与幻想、科学与想象、天空与大地、理智与梦想,往往水火不容,然而在儿童的世界里,它们往往相辅相成,相得益彰。

我国学者刘晓东认为,目前的儿童哲学教育还仅囿于通常的"言说"层面,尚未提升到以儿童的"一百种语言"展开儿童世界的境界。对儿童进行正确的哲学教育的前提,是必须尊崇儿童的天性、天赋和自然智慧,发现儿童无比丰富的世界,敬畏和利用儿童丰富多样的探究方式和表达方式,为儿童全方位地展开、表现、表达自己丰富的世界提供教育条件。

刘晓东强调,在封建意识还存在于文化土壤、教育观念尚未实现现代转型的中国,儿童哲学教育要想收到实效,必须首先担当起尊崇儿童天性、解放儿童思想的重要使命。这是全体教育工作者的使命,也是全社会的使命。

和孩子一起接受哲学启蒙

》勇敢与胆怯

害怕死亡,害怕蜘蛛,害怕在黑暗中睡觉,害怕在众人面前讲话……我们一出生,在意识到自己存在以后,就有了恐惧感。一旦我们无法克服胆怯,就会觉得自己很无能,好像自己除了害怕什么都不会做似的。这是不对的:当我们感觉害怕,只是在这个时候我们害怕,并不意味着胆怯取代了一切而且已经在自己身上扎根。事实上,勇敢的人也会害怕,但是,他们会仔细考虑将要克服的困难

别埋没孩子的天才特质

和危险。恐惧是一种力量，它会将我们粉碎，使我们瘫痪，这种力量阻止我们讲话、行动或做出反应。然而，勇气可以将这种力量转化成行动的动力。

猫全速奔跑，为了躲避身后一边狂吠一边追逐它的狗。突然，猫一下子停住了，然后转过身，弓起腰，竖起全身的毛，露出利爪，并嘶叫起来。看到这种情景，狗顿时停下，夹着尾巴，慢慢地退了回去。在猫害怕并逃跑的时候，狗就会在后面追着要攻击它。一旦猫不再害怕，也不再逃跑，狗反而会停住，也不会再攻击它，它们会回到自己的角落，从而避免了一场战争……

有时，我们有很多良好的意愿，但怎样找到开始行动的动力？想要行动就得有勇气，有勇气就会有所行动。我们可以每天进行自我训练，注意抓住每一个需要勇气的时刻。

课堂上，大家都没明白老师刚刚的解释，可是谁也不敢说出来。朱利安举起手："老师，我没听明白，您可以再讲一遍吗？"这是一种日常的、存在于每时每刻的勇气。有了这种勇气，面对镜子中的自己，我们可以说，我是一个好人，一个正直的人！

▷ 知之与不知

知道有什么用？它可以帮助人们做出决定，因为我们是根据已知的东西来做出决定的。而当我们什么都不知道的时候，就没法做出选择或决定，所以，只能靠偶然或者让别人代替自己决定。这时，我们就像漂在河面上的核桃壳一样，任凭河水把我们带到什么地方，或是像天空中的一个气球，只能随风飘荡。

有一些知识我们不能不知道。不会说话，不会数数，不会阅读，不会写字，就不能正常生活，不能同别人进行联系和交流。还

九 为孩子插上哲学的翅膀

有，如果知道世界历史，就可以弄懂如何和平生活，从而避免再犯同样的历史错误……

从"我不会"到"我会了"，这是一个充满乐趣的过程。幸亏存在着这种乐趣，从而促使人们做出努力，促使人们有了想知道、想学习的欲望。学习，永远是一种乐趣。向别人显示自己的知识，也是一种乐趣。

在任何时代，人类都知道：克里斯托夫·哥伦布"知道"他要去印度，结果却发现自己到了美洲。那些智者们"知道"地是平的，地底下是地狱，上面是天堂。但最后，我们发现地球本身是圆的。这样一来，我们就不知道哪里是地狱，哪里是天堂了，甚至不知道它们是否存在。

在未知世界的那一边，我们总是惴惴不安，总在追问将会发生什么。人类不可能不对未知进行研究，以图真相大白，人类也无法抵制未知世界的巨大诱惑。听到门后有响声，我们马上就好奇起来，很想去看看那里发生了什么，这种诱惑是无法阻挡的，这种好奇心，就是发现的开始。

》成功与失败

我们都有过同样的经历，在迎来巨大的成功之前，我们每个人都已经成功地克服了许多困难，把这些经历保留在我们的记忆中，真的很好。

艾玛趴在地上，然后她抓住桌子角儿，慢慢地站了起来。砰，她又一屁股坐到了地上，幸亏有纸尿片可以减轻震动。两次，三次，好了，又站起来了。她看到了在客厅另一头的爸爸，于是她缓缓地松开了桌子角儿，迈出左脚，然后再迈出右脚……看看爸爸站

别埋没孩子的天才特质

的地方,还有那么远呢。

看到艾玛,我们就会意识到成功之路是充满许多小挫折的!只有等艾玛摔了几十跤、经历无数失败后,她才能从客厅的一端走到另一端,所有的这些失败造就了最后的成功——学会走路。

失败,如同一个敢于向我们坦言的真正朋友,虽然这种坦言会令人不愉快。我们所经历的失败带给我们大量的信息,告诉我们哪些事情不对头,哪些需要改变,哪些需要改善或是放弃。别人眼里的失败,对于自己并不一定也是失败。要想成功,一定要经历失败,并且还要明白失败并不是不可克服的。

(摘自《写给孩子的哲学启蒙书》,[法]碧姬·拉贝米歇尔·毕奇著,王川娅译,广西师范大学出版社出版)

九 为孩子插上哲学的翅膀

在生活的转弯处我们没有代沟

在日常学习和生活中,成人对于孩子提出的哲学问题普遍以3种方式处理:一是无动于衷,认为不值得理睬;二是粗暴地顶回去,教训孩子不要瞎想;三是自以为是,用一个简单的答案打发孩子。在大人们心目中,对世界和人生的思考太玄虚、太无用,功课、考试、将来的好职业才是正经事。在这种急功近利的氛围中,孩子们的哲学兴趣不但得不到鼓励,反而过早地遭到了扼杀。在孩子的早期哲学启蒙与哲学教育方面,父母和教师责无旁贷。

一位母亲的智慧

10岁的朵朵一进家门就放声大哭,她说,今天音乐老师在课堂上对她大吼,她哭了!同学们都来同情地安慰她,可班主任老师却要求她向那位老师道歉。她并不想向那位老师道歉,因为是老师错了,可她又不想让自己喜欢的班主任老师不高兴,怎么办?或许,在朵朵看来,她那位有博士学位的妈妈,自然也拥有无限的智慧,可以为她解答所有生活的难题。

科学理性常常让我们误以为,总有某个正确的选择在那里等待我们发现,只要我们找到正确的原因。然而,面对生命选择的两难境地,直线性的因果逻辑并不好用。自在的生活需要转弯,而哲学可以提供转弯的智慧。于是,这位聪明的妈妈决定协助满脸泪痕的女儿,寻找她自己转弯的智慧。

"道歉本身并不重要,重要的是你要搞清楚究竟是怎么回事。

别埋没孩子的天才特质

只要你清楚了,你就知道怎么办。"朵朵听了妈妈这番话,顿时放松下来,语调变得诚恳起来,而不像先前那样自我防御。原来,这天上音乐课时,朵朵终于受不了老师一贯上课训人的态度,于是就用力打了一下拍子。老师听罢气得大声质问:"你干吗?"朵朵也毫不含糊地大声回敬:"我不告诉你。"于是,老师就数落她:"看你这副德性,全校也找不出几个像你这样的……"朵朵又气又怕,什么都说不出来,只是哭。下课了,班里同学都来劝朵朵别哭了,因为"如果再哭,老师更生气了,就会更说你了"。

"如果要道歉,说明你有错,这件事你错在哪里?"妈妈问。朵朵一下子变得像只温顺的小猫,怯生生地说:"我不应该对老师大声说话。"依妈妈对朵朵的了解,这应该不是她的真心话。

"这是谁的看法?是你自己的感觉吗?"

"不是,是班主任老师的看法。"原来,班主任老师知道后,把朵朵叫到办公室,分析朵朵的错误,让朵朵向音乐老师道歉。

"是的,我也有这个感觉。老师在课堂上那么大声质问你,你作为小孩很难有礼貌。你只是不高兴地说'我不告诉你',没有说更难听的话,可老师却说了很难听的话。如果要道歉,应该你和老师都要道歉,而不应该只是小孩向大人道歉。这不公平!你自己的感觉是什么?"

朵朵一下子变得更加真诚:"其实,只要老师上课有意思一些,不要训人、唠叨,我就可以对老师有礼貌。"

"为什么你不尽早向老师提建议,非要等到自己无法忍受?"

记得在学期初,朵朵曾不止一次地向妈妈抱怨老师讲课不好,班里绝大多数的同学也都不喜欢这个老师。妈妈曾鼓励她,给老师提建设性的意见。可是,朵朵始终没有行动!

九 为孩子插上哲学的翅膀

"我不敢,同学们都不去说。"

"是啊,你没有勇气向老师提改进意见,却有勇气在课堂上表达不满,伤害了老师,也伤害了自己,你的勇气是不是用错地方了?"

朵朵心服口服地笑了。

然而,朵朵妈妈并没有因此而松一口气。她在内心赞赏女儿的有情有义——为了班主任甘愿受委屈。但同时,她也担心这样做是否会给女儿传递一个错误的信息——生活中应该向权威或权势低头!为此,朵朵妈妈与班主任老师进行了一次推心置腹的交谈,原来,让孩子道歉,并非音乐老师的要求,而是班主任老师保护孩子的策略:只要学生主动向老师道歉,就可以避免更多的惩罚。

朵朵妈妈感谢了班主任的好意,但不同意这样的逻辑。道歉,本应是恳请原谅的真诚表达,而不是为逃避惩罚而出卖自己。如果我们与不公正握手言和,就是在亵渎人的尊严。最后,朵朵妈妈和班主任老师达成共识,让孩子和老师自己去解决这个问题。

几个星期过去了。这一天,朵朵一进家门就柔声地对妈妈说:"我和音乐老师成了好朋友。"原来,音乐老师得知那天上课让学生受了伤害,立即向朵朵道歉。朵朵也向老师道歉,并诚恳地提出建设性意见,老师欣然接受。一次师生冲突在父母和教师的共同努力下,就这样顺利地化解了。

每天,成人及孩子都要面对许许多多的不公正、不自由、不幸福。竞争使我们过于关注物化指标的增长,却很少有机会停下繁忙的脚步,反思自己每一个步伐究竟在培育什么、在走向何方。正是哲学让我们懂得,日常生活中的麻烦就是培育精神世界的沃土;正是哲学协助我们寻找生活拐弯的智慧,在生活的拐弯处,成人及孩

别埋没孩子的天才特质

子之间没有代沟,因为我们都是哲学的孩子。

感悟教育的共性与个性

清华大学附属小学教师李红延因为一件小事而彻底改变了对哲学的看法:曾有一段时间,该校教师都在议论如何处理教育中个性和共性的问题。李红延认为共性包含着个性,并写出了一篇思考心得。没想到这篇文章被学哲学的丈夫"狠批"了一番:"错!个性和共性不是局部和整体的关系。应该是个性包含着共性。比如你总抱怨孩子淘气,淘气是什么?淘气是这个年龄阶段孩子的共性,但这个共性又是通过一个个具体的孩子体现出来的,所以,应该是个性包含着共性。"

这一番话让李红延反复琢磨了很久,越想越觉得有道理,而且让她找到了以前处理不好师生关系的原因:当教师认为是共性包含着个性的时候,联想到的词是"服从";而当教师明白了个性包含着共性的时候,联想到的词就变为"理解"和"宽容"了。

李红延由此联想起另一件事:清华大学每年都会组织大学生志愿者到贫困山区支教,许多学生在出发前总会到清华附小请教如何给孩子们上好课。每当讨论的时候,李红延发现大家总会归结到一个共同的问题上:我们最应该给那些孩子带去什么?

一个生物系的学生说他打算带几台显微镜去,"我想让贫困山区的孩子通过显微镜看到细胞,我想让他们知道显微镜可以看到我们肉眼看不到的东西"。

"讲这些内容,你就满足了吗?"李红延问。

"当然不是,这就是我的困惑。"

"如果我们把你的话改成:我们看到的不是世界的全部,很多

九 为孩子插上哲学的翅膀

东西虽然我们看不到,但确实是存在的。你觉得怎么样?"

"太棒了!这正是我想要的。"那个学生兴奋地说。

"这也是孩子们所需要的,这种简单的唯物主义思想会改变他们看世界的角度,至少对他们今后破除迷信有帮助。"李红延补充说。

马上,另一个化学系的学生说道:"我也有答案了,原本我打算给孩子们讲化学元素,现在我知道了,要告诉他们世界上的很多事物是有规律的,正是人们掌握了规律才发现了元素周期表。"

两个学生的发言一下子打开了大家的思路,最后这些大学生志愿者们达成了共识:要给贫困山区的孩子们带去一双看世界的眼睛。

别埋没孩子的天才特质

儿童哲学中的生死教育

"我从哪里来?""要到哪里去?"这人生的两大根本问题,在生命之初就被孩子敏锐地感受到了。他们体验过产出时被压迫的苦痛,体验过由疾病带来的呼吸困难,体验过由宠物和亲人的死亡带来的恐惧……这些直接或间接的经验被深深地植入到无意识之中,成为自我的一部分,并且使他们形成了自己特有的死亡概念。

从"学习生死"到"学会生死"

美籍华裔学者傅伟勋教授认为,人之"生死是一体两面",所以必须把死亡问题扩充为"生死问题",这样才能达到"死亡的尊严与生命的尊严",从而实现现代人死亡问题的"精神超克",并获得生死的终极意义。傅教授发展出一门崭新的学问——生死学。

生死哲学起始于20世纪90年代,主要是把对人生问题的哲学研究与对死亡问题的哲学研究紧密地联系在一起,视人生问题的解决必求之于对死亡问题的体认;而死亡问题的解决又必求之于人生问题的化解。我们必须把生死哲学的知识转化为生死的生命性学问,使理论知识成为生活的智慧,使我们每一个活着的人都能从"学习生死"到"学会生死"。

生死学与生死哲学最重要的应用领域是在生命教育之中。据中国卫生部门在2003年9月10日"预防自杀日"公布的数字显示:我国每年约有28.7万人自杀死亡,另外约有200万自杀未遂者。自杀在中国人死亡原因中居第5位,15岁至34岁年龄段的青壮年中,自

九 为孩子插上哲学的翅膀

杀是死因的首位,这一系列触目惊心的数字凸显了生命教育的重要性与迫切性。

生命教育即是围绕有关生命问题、生活问题、人生问题进行的知识传授过程,目的是让青少年理解生命、珍惜生命、关爱社会和他人之生命,并获得生命发展的正确方向,生命教育的核心是生死观教育。

以自然的方式诠释生命

几年前,华东师范大学首次把"生死"这种人生大命题引入到幼儿园课堂,"课程中有一只宠物虫死掉的情节,老师通过这个故事引导小朋友正确认识生老病死这些不可回避的自然过程,老师可能还会把五六岁的孩子带到一座墓前解释什么是死亡。"结果有63%的家长表示"难以接受幼儿园开展和死亡相关的活动",50%的家长认为"生死教育会让孩子觉得恐怖,对他们的身心健康不利"。

在北京师范大学亚太实验学校进行的一次调查问卷中,孩子们纷纷写出这样的问题:我为什么不是女生?人为什么会死?人死了还能活过来吗?孩子们的回答十分有趣,却也让教师们感到了些许忧虑。在进行"生命从哪里来"的讨论时,孩子们的回答不一,有的说"生命是妈妈给的",还有的孩子说"生命是爷爷给的",一个小女孩甚至说"生命是祖国给的"。孩子们对于生命这个话题表现出了相当的兴趣,但是他们眼中的生命,依然是雾中的花朵,模糊不清,美丽而遥远。

其实,对儿童进行死亡教育,在我国传统教育中一直是一个被回避的话题,然而回避其实只能压抑人们自然的生命体验和感受,

别埋没孩子的天才特质

使各种体验和感受难以寻找到疏通的途径。那么，儿童究竟应如何看待死亡？作为生命教育的一个核心内容，对儿童的死亡教育以什么方式进行？如何进行？这些问题都值得我们深思和探讨。

从最一般的情形而言，人们一生中所遇到的死亡问题大概有5个问题：其一，死亡价值论的问题，在生命教育过程中，要提供给受众合理的死亡价值论，同时教育人们在任何情况下都不应该走放弃生命的绝路。其二，面对人类必死的整体命运和每时每刻都在发生着的陌生人之死，我们应该抱一种什么样的态度问题。在生命教育中必须讲清死亡的生理过程，传授动植物及人类生与死的物质基础，以及关于人之死的特殊性的有关知识。其三，面对亲属之死，人们如何把悲伤情感控制在不伤害身体的范围之内，并尽快地从心灵痛苦中解脱出来，步入人生正常轨道的问题。其四，生命教育应该预先提供给大众有关死亡的合理观念，培育人们在生死问题上的心理素养，使人们比较早地建构起面对自我之死的健康心态。其五，人必然还会遇上有关死刑、堕胎、器官移植、"克隆"、自然灾难、核战争等关系到人类整体之生死的一系列问题。生命教育承担着让社会大众了解这些问题，并正确对待这些问题的重要任务。

总之，生命教育要让人们深刻地意识到自我生命内涵的多面性、丰富性，从而能够正确地体认生命的可贵，确立生活的正确态度与目的，去追求人生的更大价值与意义，最终超越死亡，获得生命之永恒。

再见了，艾玛奶奶

这是一个真实的故事，作者用摄影的方式，通过一只猫的眼睛，用一张张照片记录了艾玛奶奶从得知自己患了绝症到安静地死

九 为孩子插上哲学的翅膀

去的过程。艾玛奶奶的乐观与坚强告诉我们，死亡并不可怕，死亡的瞬间是平静且安详的。在故事中，艾玛奶奶不但很平静地决定了自己的治疗方案，而且还尽量为自己的死做好准备，这一切也许全都源于她对家人深深的爱。当某个人离开这个世界后，如果有人还在追悔"假如那个时候我那样做就好了"，那肯定是一件非常痛苦的事。艾玛奶奶没有留下任何叹息与悔恨，而是将很多很多的爱留在了人间。家人说这是奶奶留给他们的"最后的礼物"，直到现在他们仍充满了感激。

这个故事饱含了生命之爱，令人感动不已——原来死亡也可以如此温暖！这个故事也试图告诉孩子：生命是有限的，每个人都会面临死亡，重要的是要以怎样的态度去面对。如果当父母的自己就能很好地理解与接受死亡的必然来临，那么自己的离去给孩子带来的伤害就会更少一些。我们不要低估了孩子，不要隐瞒事实，因为孩子凭他们的本能其实是能够感觉到有什么重大事情发生了的。

《再见了，艾玛奶奶》一书的译者猿渡静子曾这样描述她对死亡的理解与恐惧：年少时轻狂，觉得死不过是肉体的离开，可以与恋人一起等待下一次的轮回；等到终于成熟并有了自己的家庭，特别是有了孩子之后，常常会在夜里凝视着他，那稚嫩的小脸上透着那么多的无助。我想，除了我，还有谁能这般爱他，如果我不在这个世界上了，这幼小生命的生存，仅靠自身的力量，又该面对多少艰难！我发现自己更加惧怕的，还是有一天因为疾病或者偶然的原因，我不得不面对他的离去。这惧怕像噩梦一样缠绕着我，使我无时无刻不在提心吊胆。我活在无尽的恐惧中，如此惶惶度日。没想到的是，儿子原来比我更害怕失去。有一天，我病得很重，一直躺在床上，他站在床边问："妈妈，你病了吗？"我说："是啊，

别埋没孩子的天才特质

妈妈要死了。"没想到，他突然放声大哭起来："妈妈你别死！妈妈你别死！"那一刻，我不知道在孩子的幼小心灵中，他所理解的死是怎样的？但是我至少已经知道：他明白我的死就是离开他。儿子无助地哭泣让我猛然意识到，倘若我有一天真的突然从他眼前消失了，对他的心灵该是一种怎样的伤害！我应该为他做点儿什么了……

在日本，以前也是非常忌讳谈到死亡，但是新一代的父母就不那么想了，于是像《再见了，艾玛奶奶》这样的关于死亡教育的书籍陆续出版了，而且很受父母的欢迎。我国青少年研究专家张引墨女士，曾经利用这个故事给4岁半的儿子上了一堂家庭死亡教育课。以下是她写的一篇小文。

一个"我很想你"的故事

一天傍晚，4岁半的儿子带着他养的两只小乌龟下楼去找小朋友玩。可他回家的时候，手里却只有一只乌龟了，儿子一直号啕大哭，我吓了一跳。询问了好半天才明白，原来是院子里一只小狗，冲到小乌龟跟前，趁儿子没注意的时候，一下子把乌龟叼到了嘴里，儿子怎么夺也没夺下来。儿子哭得伤心极了，我紧紧地把儿子搂在怀里，不知道该如何安慰他，该怎样向他解释小乌龟已经被小狗咬死的这个事实……

我想起了《再见了，艾玛奶奶》一书。这本书一直放在一堆儿子要看的书里，但我每次看见后，都把它归入暂时不打算讲给儿子听的书里。但是，这次好像有一个理由一定要讲给儿子听。讲这本书之前，我问儿子："你说说，死是怎么回事呢？"

儿子回答说："死就是对我说再见，走了。我觉得很伤心，

九 为孩子插上哲学的翅膀

因为我喜欢那只小乌龟，喜欢就是爱，爱就是一个人死了，我很想念。小乌龟死了，我也很想念。"儿子对死的理解比我想象的成熟、老练。也许就像他的幼儿园老师所说，他有一些大人思考问题的方式。

我开始讲艾玛奶奶的故事。在我讲述的过程中有停顿的时候，儿子都会问我："然后呢？"讲完全书以后，我和儿子开始了一场对话。

"这本书讲了什么？"

"艾玛奶奶生病了，还有一只猫会说话。"

"还有呢？"

"它还讲了一个'我很想你'的故事。"

"为什么是'我很想你'的故事？"

"因为艾玛奶奶一个人和我们再见了，走了。妈妈，老人都会死吗？"

"有可能。"

"那会不会只留下我一个人生活呀？"

"不会，因为……"

我还没有解释，儿子又对我说："妈妈，你要珍惜生命呀！"

嗯！我正在疑惑这个词他是从哪里听到的？儿子紧接着就问我："珍惜生命是什么意思呀？"

"珍惜生命就是要学会保护自己，不去危险的地方，不玩危险的游戏，过马路的时候要看红绿灯等。"

"我明白了。妈妈，我觉得没有生命是一件很可怕的事情，因为那样我就见不到爸爸、妈妈，眼睛睁不开了，不能上幼儿园，不能玩玩具，不能走路。一定要保护自己的生命，不然连字都写不了

别埋没孩子的天才特质

了呀！"儿子感慨万千地说道。

我接着问他："你喜欢这个故事吗？"儿子回答："喜欢，因为那个猫很好玩，还有艾玛奶奶。"

我指着艾玛奶奶的一张图片问儿子："你觉得这张照片里的艾玛奶奶可怕吗？"

"不可怕。"儿子摇了摇头说。

他要求我再给他讲一遍，我特意找了一支笔，想把有意思的句子画出来。儿子把笔要过去，他要自己来画。

我声情并茂地朗读给儿子听，心里偶尔会滑过一丝不想流露的悲伤之情，我想起了自己童年时过世的姥姥。

艾玛奶奶说："死啊，就是灵魂离开这个肉体，离开这个地方，到另一个世界去啊！"我把这句话画了出来，又读了一遍给儿子听。

儿子问："那只小乌龟也是去了另一个世界吗？"我说："是呀！"

儿子很伤心地对我说："我又想那只小乌龟了，它多可怜呀！"然后又开始哭起来。

我把儿子抱在怀里，慢慢拍着他的背，告诉他，他这样想念他的小乌龟，小乌龟的灵魂一点都不可怜也不孤单了呀！

我接着讲故事，儿子也慢慢停止了哭泣，又开始专注地听我讲。

我问儿子："后边是作者写的一篇文章，还有一篇评论性的文章要不要念给你听？"

"要念。"儿子说。

我又用笔画了一句话：孩子的年龄不同，让他们了解死亡的方

九 为孩子插上哲学的翅膀

式也应该不同,但无论如何,最重要的是要对孩子真诚,同孩子建立一种无话不说的亲密关系。倘若想让孩子感到安心,就必须努力去了解他的内心。

"儿子,你的内心是什么样的?"

"嗯,我的内心就是挺喜欢你的!"

一片叶子落下来

一些相关研究表明:3~5岁的孩子通常会认为,死是到了另一个新的环境,他们还无法区分活着和"生命的消亡"有什么不同;5~9岁的孩子,已经能够理解死亡,但他们会觉得,那种事情离自己很遥远,只是一种难以预料的不测,与自己并没有关系;9岁以上的孩子却开始意识到,死亡同样会降临到自己身上,死亡是不可避免的。他们还知道,死亡就是肉体生命的消失。

美国有一本书叫《一片叶子落下来》,发行量已经超过1800万册,非常适合3至9岁的孩子。这本书从一片叶子由春天的绿,到夏天的生机盎然,到秋天的红橙,最后枯萎,离开树枝,归于大地的过程。告诉孩子,死亡是那么的自然,那么的美与平静,我们为什么要害怕死亡呢?我们应该像那片叶子一样,因为自己曾经是树的生命的一部分而感到骄傲!

一位妈妈曾和3岁的儿子一起读这本《一片叶子落下了》。读到秋天来了,树叶开始纷纷议论死亡时,儿子说:"妈妈,我害怕自己会死。"他才刚刚3岁,似乎已经比同龄的孩子更早具有关于死亡的意识。而等读完整本书,妈妈问儿子:"你还害怕死吗?"他说:"不了,因为冬天去了,春天又会来了。"听到儿子这样说,

别埋没孩子的天才特质

这位妈妈很欣慰,她说当自己有一天不得不离他而去的时候,她会告诉儿子:"妈妈就像那片叶子一样,化为了泥土,等春天树叶发芽,你就知道,妈妈又回来看你了,你可以经常在树下玩耍,妈妈就在树上陪伴着你呢。"

十 拯救正在被边缘化的男孩

中国人喜欢养儿子，然而，"家有男孩，父母烦忧"，今天的男孩正面临从小学到大学的学业成绩全面溃败之势。这些未来的"男子汉"真的如此不堪一击吗？男孩所特有的优势和潜能都到哪里去了？

越来越多的中外数据显示，男孩的天赋和优势因素在现代教育体系中难以发挥而导致学业成绩节节败退，而女孩的优势地位则不断凸显。与此同时，"问题男生"却越来越多，男孩正处于教育"边缘化"的地位。

也许您是正被宝贝儿子在学校惹出的种种事端搞得焦头烂额的父母；也许您是一位正为班里调皮捣蛋、成绩垫底的男生而头疼的教师；也许您正在闲聊学历越高、女性越多的现实……这些看似琐碎和繁杂的念头背后，其实有很多值得进一步探究的问题，其中之一就是：什么样的教育更适合男孩子？如何发挥男孩的潜能和天赋？

如果您已有所感觉，但怀疑这种问题的严重程度，那么一些相关研究结果可以给您提供一些参考。美国国家教育统计中心一项针对全美中学学生成绩和社会能力所做的调查显示，除了在语文和数学成绩上男女生基本持平外，在参与社会工作、艺术活动、校园媒体、学术俱乐部等方面，女生已经全面超越男生。而在学习障碍和情绪不稳定的人数比例上，男生的比例远远高于女生的比例。与美国相比，中国的情况也十分类似。越来越多的数据显示，中国男孩从小学到大学成绩全面败退。

许多年轻的父母可能会认为，自己的儿子尽管和那些乖巧听话的女孩有很多不同之处，但是与女孩一起用同样的方式来学习，应该不会有什么问题，学校对男女孩的要求一致也无可厚非。正是这样的认识和想法，让男孩的天赋和优势在学校和家庭的共同挤压下荡然无存，他们的处境也雪上加霜。放弃改造男孩的想法显然不是易事。

家庭对孩子的影响举足轻重，男孩的成功很大程度上依赖于父母的认知和教育。"没有运动就没有男孩"，没有父亲的参与同样难以培养出真正的男子汉。养育男孩，一定要尽可能多地了解他们的天性和优势，并利用这些优势发挥他们的巨大潜能。

十 拯救正在被边缘化的男孩

中国男孩学业成绩全面败退

小学老师在课堂上说:"兔子最爱吃胡萝卜!"女孩子点点头,飞快地在笔记本上记下。男孩子提出:"老师,兔子为什么不吃青菜呢?""不是的,我养过兔子,它最爱吃的是莴笋。"这个片段生动地体现了男孩和女孩在思维上的差异。然而,这种本来十分平常的两性思维差异,却正在演变成男孩和女孩在学业成绩上的巨大反差。

一项针对我国2006—2007年、2007—2008年连续两年约5万名获得国家奖学金的大学生的调查显示,获得国家奖学金的女生人数均为男生的两倍左右。各个高校的校内奖学金获得者中,男生也处于明显落后的状态。不仅如此,在高校学习成绩各项指标的比较中,男生远远落后于女生,成绩排名靠前的女生多,排名靠后的男生多,男生的不及格率远远高于女生。

不但大学中男生优势不再,高中男生的成绩也在下降。根据一项对1999—2008年的数据分析,全国高考状元中男生的比例已从66.2%下降至39.7%,女生的比例则相应地由33.8%上升至60.3%,除2002年出现波动以外,女生比例整体上呈直线上升之势,增速惊人。

一项针对重庆市26所中学6539名高中生的会考成绩的统计分析结果表明,女生的优势科目是男生的两倍,男生占优势的科目只剩下3门——物理、化学和地理,而女生占优势的科目却多达6门——政治、语文、数学、生物、历史和英语。与此同时,女生的学习成

别埋没孩子的天才特质

绩总分明显高于男生，学习好的女生多，学习差的男生多。

2006年9月，复旦大学传来消息，称该校当年录取的3871名新生中，男生只有1847名，占47.7%；女生为2024名，占52.3%，这是该校历史上女生比例首次超过男生。与此同时，中山大学中文系硕士研究生中女生比例逐年走高——女生和男生的比例从2004年、2005年的6∶1上升到2006年的近乎7∶1。中科院心理所一份资料显示，2000年北京大学招收的高考"状元"中，女生占55.9%，而2001年状元女生已经占到了65.6%。2002年更甚，36名文科状元中，女生有28名，占77.8%；理科8名状元中，男女生各半。在状元群体中，特别能反映性别差异的数学科目也是女生占优势。放眼望去，名牌大学校园里，女孩的身影一年比一年多。再以长沙市2005年高考为例，文理科第一名均为女生，文科排名前10名中，女生占了9名。

伴随着男女生对比中占优势女生数量的增长，女生的强势地位进一步凸显，而男生正处于"边缘化"状态。某大学男生表示，在他们50多个人的班级里面，女生更热衷于竞选班干部，除了一名男生干部，其他职务几乎都是女生担任。女生太多使男生更加怯于或不屑于表现自己，从而放任自己被边缘化。小李是某学院的一名男生，长期担任院报的总编辑，社交活动能力很强，可是面对3/4都是女生的班级环境，始终觉得有些气短。"上课的时候女生都欢叫着坐到前面，课堂上热烈讨论，积极发言提问，我们男生却不敢凑过去，多数是躲在教室的后排，一声不吭。"

进一步的调查发现，男孩的学业成绩早在初中和小学就掉队了。一些面向部分地区的初中和小学学生的抽样调查结果显示，在语文和数学上无论是平均分还是及格率，女生均保持绝对优势，女

十 拯救正在被边缘化的男孩

生各科的总成绩也明显优于男生。不仅仅是学习成绩,男生在学校的整体表现也都落后于女生。2008年,北京市小升初试行优秀生推荐入学政策,被推荐的优秀生中,女生的比例明显高于男生,一些学校男女比例低于1∶2,甚至更少。

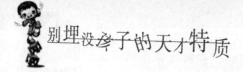

别埋没孩子的天才特质

男孩学习方式与教育模式不匹配

在人们开始惊呼中国男孩为何学业如此失败时，放眼全球可以发现，男孩教育中的这一危机并非中国独有。国际经济合作与发展组织（OECD）曾实施了一项国际学生评估计划（PISA），该评估计划主要衡量青少年对语文、数学和科学知识的掌握及运用能力，对包括美国、英国、加拿大、澳大利亚、德国、法国和日本在内的35个发达国家的研究显示，女孩在所有教育评分上均胜过男孩，其中差距最大的是阅读和写作科目。

美国《商业周刊》曾以《新两性鸿沟》为封面报道，尖锐地指出："从幼儿园到研究所，男孩变得弱势。"美国女生在学业表现上一路领先于男生，2000年拿到硕士学位的女生是男生的1.38倍，大学中男生比率低于44%。大部分学校中，男生占成绩等级得分D和F的绝大部分。高中辍学人群中约80%是男生。

在英国，"男孩危机"已受到高度重视，不管是英国政府还是教育部门都已认识到"男孩危机"的严重性。在大学阶段，该国女生入学比例也已超过男生。从英国中等教育普通证书考试（类似于我国的高中会考）的结果看，女生不但在语言类学科上继续保持着极大优势，而且在过去男生占优势的数学、科学学科上的成绩也迅速提升，并在1995年首次"与男生抗衡"，自此以后女生总体上处于越来越明显的强势地位。

在德国，大学里男生同样少于女生。各类学校中不能完全毕业的男生是女生的3倍，每年留级的男生比女生多一倍，特殊学校的学生中男生占64%。

十 拯救正在被边缘化的男孩

澳大利亚是最关注"男孩危机"的国家之一,由于意识到"男孩危机"越来越严重,该国政府与教育研究部门寻求多方合作,以此应对"男孩危机"。该国公布的数据表明,男孩不仅在读写能力、学校投入、喜欢学校和教育成就等方面与女孩存在差距,在出现纪律问题和被学校开除的学生中,男孩几乎占了绝大多数。男孩休学和退学的人数也在上升,在有些学校,每10个休学或退学的学生中有8个是男孩。2002年,澳大利亚联邦议会发布了一份题为《男孩:正确地成长》的报告。报告证实,大量男孩的学业成就和在更为广泛的社会指标上的表现都不尽如人意。该报告认为,人们对男孩教育的诸多关注是合理的,而这些关注在目前的政策框架内还没有得到充分考虑。该报告还特别指出:增多男孩的成就并不会危及女孩过去十几年里所取得的成果,两者并非是此消彼长的关系。

男孩因学业不良而带来的心智发展危机已在国际上引起越来越多的研究与关注。哈佛大学研究员丹·金德伦与心理学家迈克尔·汤普森指出:"在学校,男孩普遍面对一种挣扎:为满足学校的学业期望,有些男孩在发展曲线中取得领先,有些女孩落后了,但我们在对比男孩与女孩的平均成绩时发现,在早期学校环境中,男孩普遍居于劣势。"

哈佛大学心理学家威廉·波拉克在对初、高中男孩的学习自尊心进行研究后指出,"近期研究结果表明,男孩不仅在自尊心方面较女孩更脆弱,作为学习者的自信心更易被削弱,而且男孩比女孩更易违反校规校纪、被停课或是辍学"。

研究显示,在当今的教育体系中,女孩比男孩更期望接受良好教育,而更多的男孩认为老师不理睬他们的声音。美国教育部曾有

别埋没孩子的天才特质

一项研究：在对八年级和十二年级学生进行的职业期望调查中，女孩均比男孩抱有更高的职业期望，这表明更多的女孩希望完成高中、大学乃至研究生的学习或是参加专业培训。

美国古里安学院创始人迈克尔·古里安根据该学院针对美国、加拿大和澳大利亚学区近20年的研究结果断定：无论男孩的学习成绩优劣，他都面临着在一个有可能认为他有缺陷、不了解如何引导他或修正自身的体系下接受教育、管理和指导的风险。

迈克尔·古里安通过大量的案例和相关研究指出，并非真的是这些男孩出了问题，而是我们的教育模式出了问题。他在回顾了现代学校制度产生的背景后一针见血地指出：被大自然赋予力量、勇气和活力的男孩，本应通过狩猎、保护家人、耕作和大量的实践等身体力行的方式进行学习，而工业革命后产生的"工业化教育"模式——学校，却开始通过印刷品、书面文字和讲授等方式教育男孩。那些过去通过与亲属打猎、管理农场和修理机器等方式来学习和掌握必要生活技能的男孩，现在被装进了盒子似的房间里，必须通过他们最不擅长的阅读、写作和坐在椅子上的方式来学习。

一些专家指出，最初的"工业化教育"模式是由工业家们设计的，其目的是让孩子们为工厂生活做好准备。孩子们伴着铃声穿梭在学校中，好似生活在传送带上一样，特别是他们要学习遵循指令，以便能够在迅速扩张的工厂中工作。

学校对工业化的盲目崇拜导致其教育与学习模式从一开始就注定缺乏人性关怀，然而时至今日我们才开始认识到其中可能存在瑕疵。这种瑕疵对男孩和女孩的教育都十分不利，但是相比之下，对男孩的杀伤力更大。

男孩天生的学习方式和学校给予他的教育方式可以说是严重不

十 拯救正在被边缘化的男孩

匹配的。

- 以前教育男孩的方式有多种，如学徒、辅导、行动和手工实践，而现在只有一种主要的学习方式——通过语言来学习，而没有其他肢体运动（只能坐在椅子上）。
- 在农场、集市和旅途中进行日常学习的方式几乎绝迹，手中的书本却在逐渐加厚。
- 过去人们认为坐立不安和肢体运动表示精力旺盛、充满活力，愿意随时起身跑到需要学习的地点，而现在这些都变成了缺点和不足。

从生物学角度看，由于体内雄性激素的分泌和刺激，男孩一天至少需要4次较为充分的体育或课外活动。游戏和运动是男孩大脑与身体的有机学习。然而，越来越多的男孩被剥夺了这一对他们来说最重要的学习方式。安坐于椅子上学习的形象已经成为教育、特别是近50年教育的广告形象，但它并不完全符合众多男孩的思维方式。当男孩们做出各种努力，想要适应我们为他们准备好的学习方式时，他们困惑了，他们不得不面临着各种痛苦和挣扎。男孩被贴上了"问题"或"失败"的标签，他们开始闷闷不乐、自我怀疑。

尽管多年以前，科学家、教育家们就开始通过观察和研究男孩女孩的社会相互影响、心理发展和社会化等方式，来验证男孩女孩在学习方式上存在的差异，但是最近10年来人类在脑科学上的突破性研究，才让研究者真正认识到男性与女性在大脑上存在的巨大差异，这些差异导致其学习方式有很大的不同。

最新的研究显示，男性与女性大脑之间的差别有100多处。而对于在教学中运用更多语言的教学方式而言，大脑差异的问题日渐重要。比如，男性的大脑与女性的大脑相比，更多地依赖于空间机

别埋没孩子的天才特质

械刺激，因而天生更容易接受图表、图像和运动物体的刺激，而不易接受单调的语言刺激，如果教师在讲课时说得太多，那么与女性相比，男性的大脑更有可能感到厌烦、分心、疲倦或坐立不安。

女孩在阅读和写作能力上平均超越男孩1～1.5年，而这一差距从童年早期开始几乎贯穿整个学习生涯。一般而言，因为男孩大脑天生不能很好地适应那些强调阅读、写作和复杂的组词造句等教学方法——尽管这些技能是所有文化不可或缺的——所以造成了大批男孩和年轻男性的问题。

可以看到，目前标准化的考试和教学中出现的其他僵化做法，很可能导致一个在早期教育阶段失败的男孩在未来一事无成。一位拥有30年教学经验的老教师说："我们总在想，男孩会挺过去的，不管怎样他们最终都会成功，但这种想法已经很老旧了。现在的各种测试，对我们的孩子来说已经到了'要么成功，要么毁灭'的地步。这些测试还告诉我们，早期阶段的失败开始于一种被归类的过程。男孩被归类对他的自尊心和日后的成功都有着长期的不利影响。"

十 拯救正在被边缘化的男孩

改变男孩还是改变教育

中国大概是世界上最看重学历的国家。当前,教育面临的一个最为严重的问题就是应试教育的倾向日益突出。孙云晓用"教育新四化"对其进行了概括——幼儿教育小学化、小学教育中学化、中学教育大学化、大学教育小学化。其中,幼儿教育小学化、小学教育中学化对男孩最具杀伤力,让许多男孩过早地在学业上掉队,最终丧失了在学业上追平女孩的机会。

在应试教育的高压下,教育教学主要围绕着考试进行。今天最受重视的科目是语文、数学和外语,实验课、体育课等往往都不受重视,课外活动更是可有可无。在一些学校甚至有两张课表,一张贴在墙上,应付检查,另一张则藏在孩子的文具盒里,那上面,体育课和课外活动往往被"语数外"占用了。而体育课、实验课、课外活动等可以动手和探索的项目恰恰是男孩最需要、最偏爱和最擅长的。

应试教育把孩子的学习局限在校园,把学习局限于书本,把教学等同于言语灌输。与国外孩子相比,中国孩子动手实践、身体运动和野外探险的机会太少。在这种环境下,男孩的长处几乎无处施展。

由于成绩不佳或者调皮捣蛋,男孩常常不受老师喜爱,要么被忽视,要么成为批评和惩罚的对象,这让他们很泄气,难以建立对自己的信心。研究表明,小时候因学业失败记忆所形成的糟糕自我形象往往会保持一生。最可怕的是:这种失败经历可能会慢慢上升

别埋没孩子的天才特质

为一种失败型的人格：不愿尝试，缺乏改变的勇气，缺乏男子汉气概。

男孩的学习更倚重于体验，缺乏体验使男孩对枯燥的单纯书本学习丧失兴趣，从而危及他们的学业表现。而不了解男孩的学习方式、否定男孩的学习方式，则加快了男孩成为现代教育牺牲品的速度。

包括父母和教师在内，大多数人都没有认识到或者不愿意相信，在幼儿园和小学阶段男孩的发展普遍落后于女孩的事实，我们往往以同样的难度要求男孩和女孩，以同样的标准来评价他们。更需要警醒的是，我们同样没有意识到，男孩的很多"落后"表现其实是暂时的，只要改变对他们的态度，对他们抱有信心，他们将来仍有机会赶上女孩。然而，由于我们对男孩错误的认识，过早地对男孩做出各种失败性的评价，导致许多男孩很早就被贴上了失败者的标签。

"差生"现象更是中国教育的一个顽疾。从小学一年级开始贯穿到高中，"差生"的标签成为许多男孩一生挥之不去的阴影。不少学校甚至在中考、高考前，动员"差生"不参加考试，以保证更高的升学率。据有人测算，按照现行评价标准，我国现有的2亿多中小学生中，有5000万是"差生"，其中80%以上是男孩。

放弃改造男孩的想法并非易事。年轻的教师和父母们相信，男孩和女孩尽管有不同，但是所有的孩子都可以用同样的方式来学习，对他们的要求和表现更应该一致。

迈克尔·古里安因自身的成长经历而长期关注男孩教育问题。在小学阶段，他经常因为违反学校纪律而多次被请进校长办公室。五年级时，他被带去看精神科医生，然后开始服用利他林，这是一

十 拯救正在被边缘化的男孩

种中枢兴奋药，常被用来治疗多动症和注意力障碍。到了七年级，他开始逃课。他回忆自己那时在学校的表现是：无法专注于老师要求的事情上；无法按要求长时间安静地坐在椅子上；渴望专注地学好一种东西，而不是不停地学这学那；不想一本接一本地读书；很容易感到厌倦；希望以"做"的方式学习，而不是听老师讲；从不确定是否理解了收到的指令，而且在老师要求的学习方面也一无所成。尽管到中学的最后一年他的学业开始有所好转，但是在学校的麻烦依然不断。

多年以后，迈克尔遇到一位大学顾问并谈起自己接受教育失败的问题，这位有3个儿子的女性顾问听完了他在学校遇到的许多艰难和痛苦的事情后说："有没有可能是学校也出了问题，而这又造成了你的问题？我也有两个儿子在学校的学习中遇到了类似问题。"

这对迈克尔而言是一个意外的发现。3年后，他在研究生院的学习中认识了更多朋友，用这些朋友的话来说，他们都曾经是"学校的失望人群"、"无法挖掘潜力的孩子"、"缺乏学习动机的学生"等等。一位朋友还复述父亲曾给他的建议："没有人期望你会喜欢学校或是关心学业。你必须要做的只是挨过中学，考上大学。如果一个孩子能够做到这一点，就足够了。"

迈克尔有一个同事凯西·史蒂文斯，她的儿子卡尔也曾因学校中的行为问题而长期服用利他林。尽管卡尔的智力测验显示他的智商高于平均水平，但精力充沛的他在学校难以安静地坐在椅子上，还常有各种小动作，这让一些老师无法接受并对他非常严厉。慢慢地，卡尔开始对学校越来越抵触甚至憎恨学校。长期服药对卡尔的精神乃至心理产生了很深的影响。多亏后来卡尔转学到了一所新的

别埋没孩子的天才特质

高中，并获得了多位老师的耐心帮助和支持，一位优秀的教育顾问还建议他停止服药。卡尔终于又找回了活力和去上学的理由，并盼望日后成为一名教师，去帮助那些曾和他有一样痛苦经历的男孩们。

从迈克尔和卡尔的成长经历中可以看到，男孩成长的危机绝非仅仅是生理发育迟缓所致。可以说，我们目前所信赖的教育体系并不完全适合于男孩的大脑。这种教育体系将男孩中存在的缺陷、失调或难以控制等情况归咎于他们不能学习。它坚持认为男孩应该能够被改变，甚至将男孩的无法改变视为男孩性格中的另一个缺点，并要求他们接受药物治疗。

来自美国的统计数据显示，男孩占违反校规纪律总人数的80%；在被诊断为患有学习障碍的孩子中，男孩占70%；在被诊断有行为失调的孩子中，男孩占80%；服用利他林或类似药物的学生中，男孩占80%。2004年，美国服用利他林的男孩人数达到500万。

迈克尔在长期的研究中发现，男孩中广泛存在一种所谓的"学习抑郁症"。很多男孩感觉自己所在的学习体系"恨"他，因而他也反过来"恨"学校，对学习提不起精神来。与临床抑郁症不同，这种学习抑郁症可能不治而愈。它不需要药物，因为最终药物的作用可能是让病症恶化而不是好转。

特里·舒尔茨，一位有30年工作经验的社会工作者和学校顾问曾提出：我们必须改变课程。如果我们不这样做，那么病理诊断男性患病的人数将持续增加。在我们知道真相之前，1/3的男学生将被诊断为大脑失调、学习失调或行为失调。我们将造成越来越多的男孩在学业上和生活中的失败。

十 拯救正在被边缘化的男孩

事实上,教育曾经在帮助女孩方面有过非常成功的经验。20世纪八九十年代,科学家曾针对女孩在语言方面的特有优势,改变了考试的形式,如在数学、科学等学科考试中增加更多解释性说明和论证性文章,结果发现女孩的考试成绩普遍提高。目前该成果已被广泛应用于各类考试中。另外,在数学和科学课堂加入了更多与语言相关的刺激,训练教师在教授这些科目时运用大量的书写和小组对话形式。由于认识到了女孩所面临的教育危机,教育做出了最大限度的改变,并且获得了巨大的成功。

你知道吗?

▶ 解惑之一:男孩为何上课容易违反纪律

男孩并非有意跟老师作对,而是因为其大脑中控制冲动的区域——额叶发育得更缓慢。由于自制力差,男孩在课堂上往往难以长时间坐着听老师讲枯燥的内容,他们更容易分心,更容易做小动作(男孩的小动作是一种对大脑的自我刺激,以保持大脑清醒),因此更容易违反纪律而遭到批评或惩罚。

男孩血液中的多巴胺(可增加冲动性冒险行为)含量较多,流经小脑的血流量更大,而小脑是控制"行为"和"身体运动"的部分。这导致男孩在静坐或久坐过程中的学习能力总体上不及女孩。事实上,这种运动对男性大脑的学习至关重要。

女孩的额叶通常较男孩更为活跃,而且发育期更早,因而女孩不像男孩那样容易做出冲动的决定。不过,冲动有时在学习中更有用，尤其是需要在户外进行更多的独立学习时。

> **解惑之二：男孩为何更适合深度学习**

男孩大脑处理血流的总量较女孩少15%，同时男孩会对大脑活动进行区分，这种特性不利于同时进行多项任务的学习。因此，男孩在长时间专注于单一任务时成绩较好，此时深度学习在发挥作用。如果非常频繁地变换任务，他们的表现则不佳。

女孩的胼胝体（连接大脑两个半球）体积大于男孩，可在两个大脑半球间进行更多的交叉信息处理，可同时等质量地完成多项任务。

> **解惑之三：男孩为何上课更容易走神**

由于大脑血流量少于女孩，男孩的大脑需要更多类似小憩的"睡眠状态"，为下一个任务做好准备。然而，这种对男性大脑至关重要的睡眠状态很可能在教室里酿成大麻烦。不能及时完成作业、在课堂上停止做笔记或睡觉，甚至以摆弄铅笔或坐立不安等方式进行自我刺激（这样可以保持清醒以便继续学习）的学生大部分都是男孩。与此相反，一个女孩即使对上课内容感到厌烦，她仍可以睁大双眼听课、做笔记。女性大脑的血流在睡眠状态下也非常活跃。

女孩大脑颞叶中拥有更强大的神经连接，帮助她们有更多复杂感知记忆的储存以及更好的听力，特别是当这些声音以语言的形式出现时，这种优势更加明显。与女孩相比，男孩需要更多触觉型的体验，以便激发大脑学习的积极性。

> **解惑之四：男孩的记忆力为何不如女孩**

男孩与女孩大脑中的海马（大脑中的另一记忆存储区）的工作

十 拯救正在被边缘化的男孩

方式也不同。男孩需要更多的时间才能记住课堂上讲的内容，特别是写出来的文字内容。不过，因为男孩的海马更偏爱序列，因而在记忆大量序列式和层次要点的信息时非常成功。

男孩大脑有更多的白色物质，这些物质主要负责脑细胞间的联络以及神经冲动在大脑和四肢及躯体间的传递，所以男孩生来就具有强大的空间感知力。女孩的大脑比男孩多出15%的灰色物质，这些灰色物质主管人类的语言思维，所以女孩天生具有强大的语言优势。

▶ 解惑之五：男孩的字为何不如女孩

男孩控制精细动作的大脑区域和神经系统的发展总体落后于女孩，因此让男孩握住铅笔并写出漂亮的汉字更加困难。这些发育上的差异往往使男孩被视作愚笨或迟钝，这可能使他们从一年级开始就讨厌学校。

男孩大脑中许多负责学习功能的区域发育较晚，如果它们承受过多加速发育的压力，就会成为男孩在生命早期承受高压力和高失败率的主因，等到这些男孩读四五年级时，便显现出缺乏学习动机的早期信号了。

别埋没孩子的天才特质

家庭如何帮助男孩度过危机

当越来越多的男孩在学业上陷入困境,当男孩不断面临持续增加的心理疾病,当男孩的体质和气质越来越不像男子汉,当男孩竭尽全力仍然找不到满意的社会角色,家庭该为他们做点什么呢?

家庭对孩子的影响举足轻重

情感依恋研究的结果表明,在过去20年中,孩子生活的成功很大程度上取决于父母和亲密的大家庭。同样,父母大都意识到孩子教育的重要性,但他们也因高度的期望和信任当代教育体制,而普遍地将孩子的教育托付给一种工业化体系,从而放弃了自己的责任。

这对中国教育的现状有非常重要的启示。一方面我们要对不合理的教育现象和体制提出意见,这也是推动教育发展的重要力量。另一方面我们也应该摒弃消极的教育失败思想,寻找在现行教育体制下如何更好地保护孩子心智的方法,给他们一个尽量健康的教育环境。而现实中存在着许多家长将全部教育责任转移给学校的现象。同时,强调家庭并不意味着学校体系的削弱,学校仍然负责孩子的教育,而且学校也应该意识到家庭的重要性,通过与家长的交流,增强家庭对孩子心智的爱护。

研究表明,目前的男孩教育危机是体制性的,指责个人和某个团体对于解决问题没有任何意义。有意义的事情在于发掘、勾画出问题,并进行修正。从社会的角度来说,重要的是观念的推广。教

十 拯救正在被边缘化的男孩

育核心在于让所有的孩子成功。从宏观上提倡一种人文关怀的态度,必将引发微观范围的各种变化。

有一个小故事或许会对你有所启示:

一只小青蛙掉进了乳酪桶里。他向妈妈大声喊着:"着火了!"但没有人过来救他,他开始不停地踢打,直到踢起一块奶油,然后他从桶里跳了出来。我们需要的就是不停地踢打。

正如心理学对人失败尝试的研究一样,许多情况下,事情的解决就在于再来一次尝试或者换个角度尝试。这种方式置换到我们的生活里就更加深刻了。作为父母,也许您需要不停地寻找、尝试不同的方法,最终会跳出火海;作为教师,您不妨选择不停地"踢打",尝试不同的教育方法……比如"帮助男孩学习科学和数学";可以做一个和"我"有关的记录本,具体地说,就是和您的儿子一起,将他的身高、体重、牙齿数量、鞋子和衣服的尺码、年龄等记录在一个小本里,相信如果您在此基础上发挥一下,还有许多数据值得收集,通过诸如此类的游戏式方法,吸引男孩学习数学和其他科目。

如果说拯救男孩的首要责任在于家庭,一个和谐幸福的家庭是男孩健康成长的保障,那么最应承担保障责任的就是父亲。在此有一个小故事可以和您分享:

一个商人要赶飞机,当时已是深夜,找不到出租车,无奈之下搭了3个小伙子的车。一路上,商人战战兢兢,因为他知道这地方治安不好。后来,男孩们打消了他的疑虑:他们不想做坏事,因为他们都与父亲住在一起,而父亲就是"一直陪着你,支持你,无论什么时候都会和你站在同一战线上,还会教你认识很多东西"的人。商人感慨,"其实是他们的父亲把我送到机场的,是他们的父

别埋没孩子的天才特质

亲保障了我的安全。"

有研究发现,男孩对男性的认识是从父亲开始的。从父亲身上,男孩学习如何举手投足,如何待人接物,如何关爱女性。充满男子汉气概的男孩,其父亲的教养行为往往是果断、具有权威性的。也就是说,男孩成长之路上,父亲的角色不可或缺,父亲的教育必不可少。

而培养健康自信的男孩,父母双方要改变越俎代庖的教育方式,拒绝做"保姆家长"或"陪读家长"。

其中蕴含的道理很简单,所有的爱与恨都是相互的。唯有孩子生命中感到重要的成人愿意花时间与他共处,给他以关注,并以之为乐,孩子才会觉得被认可,进而建立起自我价值感,而这无疑是优秀男孩未来必备的心理素质。

此外,父母还应让男孩爱上运动。因为运动除了可以锻炼身体,还能培养男孩的归属感,塑造他们勇往直前、永不放弃的性格。在运动中取得的成就还能增强自信,逐渐获得成就感和自我认同。与孩子一起运动,还有机会教会他正确看待生活中的成功与失败,遵守游戏规则和学会与人相处,感悟团队合作的益处。此外,青少年的天性就是不加分析地崇拜自己的偶像。如果这个人是出色的运动员,那么他们不仅会模仿他的运动精神,也会模仿他的人品、态度和生活方式。而这些都是很好的教育契机,适当加以利用,会对孩子产生积极而重要的影响。

培养男孩的五条禁忌

(1)不与孩子交流沟通。如果成人,尤其是家长不与孩子交谈,孩子便很难自在地与他人交谈。家庭中的沉默会给他的自尊、

十 拯救正在被边缘化的男孩

自我价值感以及他对未来婚姻家庭关系的信任产生不良影响。

（2）拿孩子与他人作比较。对有些孩子来说，经常将其与其他孩子作比较，有时可能毁掉一个孩子的自尊心与自信心，扼杀其雄心壮志。其实，这些讥讽之语根本不能激励人，相反，它们给孩子明媚的童年生活蒙上了阴影。

（3）动不动数落孩子。成年人不经意说出的话，有时会对孩子造成巨大的伤害，而他们自己却浑然不知。甚至偶尔以玩笑形式说出的生硬的话都会让孩子埋下自我怀疑的祸根。

（4）对孩子抱有过高期望。设定过高的目标同设定过低的目标一样都没有什么好处。目标太高会导致失败，动摇孩子的信心，并让他觉得唯有获得成功才能得到你的认可。

（5）将自我价值感建立在孩子的成功之上。如果父母只是在孩子成功时才会自我感觉良好，他们其实是窃取了孩子的成功，这会让孩子觉得被父母利用而感到迷惑和空虚，并不会有成就感。

对话孙云晓：救男孩需要全社会反思

《中国教育报》记者郜云雁、周玲玲，曾采访《拯救男孩》作者、教育专家孙云晓，就"男孩危机"问题展开对话。

▷ 男孩危机是全面性的

记者：您为什么会关注男孩教育的问题？

孙云晓：其实"男孩危机"这个问题，我从1986年就开始思考了。那个时候我还在做《中国少年报》的记者，采访时感受到男孩很脆弱，他们偏向女性化，也很容易受到伤害。1986年，我发表了一篇一万字的报告文学，叫做《"邢门大队长"的冤屈》，讲了一

别埋没孩子的天才特质

个男孩在学校受到伤害的故事。这是关于河南潢川一个小学五年级男生的真实故事。但是，我那时只看到了事情的表面，对事情背后的东西还想不清楚。

2005年夏天，新东方教育集团总裁俞敏洪请我到扬州讨论中国的夏令营问题，同去的有一位上海市的少先队总辅导员沈功玲，她谈到男孩问题的一些情况让我很惊讶。她说，许多男孩子联名给她写信，说他们在学校里受压迫，老师也不重视他们，他们很没有地位，觉得非常不公平。她还说，美国也出现了"男孩危机"，所以美国政府提出"拯救男孩"。我当时很受震动，我觉得中国男孩的情况可能更严重，因为中国的教育更不适合男孩子发展，学校的压力和学习的压力很大，来自父母的溺爱又很严重。这两大因素对男孩子的成长极为不利。于是，2006年我邀请两位儿童心理学博士一起做了一年半的研究，《拯救男孩》因此而诞生。

我们做了大量的国内外文献分析，又做了大量的数据分析，发现了男孩危机的根据，这与我们原来的感觉是一致的。很多研究显示，男孩比女孩发育落后，这种"落后"本来是暂时性的，不需要太担忧。然而，现实中我们不但忽视了"发育落后"这种差别，而且现行的教育模式对男孩构成了更大的一种伤害。"男孩危机"，危在教育，拯救男孩的关键是拯救教育。

记者：现在，许多教师私下里聊的经常性的话题，是班上哪个男孩又"拉"成绩了，父母也很为男孩的学习现状感到焦虑。

孙云晓：我认为，一个好教师首先应该是一个人格之师，其次才是知识之师。要做人格之师，第一目标就不能仅仅追求孩子的学业成绩，而是更注重孩子的人格完善，主要包涵5个指标：有自信，有爱心，有责任感，能够自我管理，有抗挫折能力。这是健康

十 拯救正在被边缘化的男孩

人格的基本标准。好教师要特别关注孩子这些健康人格品质的形成。研究发现,对有的孩子来说,你"逼死"他成绩都不会很好,因为学习成绩与智力水平有关,但这些孩子完全可以做到人格完善。这才应该是教师追求的目标,也是教育的一个原则。

同时我认为,目前教师要探讨的是结合"因性施教"和"因材施教",把孩子可能发展的潜质发掘出来,而不是把孩子暂时不能发展的东西强迫性地压榨出来,那只能是伤害孩子。男女差别不可怕,可怕的是教师或父母把男孩的暂时落后看成是问题,甚至定义为差生、笨蛋、问题学生,这就是灾难的开始。

记者:学校对男孩的负面评价过多,让很多男孩对自己也缺乏信心。

孙云晓:是的。本来"男孩落后"是男孩的一个特点,结果你把"男孩落后"当成男孩的一个缺点,当成一个问题,甚至当成罪过,这就可能危及男孩的成长,这在心理学上叫"标签效应"。在儿童时期,这种误导的评判是非常可怕的,如果老师说你没有问题,你很有潜力,你很努力,你能学好,这就大不一样。一句话可能会决定孩子的命运。

毕淑敏曾提到她在小学时受到的心灵伤害,几十年后"童年的伤口"依然"冒着青烟"。原来,在她小学五年级时,有一次唱歌,老师说她唱得很难听,还说了许多伤她自尊心的话,从此她再也不敢唱歌,被刺痛的记忆也永远抹不去了。所以,我特别想跟老师们说,要对男生的学习成绩有所宽容,要给他们更多的时间来成长。

▶ 给男孩最好的礼物——晚上学一年

记者:现在很多学校的好学生都是小女孩,老师也似乎更偏爱

别埋没孩子的天才特质

女孩子。

孙云晓：因为以目前的教育模式和评价考试看，女孩的各方面表现都会优于男孩。学校一方面忽视了男孩"发育落后"这种差别；另一方面忽视了男孩和女孩认知模式的不同。比如，女孩比较适合于语言交流的教育，阅读和情感方面的教育；男孩适合于运动、操作、计算、身体参与类的教育。而目前的教育，基本上是以语言交流为主，强调讲、背、说，这些都是女孩的强项，男孩上课时听上十来分钟，可能就听不去了，所以从一上学男孩就容易落在后面。而且，现在的中小学包括幼儿园，都在追求"静文化"，学校里特别强调要安静，要轻声慢走，不要跑跳，这些要求对男孩来说，都不太容易遵守。

记者：以前学校也很强调安静，强调秩序和纪律。

孙云晓：我认为现在强调得更厉害了。为什么，怕出事，怕乱。"静文化"已成为许多学校普遍的追求，甚至幼儿园都是静悄悄的。这是一种非常违反儿童天性的要求，完全忽略了儿童的特点。这样一种要求，对男孩的伤害是巨大的。男孩实际上是一个十分脆弱的群体，出生时夭折的机会比女孩子多得多，出生后比女孩发育晚，所以出现各种障碍的概率也是男孩绝对高于女孩，比如多动症，男孩与女孩的比例最高可以达到9：1。

男孩与女孩的生理差异是自然现象，不可避免。所以，我强烈建议让男孩晚上学一年。现在美国、澳大利亚采取的措施就是给男孩最好的礼物——让他晚上学一年。

记者：让男孩晚上学一年，就能缓解"男孩危机"吗？

孙云晓：晚上学一年是父母能做的事情，是缓解男孩危机的最容易做到的事情。但是，我认为这不能从根本上解决问题。关键在

十 拯救正在被边缘化的男孩

于要确立"因性施教"的原则,要因材施教和因性施教并重,这是重大的教育原则。

现在许多医院出现了一种现象,8月份会迎来一个剖宫产高峰,原因是妈妈们想赶在9月1日前生孩子,孩子就可以早上学了。这说明,很多父母并没有重视男孩发育晚的事实。这些父母不知道,对于97%并非超常的男孩来说,早上学很可能意味着灾难。因为5岁男孩的大脑语言发育水平,只相当于3岁半的女孩,男孩提前上学往往就意味着灾难的开始。

还有一个问题,许多父母都觉得自己的孩子是超常儿童,因为现在的孩子信息来源丰富,眼界也宽,在父母看来,就显得超常了。父母望子成龙心切,这种情况下,绝大多数男孩无法让父母满意,父母的一些要求许多男孩难以做到,这就对男孩造成了伤害。

▶ "男孩危机"需要全社会反思

记者:您提出"拯救男孩",有没有人说您在危言耸听?

孙云晓:有。有一种声音认为我是在危言耸听,说"拯救男孩"是个伪问题,根本不存在。还有人说,你看看中央政治局常委里边有女的吗?神舟飞船宇航员有女的吗?也有的说,现在几乎所有重要的岗位都是男性,你提出要"拯救男孩",简直是胡言乱语。也有人说,你是大男子主义,为什么只"拯救男孩",妇女的地位不是更重要吗?女孩更值得拯救。

记者:您是怎么回答这个问题的?

孙云晓:我说,我非常赞成男女平等,我也非常希望女孩发展得更好。我认为,现在女孩崛起不是问题,这是好现象,问题是男孩节节败退。男孩的节节败退对女孩没有好处,对国家更没有好

别埋没孩子的天才特质

处。

毋庸讳言,现在中国的关键岗位上依然是男性占主导。但是,我认为这是一个即将过去的历史,这是一个正在改变的现实。可以说,当前的"男性主导"是历史造成的,现在这种基础已经被动摇了,今天的现实正在孕育着一个完全不同的明天。

记者:有媒体对"男孩危机"问题做了一个调查,好像父母与教师对这个问题的归因不太一样。父母认为是学校教育不匹配造成"男孩危机",教师则认为是家庭太溺爱男孩,导致男孩全面落后。

孙云晓:对这个问题的归因的确有很大差异。我们在研究中发现这样一个规律,越是有问题的家庭,越容易把原因归结到外部;越是高水平的父母,越容易把教育责任揽到自己身上。也正是因为这种认识水平的差异,导致了家庭教育水平的差异。比如,我们在做青少年网络成瘾状况研究中发现,孩子有网瘾的,父母就认为是学校教育、管理不好,是社会风气不好,是网吧管理不好。而孩子没有网瘾的,父母往往觉得孩子出问题与家庭教育关系很大。

▶ 父教缺失男孩终身"缺钙"

记者:家庭在"男孩危机"上要承担什么责任呢?

孙云晓:实际上,这个问题的原因本来就是多方面的,"男孩危机"的原因绝对不是单一的。从家庭教育来看,最大的问题是溺爱。一位在国外留学多年的企业家曾对我说,独生子女的父母是在把男孩当女孩养,使中国失去了一代男人。这话说得多"狠"啊,但是一针见血。他说,养男孩一定得让他吃苦,一定得让他磨炼,让他有责任感。这位从事大学生求职咨询的专家说,他在工作中发

十 拯救正在被边缘化的男孩

现优秀的女孩比比皆是,优秀的男孩则太少了。目前中国家庭教育的一个重要问题就是对男孩溺爱,男孩现在吃苦太少、享受太多、自制太少、满足太多。这样的状态下,男孩肯定会出问题。

记者:您提出父教缺失会让男孩终身"缺钙",为什么?

孙云晓:关于父教缺失问题我们有大量的研究,有充分的数据。中、日、韩、美4国高中生的研究表明,即使在正常家庭中,父亲也已经远离了孩子的情感中心,中国高中生将父亲选作第六位倾诉对象,排在同性朋友、母亲、异性朋友、兄弟姐妹甚至网友之后。

研究表明,父教是男孩成长中无可替代的保障,父教缺失带来的问题非常严重。有一个来自生物界的例子,在南非国家公园,人们发现大象群体本来是一个很温和的群体,但最近发现小公象充满暴力倾向,暴躁不安,攻击别的动物,驯养员从没有见过小公象这么疯狂野蛮,怎么回事?专家研究后发现,原来是因为当地大象繁殖过快,人们就把许多成年公象杀死了,结果使小象失去了管教,因为公象的存在可以管教这些小公象,使它守纪律。在社会生活中,因为缺少父教而暴力倾向严重的孩子同样举不胜举。

从理论上讲,人的发展有两个方向,第一是亲密性,第二是独立性。母亲教育的天然的功能是培养孩子的亲密性;父亲的教育则主要是培养孩子的独立性、责任感、约束力。父亲在帮助男孩控制自己的情感方面起着关键作用,如果没有父亲的指导和带领,男孩遭受的挫折常常导致各种暴力行为和其他的反社会行为。所以,"男孩危机"也是父教问题。

记者:您对男孩的家长有什么建议?

孙云晓:当父母发现你的儿子落后时,千万不要焦虑,你要看到这可能是他的一个特点，而不是缺点，一定要等待和鼓励他，因为你不能让孩子做那些他做不到的事情。让孩子热爱学习，比学得好更重要。孩子的心智不完善，这是一个发展问题，是需要等待的问题。吕叔湘先生曾说，教育不是工业，而更像是农业，对待孩子的态度要像农夫对待植物一样，尊重其成长规律。

将男孩教育与运动教育结合起来

记者：您提出"没有运动就没有男孩"，呼吁应把男孩教育与运动教育结合起来。为什么？

孙云晓：运动是男孩的天性。男孩体内的雄性激素决定了男孩需要更多的运动，同时运动也能刺激男孩的大脑和身体活动更好的发展。可以说，没有运动就没有男孩。研究结果显示，男孩每天需要至少4次以上的课外活动，而现实中很多学校每天连一次活动都不能满足孩子。当然有些男孩子偏于文静，似乎对运动不感兴趣。但是，即使这样的男孩也比女孩更需要运动。

另外，我认为运动是儿童社会化的最有效的途径。我们不能认为运动仅仅使人头脑简单、四肢发达，实际上运动会产生责任意识、规则意识、合作意识和竞争意识，这些都是当今社会非常看重的品质。我们在对儿童进行品德教育和人格培养的时候，主要指标都可以在运动中达到。孩子是在体验中长大的，而运动恰恰给他们最直接、最充分的体验。所以，我认为教育应特别重视运动的作用，尤其是对男孩的作用。

记者：缺乏运动的男孩不但体质下降，而且更容易有暴力倾向。

十 拯救正在被边缘化的男孩

孙云晓：是啊！前一段时间，教育界很关心湖南一所中学的踩踏事件。对于该事件有许多种解释，都有道理。而我认为，该事件从某种角度反映了"男孩危机"的爆发。试想，孩子们上了一天的课再加上晚自习，这些男孩一整天都没有什么活动，所以下了晚自习简直就像火山爆发一样，拼命地往外冲，不管不顾、无法控制。

我做了38年的儿童教育和研究，经常听到踩踏事件的发生。我认为这与"男孩危机"有关。如果白天让孩子们有充足的运动，他们的能量释放了，可能就不会有那么大的破坏性能量爆发了。学校教育要有一个安全阀，让学生的压力得到适当释放，才能够不爆炸。只让他们学习，给他们压力，就特别容易爆发。所以，"拯救男孩"是必要的，"拯救教育"就更重要。

记者：家长也需要有所觉悟，不能光想着把孩子往学习班上送。

孙云晓：有一位妈妈介绍过一个经验：每天放学后，不是带儿子直接回家，而是先带儿子出去运动一个小时，或跑或跳，然后再回家。这样做的效果是，孩子回家后做事很专心，学习成绩也逐渐变好了。我们现在有一个非常不好的现象是，孩子在学校运动不足，回家又不许出门。没有了运动，孩子的能量得不到发泄，思想和身体自然懒散，书念起来没精神，字写起来肯定越写越慢。所以，针对男孩的运动问题，家庭可以先行动起来。

记者：您一直很强调要培养男孩的责任意识。

孙云晓：什么叫男子汉？不是说男孩子长得高大威猛就是男子汉。男孩子的本质特征应该是责任感，这个责任感就是敢于担当，在危难的时候要做出牺牲。泰坦尼克号的沉没就是一个鲜活的例子，当时活下来的大部分都是妇女儿童，男人牺牲很多。为什么有

别埋没孩子的天才特质

这个结果?这是在灾难中反映的一种人类文明。如果换一个场景,男人不管这一套,要自己先活命,男人力气大,先可以把妇女儿童掀到海里去,然后男人自己打起来了,那又是什么结果?很黑暗的结果,很愚昧的结果。所以,男人要负起更多的责任,这不仅是人类的文明,也是人类的智慧。所以,没有责任就没有男子汉;没有了男子汉,就没有了民族的未来。

另一个角度看孩子延后入学

大多数关于延后入学学生的研究得出的结论是,从长远来看,延后入学的孩子的学习成绩并不比年幼于他们的同学好,而且到小学三年级的时候,这些孩子的所有短期优势都不存在了。

我最喜欢的20世纪90年代的电视节目之一是《天才小医生》,它反映了美国梦理智的一面——如果道奇聪明到10岁就能完成在普林斯顿大学的学业,那么不管常规如何,他都可能成为一位少年外科医生。美国曾聚集过一些冲破教育制度的束缚而突然冒出来的天才少年。卡尔·萨冈在16岁就读完了高中。斯蒂芬·霍金20岁就从牛津毕业了。莫扎特才6岁就开始了巡回演出。

唉!不会再有这种事情了。今天教育的最大发展趋势是相反的:抑制孩子的发展。而且他们"越聪明"(或者从统计学的角度说,他们越有可能获得成功),被耽误的可能性就越大。

这种做法被称做"延后入学",这种做法就像是推迟大学生运

十 拯救正在被边缘化的男孩

动员学程一年,等他们再长一岁时再上场参加比赛。美国教育部在2005年发布的一份报告表明,将近10%的幼儿园学生实际上可以提前一年入学。

这种做法在私立学校和富裕家庭中尤为普遍。针对康涅狄格州教育资料所作的一项分析表明,富裕地区延后入学的比率上升到了20%,而低收入地区的比率是2%到3%。

从发展趋势的角度来看,只有重视美国富人和穷人之间正在扩大的差距,晚上学的聪明孩子才会引起人们的兴趣。过去来自低收入家庭的学生在与享有特权的学生的竞争中似乎不具有足够的挑战性,现在这些来自低收入家庭的学生比他们的同班同学整整小了一岁。

但事实是,同天才儿童相比,孩子晚上幼儿园是一种更大的趋势。除了因父母个人原因而推迟入学的孩子外,还有一个学生群体的人数正在稳步上升,他们就是因制度原因被学校推迟入学的学生。如果推迟入学意味着故意不让5岁的适龄儿童上幼儿园,那么学校一直在悄悄做的事情就是改变学生的入学年龄。

在过去的25年中——各州对联邦政府在20世纪80年代大胆提出的新标准(新标准的目标是对美国小学进行更严格的规范)都做出了回应,几乎每一个州都把幼儿园的报名截止时间从12月份提前到了9月份左右,这样就可以保证刚满5岁的孩子在来年进入幼儿园。

因此,在没有联邦政府统一规划或认可的情况下,美国一直在推迟正规教育的开始时间。《芝加哥论坛报》将此称为"幼儿园的老龄化"。过去,几乎没有6岁的孩子还在上幼儿园,而现在,6岁的孩子在幼儿园有的是,每5个孩子中就有1个是6岁。

除了不得不多付一年托儿费的父母和在休息时还可能看到孩子

别埋没孩子的天才特质

在调皮的老师外,谁还关心这个问题呢?我们可以推断,对美国而言,这可能是一件非常大的事情。因为,你可以推迟上学的年龄,但除非你在处理其他生活大事时不考虑年龄,否则,你就会面临一些以前没有的,而且是出乎意料的结果,比如中学里的性行为。研究者告诉我们美国人失去童贞的平均年龄是16.9岁。这样一来,如果这个年龄在过去是上十年级的话,那么现在则是上九年级。我们可以预料,在未来几年将发生一次全国性的反对中学生性行为的抗议活动。

上十一年级的士兵。让青年人在18岁从中学毕业所带来的好处之一是,在承担法律责任、行使投票权和服兵役方面,18岁是一个人成年的明确界限。但现在如果孩子们19岁才从中学毕业,那么接下来要征兵的话,征兵委员会就得把目光投向美国的十一年级的学生了。那会发生什么事情呢,尤其是对于那些过分小心的家长而言?

高中投票人。我们不需要在高中模拟全国性的选举了——我们需要真正的选举。也许总统候选人会不得不把高中管理人员确定为拉票活动的目标人群。

当然,人们会说,学生(尤其是男生)上学晚是一件很好的事。既然众所周知,"女孩比男孩成熟得快",那么,男孩稍微晚点儿上学可能最终会缩小男孩和女孩的发育差距。而且,既然女孩在大学入学率和毕业率方面都要优于男孩,那么晚点儿上学或许不失为让男孩重振雄风的一种好办法。

(本文摘编自《小趋势:决定未来大变革的潜藏力量》,[美]马克·佩恩、E.金尼·扎莱纳著,刘庸安等译,中央编译出版社出版)

十 拯救正在被边缘化的男孩

男孩沉默寡言背后的教育疑问

许多人认为男孩沉默寡言是正常现象,并相信"沉默是金"。然而,一些研究发现,沉默阻碍了男孩更好地适应社会,是影响男孩生存和发展的不利因素。一些研究证明,男孩大脑的两个半球之间的胼胝体较小,导致其社会交流能力明显弱于女孩。虽然先天的生物特性并不能决定一切,但是由于性别不同造成的大脑差异不可能迅速发生改变,所以在男孩交流能力发展的关键期,需要父母及教师助其一臂之力。

沉默未必是金

当家里来了客人时,他躲在房间里不肯出来,继续摆弄汽车模型;当在外面遇见长辈时,他低着头侧身绕过,窘得脸红到了脖子根;当询问他一些问题时,他要么置若罔闻、一声不吭,要么迅速地转换话题……我们身边有不少这样沉默寡言的男孩,他也许就是你的儿子,也许是仅有一面之缘的男孩。他们是如此沉默,让父母不禁替他们的未来担忧:沟通能力决定着孩子将来的竞争实力,如此不善言辞、回避交际,将来如何融入社会?如何获得良好的发展?

日常生活向我们展示了这样一种典型现象:男孩在社会交往中往往不像女孩那样轻松自如。孩子的沉默寡言让父母困扰,如何帮助孩子提升人际沟通的能力?如何引导沉默寡言的男孩成为口齿伶俐、健康快乐的少年?

别埋没孩子的天才特质

许多父母认为男孩沉默是正常现象，甚至有些父母有意培养儿子沉默的美德。然而，有研究表明，"沉默是金"并不适用于家庭，更不适用于孩子。我国南方某市妇联曾开展过一项家庭调查，在那些少言寡语、经常保持沉默的家庭中，家庭成员尤其是孩子学习的成功率明显低于活跃的家庭，这些家庭中的孩子大多性格孤僻，与同学不太合群，亲子冲突也比较多。这一调查表明，沉默阻碍了孩子更好地适应社会，是影响孩子生存和发展的不利因素。

还有些父母虽然知道沉默对男孩有害无利，但是他们认为男孩多半是因为性格内向才不擅交流的，期盼着孩子长大后会慢慢改变。愿望是美好的，现实却可能是残酷的。男孩沉默寡言存在多方面的原因，如果不知道沉默寡言的具体原因，就无法及时、有针对性地进行纠正，一旦错过了孩子语言发展和行为建立的关键期，指望他们自己慢慢改变，几乎是不可能的。

寡言事出有因

为了了解你的儿子为何成为"沉默寡言的男孩"，你必须深入了解孩子的生理和心理状况。男孩的沉默寡言也许是个性使然，然而更可能是由于其他原因。

男孩沉默寡言有生物学因素，女孩通常比男孩更擅长交流，这一点确实有其生物学基础。与女孩相比，男孩的大脑在两个半球之间起信息传递桥梁作用的胼胝体面积较小、工作效率较低，这些生物学上的差异会导致男孩的社会交流习得技能比女孩弱。因此，了解基本的神经心理学知识有助于了解男孩的独特性并帮助他们提高交流能力。虽然生物性并不能决定一切，但是由于性别的不同造成的大脑差异不可能迅速发生变化，所以，在男孩交流能力发展的关

十 拯救正在被边缘化的男孩

键期,需要家长及周围的人助其一臂之力。

除了性别差异,有些男孩沟通与社交方面的困难与学习困难或注意缺陷存在密切关联。有研究表明,男孩更多受到学习困难或注意缺陷问题的困扰,男孩与女孩患此症状的比例大约为5∶1。这些男孩会因无法跟上课堂进度而愤怒,因考试成绩落后而自卑,这样的耻辱会对男孩们造成持久的伤害,他们会觉得别人看不起自己,从而情绪抑郁、行为退缩,对自己的社交能力丧失信心,最终使得孩子愈加沉默寡言。

男孩沉默寡言还存在心理学因素,男孩沉默寡言,除了生物学因素的影响之外,也与其自身的心理发展特点以及环境作用密不可分。儿童期和青春期都是孩子生理、心理快速发展的时期。随着每个发展阶段的到来,新的挑战也接踵而至,孩子需要掌握新的技能来迎接挑战。对于男孩而言,挑战更大。因为他们需要在挑战面前表现得勇敢而镇定,像个"真正的男子汉"。在个性特征方面,男孩通常(特别在青春期)倾向于独立思考,较少与家人和朋友交流。

另外,有些男孩不爱说话是因为家庭成员之间没有多少交流。正如个体有交流的循环期一样,家庭也有。当男孩注意到父母间的交流陷入僵局时,他们也许会很快地采用相同的策略。在处理与母亲的关系时,尤其如此。所以,一位不善言谈的丈夫可能无意间带动儿子也成为抵制交流的人。

可见,一部分少言寡语的男孩的沟通与社交问题是由于其自身性格或家庭环境的情感氛围造成的。男孩沉默寡言的社会学因素,从社会文化角度来看,男性不愿意表现出脆弱是源于进化过程中行为塑造力量的作用。在人类历史的早期阶段,软弱将威胁到男性生存的机会。当然,我们都知道,为了安全与成功,在一些情境中表现出自己的强大是十分有利的。不幸的是,许多男孩在社交中增强了社交隐藏能力。"面无表情"被认为是勇士的表情,所以当男孩觉得受伤或者面临流露出脆弱的危险时,他可能拒不开口,保持缄默。

美国心理学家考科斯博士致力于与各个年龄阶段男孩的家长们齐心协力,共同应对孩子先天的大脑差异、学习和注意困难、自身个性特征和家庭环境的影响以及社会压力,正是这些因素使男孩处于交流的劣势。

帮助男孩搭起沟通的桥梁

男孩常常采用逆反的方式来表达自己,如:仅仅耸耸肩、敷衍了事地回答问题;当被要求提供更多的信息时则勃然大怒……诸如此类的表现都限制了他们的人际交流。为了帮助这些男孩发展社交的潜能,我们可以做的事情其实有很多。

在家庭中,父母即帮助者。家庭的力量和创造性是培养优秀孩子的源泉。考科斯博士在书中列举了10项原则,并提出了实用的建议,供你选择与孩子交流能力相关的信息。考科斯博士的10项原则是人本主义心理学家罗杰斯的咨询理论和新行为主义心理学家班杜拉的社会学习理论的完美结合,可以简单概括为以下几个方面:

(1)关爱。腾出时间,关心孩子,留意孩子的想法与语言,并让孩子感受到你的关爱。这类似于罗杰斯所强调的对孩子"无条件的积极关注"。

(2)移情。认真考虑孩子的需要,设身处地地体会孩子的想法,尊重孩子。

十 拯救正在被边缘化的男孩

（3）传授与示范。传授与示范的观点是班杜拉的社会学习理论的实际运用。

传授不仅要说明"是什么"，还要阐明"为什么"，当家长向孩子描述我们期望他做的事情时，应该清楚地解释原因，这样就能建立起男孩的自我意识与社交意识。

另外，父母还应尽量做到多示范、少说教。因为孩子在成长过程中，常以父母为最直接的模仿对象，从而形成自己的心理定式和性格特征。父母的眼神、表情、语言交流、行为举止、作风习惯等潜移默化地影响着孩子。因此，父母时刻要在生活和工作中处处以身作则，以积极的态度对待他人，向儿子展示榜样的风范，也就起到了示范的作用。

（4）协作。在一个完整的家庭里，父母之间的协作是十分重要的。父母如果协作行动，他们结合的力量不仅会在孩子教养方面形成联盟，而且会使孩子认识到相互尊重的重要性。

（5）与学校携手，与教师合作。学校是孩子度过童年及青春期的主要场所，是最重要的社交学习环境，可想而知，学校和教师在塑造男孩自我意识与社交技能方面起着相当重要的作用。如何有效地同学校和老师合作，使孩子在学校呈现出最佳的状态呢？考科斯博士从男孩的立场出发，探讨如何策略性地与学校以及教师合作。

（6）选择合适的学校。如果父母有机会选择孩子就读的学校，就应该了解学校各方面的条件。比如，学校有课外活动的机会吗？学校注重发展学生的交流能力吗？学校拥有支持男孩社交能力健康发展的策略吗？千万不能忽视上述因素对男孩社交能力发展的影响。了解孩子的性格以及他所喜欢的环境，有助于父母判断何种学校环境会促进他的发展。

（8）与教师沟通。学校是获得交流能力的理想场所，了解孩子社交发展的重要渠道就是观察他们与同伴如何相处。但多数家长没时间经常去学校，所以与教师的沟通非常必要。从教师那里获得的反馈使家长更迅速地了解孩子面临的困境，节省了时间。父母可以向教师打听孩子和哪些同学相处最融洽，可以邀请他们到家里或一同外出游玩，借此机会观察孩子与同学相处的情况。这种观察可以让你发现孩子与哪个同学相处最有安全感以及孩子对他人的反应特征。

后　记

　　2001年，美国一家著名调查公司曾做过一项调查，该调查询问受访者：在"塑造优势"和"修正不足"两者之间，您认为哪一项是成功的关键？结果仅有41%的美国人选择了"塑造优势"，在日本和中国这一数据则为24%。5年后的2006年，该公司再次进行同样的调查，发现调查得出的数据竟然完全一致，当问及"哪一点更有助于你走向成功，是塑造优势还是修正不足"时，仍然是41%的受访者选择了前者，59%的人选择了后者。

　　上述数据说明，我们中的大多数人坚信，在追求成功的道路上，首先需要做的是改进自身的缺点和弥补不足，其次才是发挥自身的优势。而这也是我们编辑出版《别埋没孩子的天才特质》一书的初衷。

　　多年前，笔者曾有幸采访了美国成功心理学大师唐纳德·克利夫顿，他当时说的一句话至今仍回荡在我的脑海中：当人们将关注点放在改进和弥补自身不足时，就很难顾及如何发挥优势了。他告诉笔者，从成功心理学的角度来看，过去中国人所推崇的"只要功夫深，铁杵磨成针"，并不是一个最优化的过程，最佳方案应该是把铁直接做成针，或者把铁直接做成铁杵，而不要先把铁做成铁杵，然后再把它磨成针。他认为，用这个成语来表达"持之以恒"很容易带来误导，即一个人本来没有某种优势，而他却需要不停地努力并盼望将自己的弱势变成优势。而这样做的结果一定是事与愿

别埋没孩子的天才特质

违，代价也是巨大的。

了解成功心理学所提倡的"优势理论"，对于今天的父母来说很有价值。这个理论能帮助父母在教育孩子时少走许多弯路。在今天竞争如此激烈的时代，父母很容易陷入"成功焦虑症"中，一方面他们因担心孩子输在"起跑线"上，而过早地将孩子拉入超前教育的大军中；另一方面，他们又担心孩子的潜能被埋没而胡乱对孩子的"潜能"进行开发。在这种盲目的恐慌和跟风潮下，孩子很挣扎，父母也难以静下心来倾听孩子、发现孩子的潜能。

是否每个孩子身上都有独特的优势？成功心理学告诉我们，答案是肯定的。"优势"其实蕴藏在每个人的身上。相关研究发现，人类有400多种优势，每个人都会拥有自身独特的优势。这些优势本身的数量并不重要，最重要的是父母应该帮助孩子知道自己的优势是什么，之后要做的则是将他的学习、工作和事业发展都建立在这些优势之上，这样孩子就会更容易成功。

那么，在孩子的成长过程中，他们的优势会发生改变吗？答案是既可以又不能。成功心理学认为，优势是由才能、技能和知识三大基本要素构成的。其中，才能是与生俱来的，技能和知识则是后天习得的。这说明，父母首先要做的是，帮助孩子寻找和确认那些与生俱来的才能，进而开始相关的技能训练和知识学习。这是一个漫长的过程，也是一个引导孩子逐步走向成功的过程。

本书是在无数作者的创作智慧基础上诞生的，在此谨向贺淑曼、华京生、陈智勇、华国栋、吕小红、杜军、刘占兰、张昊辰、杜欣欣、甄奕、高潇怡、伍新春、谢娟、田科武、张晓龙、王艳萍、牛宙、田丽美、章剑和、沈剑平、袁文辉、谢东海、兰海、陈慧、郭声健、白玲、段冬梅、尹文刚、张开冰、陶西平、王欢、沈致隆、刘竑波、张敏、徐惟诚、郝琳、王林、高潇怡、周国平、张

后 记

贵勇、冯欣、赵丽丽、顾雪林、孙云晓、杜悦、杜冰、却咏梅、冯欣、郭铭、王钊、任君，以及众多未及提名的作者表示最衷心的感谢。

郐云雁

2011年3月18日

北京大学出版社
教育出版中心

丛 书 名： 曹文轩美文朗读·珍藏版（共8册）
作　 者： 曹文轩 著
定　 价： 25.00元（附光盘）/册
出版日期： 2011年7月

儿童剧专业演员、全国重点校师生、国家级播音员携手曹教授本人，为您展现逼真的声音世界

当当网、全国各大书店、书城、新华书店均有出售。
北京大学出版社邮购部：010—62752015　62523168　62534449　62752018　bdsd@pku.edu.cn
编辑部：010—62767246　zyl@pup.pku.edu.cn
市场营销中心：010—62754697　marketing@pup.cn

北京大学出版社
教育出版中心

曹文轩美文朗读
·珍藏版·

丛 书 名：	曹文轩美文朗读·珍藏版（共8册）
作　　者：	曹文轩 著
定　　价：	25.00元（附光盘）/册
出版日期：	2011年7月

作者简介

曹文轩，著名儿童文学作家，北京大学教授、博士生导师。中国作家协会全国委员会委员，北京作家协会副主席。他的作品被翻译为英、法、德、日、韩等文字。获奖40余种，其中有中国安徒生奖、国家图书奖、"五个一工程"优秀作品奖、中国图书奖、中华人民共和国政府图书奖、宋庆龄文学奖金奖、中国作协儿童文学奖、冰心文学大奖等。

内容简介

著名儿童文学作家曹文轩的作品主题宏阔，纯美大气，有益孩子人格成长；行文典雅，深富音韵之美。

本丛书由作者亲自架构，亲选作品中的精粹，突出生命、情感、成长、情趣、哲思、崇德、尚美、精神等主题。由曹文轩教授本人、四川人民艺术剧院《草房子》音乐剧演员、中央教科所南山附属学校师生、中央人民广播电台著名播音员等作示范朗读，附精美示范朗读光盘。

朗读可以让孩子感受汉语之美，培养对母语的亲近感；朗读可以把孩子从声音世界渡到文字世界，让孩子爱上阅读；朗读可以让优美的书面语在潜移默化中变成口语，提高口语质量；朗读可以纠正"语文"教育中重"文"轻"语"的偏向。

本书特色

本书所附示范朗读光盘中的朗读者有：
曹文轩教授本人亲自诵读自己的作品——真正意义上原汁原味的演绎。
四川人民艺术剧院《草房子》音乐剧演员——专业儿童剧演员精彩呈现逼真的童真世界，让人如闻天籁。
中央教育科学研究所南山附属学校"天堂鸟阅读团队"师生——用规范的朗读，展现全新的朗读境界。
国家级播音员——标准的发音，娴熟的朗读技巧，学习朗读的绝佳范本。
本书所附示范朗读光盘中的朗读配乐为：
音乐剧《草房子》原创音乐——在学习朗读的同时，得到顶级的音乐享受。

当当网、全国各大书店、书城、新华书店均有出售。
北京大学出版社邮购部：010—62752015　62523168　62534449　62752018　bdsd@pku.edu.cn
编辑部：010—62767346　　zyl@pup.pku.edu.cn
市场营销中心：010—62754697　marketing@pup.cn